环保补贴、制度环境与 企业双重绩效研究

——基于重污染上市公司的经验证据

廖飞梅◎著

Research on Environmental Protection Subsidy,
Institutional Environment and Double Performance of Enterprises
—Based on Empirical Evidence of Listed Companies in Heavily Polluting

经济管理出版社
ECONOMY & MANAGEMENT PUBLISHING HOUSE

图书在版编目（CIP）数据

环保补贴、制度环境与企业双重绩效研究/廖飞梅著 .—北京：经济管理出版社，2022.10

ISBN 978-7-5096-8775-8

Ⅰ.①环… Ⅱ.①廖… Ⅲ.①上市公司—企业环境管理—企业绩效—研究—中国—2010—2017 Ⅳ.①F279.246②X322.202

中国版本图书馆 CIP 数据核字（2022）第 195365 号

组稿编辑：丁慧敏
责任编辑：丁慧敏
责任印制：许　艳
责任校对：王淑卿

出版发行：经济管理出版社
　　　　　（北京市海淀区北蜂窝 8 号中雅大厦 A 座 11 层　100038）
网　　址：www.E-mp.com.cn
电　　话：（010）51915602
印　　刷：唐山玺诚印务有限公司
经　　销：新华书店
开　　本：710mm×1000mm/16
印　　张：17
字　　数：234 千字
版　　次：2022 年 12 月第 1 版　2022 年 12 月第 1 次印刷
书　　号：ISBN 978-7-5096-8775-8
定　　价：88.00 元

前　言

环境污染及其治理问题，不仅关乎民生福祉，而且还关系中国经济提质升级，其战略意义重大。因此，中央把打好污染防治攻坚战列入全面建成小康社会的三大攻坚战之一。习近平总书记在党的十九大报告中明确指出："我国经济已由高速增长阶段转向高质量发展阶段。"因此，若能有效管控重污染企业的环境污染问题，改善其环境质量并提升环境绩效，无疑会对我国经济实现高质量发展做出重要贡献。根据公共产品理论，因生态环境具有公共物品的特性，环境治理具有私人成本大于社会成本、私人收益小于社会收益的正外部性特征，导致企业参与环保投资的意愿不强。因而只有政府实施环保补贴政策，才能降低企业环境治理成本，弥补因环境治理活动的正外部性给企业造成的利润损失。环保补贴是政府出于环境保护的目的，为激励企业开展节能减排，积极参与环境治理而对企业进行的资金扶持，以利于企业投资环保设备、改进环保工艺。随着中国经济发展步入"新常态"，生态环境问题愈加凸显，并逐渐成为制约中国经济发展的瓶颈，为了缓解"降污"与"增效"的双重压力，政府投入大量环保补贴来促进重污染行业的发展，补贴效果备受关注。如何实施环保补贴以有效改善企业环境质量并提升其经济绩效，是当前政府面临的一项重大课题，具有重要的理论价值和现实意义。作为政府宏观调控的重要手段之一，环保补贴能够很好地体现一个国家或地区在一定时期的产业政策。为了矫正市场失灵对国民经济的影响，各国政府普遍运用财税政策来驱动相关产业转型升级，尤其是环保产业转型升级。因此，未来不仅要研究环保补贴政策的有效性，而且要注重考察环保补贴政策在何种条件下有效。政府环保补贴作为产业政策的一个重要政策工具，有效性必然会受到行政环境、法制环境和金融环境等外部制度环境的影响。

一般来说，制度环境质量改善，法律制度亦更为健全，政府的行政服务质量会更高，政府官员对企业环境污染行为的监督也会更尽职。在这样的环境下，一方面会使政府环保补贴切实用于环境治理，抑制环保补贴资金被挪作他用的风险；另一方面可以减缓信息不对称问题，减少企业高管谋求寻租的可能性。因此，环保补贴的有效性依赖于制度环境的优劣。如果把制度环境纳入环保补贴与企业环境绩效和经济绩效的关系中进行研究，也能把握制度环境如何影响企业环境效益和经济效益。

不同特征的企业，由于产权属性不同，自身资源禀赋、融资约束以及风险承担水平方面迥然相异，导致这些企业所受到的环保补贴对其环境绩效与经济绩效的激励作用存在差异。值得注意的是，政府环保补贴通常受到产业政策的支配性影响，独立于受助单位，而企业异质性特征内生于企业，内嵌于组织架构和企业文化之中。在环境治理和经营绩效上，如果政府在制定相关环保补贴政策时，将企业异质性特征与政策性资源进行协调配合，针对不同特征的企业采取差异化的环保补贴政策，从而能够精准有效地实施定向调控和相机调控，这样将会大大提高环保补贴资金的环境绩效和生产效率。

理论上，重污染企业作为资源的主要消耗者、环境污染的大户，被认为是环境治理的关键行动者。显而易见，重污染企业给当前的生态文明建设带来了很大的压力。因此，探究重污染企业的环境治理效应，是一个更为紧迫的现实问题，其重要性不言而喻。在此背景下，值得我们思考的问题是：①政府环保补贴激励能否提升重污染企业的环境绩效和经济绩效，即能否实现"减排"和"增效"的双重效益？环保补贴通过何种渠道影响企业的环境绩效与经济绩效？②制度环境优劣对环保补贴与企业双重绩效（环境绩效与经济绩效）之间关系的影响是否存在差异？③环保补贴与企业双重绩效之间的关系是否会因企业异质性特征的影响而有所改变？带着上述问题，本书以2010~2017年我国沪深两市重污染行业上市公司为研究样本，考察了环保补贴对企业环境绩效的影响效应与作用机制，以及基于产权性质、融资约束与风险承担水平等企业异质性特征的调节作用；环保补贴对企业经济绩效的影响效应与传导路径，以及基于产权性质、融资约束与风险承担水平等企业异质性特征的调节作用；进一步探讨了环保补贴与企业双重绩效之间的关系是否会因行政环境、法制环境和金融环境等制度环境条件的不同而有所改变等，并得到如下主要研究结论：

（1）政府环保补贴对企业环境绩效具有正向激励作用，且上述正向激励作用在非国有企业、融资约束程度高以及风险承担水平高的企业更为显著。中介机制分析表明，环保补贴的环境激励效应更多地通过政府环境监管、企业绿色技术创新以及高管环保意识来发挥作用。以上研究结果说明，政府环保补贴会激发企业绿色技术创新、强化政府环境监管及诱导高管环保意识，从而有利于提升重污染企业环境绩效，为政府实施环保补贴政策的微观效应提供正面支持；进一步分析表明，不同特征企业的环保补贴对其环境绩效的激励作用存在差异，所以要提高宏观经济政策的效果，必须实施定向调控，精准施策，为政府完善环保补贴政策的动态调整机制提供了直接证据。

（2）政府环保补贴对企业短期经济绩效存在一定的抑制作用，但对长期经济绩效有显著的促进作用，即环保补贴虽然降低了企业的短期经济绩效，但是能够显著地提升其长期经济绩效。中介机制分析表明，环保补贴会促使企业增加环保投资，而企业环保投资的增加会对企业短期经济绩效产生"挤出"效应；同时环保补贴会激励企业进行绿色技术创新投资，而企业的绿色技术创新有助于增强企业可持续的绿色竞争优势，从而提升企业的长期经济绩效。进一步分析表明，不同特征的企业环保补贴对企业经济绩效的影响存在显著差异。相对于国有企业，非国有企业的环保补贴对其短期经济绩效的抑制作用会更明显，同时环保补贴对非国有企业长期经济绩效的促进作用也更明显；相对于低融资约束企业，环保补贴对企业短期绩效的抑制作用及对长期绩效的促进作用在高融资约束企业更明显；环保补贴对企业短期绩效的抑制作用及对长期绩效的促进作用在风险承担水平高的企业更明显。

（3）分别从行政环境、法制环境和金融环境三个方面考察制度环境差异对环保补贴与企业双重绩效之间关系的异质性影响。具体为：行政环境、法制环境和金融环境所表征的制度环境正向调节了环保补贴与企业环境绩效之间的关系，即制度环境的改善强化了环保补贴对企业环境绩效的正面影响；良好的制度环境弱化了环保补贴对企业短期经济绩效的负面影响，强化了环保补贴对企业长期经济绩效的正面影响。

本书的贡献主要体现在以下几方面：

（1）本书基于微观企业的环境效益和经济效益视角，为政府环保补贴的实施效果提供了微观层面的直接证据，拓展了环保补贴有效性的相关研究。这不仅为澄清环保补贴有效性的争论提供了新的证据，而且为政府环保补贴政策能否实现"减排""增效"的双赢目标提供理论支撑。现有文献更多关注政府环保补贴能否激励企业积极承担环境责任，而对企业如何实现环境绩效与经济绩效"共赢"的探讨则明显不足。

（2）本书尝试探索了政府环保补贴对企业环境绩效与经济绩效的作用机制。在研究环保补贴与企业环境绩效时，少有研究关注宏观补贴政策对微观企业环境行为产生影响的作用机制。而本书基于政府环境监管、企业绿色技术创新行为、高管环保意识这一整体框架，全方位考察了环保补贴影响企业绿色生产行为与环境绩效的作用渠道。在研究环保补贴与企业经济绩效时，以往研究侧重于考察政府环保补贴的资源补偿效应有助于降低企业的环境治理成本从而给其绩效带来正面影响，抑或政府补贴的寻租效应加重了企业环境治理成本从而给其绩效带来负面影响；有别于以往研究，本书着重考察环保补贴通过不同作用渠道而影响企业的短期和长期经济绩效，即主要从环保补贴通过环保投资渠道而降低企业短期经济绩效，以及通过绿色技术创新投资渠道而提升企业长期经济绩效入手。这有助于我们洞悉环保补贴影响企业双重绩效的客观表现及其深层次原因，从而为经济新常态下政府通过合理的环保补贴激励政策来优化资源配置、驱动重污染企业转型升级、提升经济效率提供重要依据。

（3）进一步剖析了制度环境差异对环保补贴与企业双重绩效之间关系的异质性影响，从而为政府定向调控、精准施策提供参考价值。已有文献极少把政府环保补贴、制度环境以及企业绩效置于同一框架下进行研究，而本书基于制度环境视角，将政府环保补贴和企业双重绩效纳入同一分析框架，分别考察了法制环境、行政环境及金融环境对环保补贴与企业双重绩效之间关系的调节效应，以进一步探究制度环境的优劣对环保补贴与企业双重绩效之间关系的重要影响，从而丰富和拓展了政府环保补贴有效性条件的研究框架。

（4）针对不同特征企业实施定向调控、精准施策，为政府完善环保补贴政策的动态调整机制提供理论支撑。不同特征企业的环保补贴对其环境绩效与经济绩效的激励作用存在差异，如果采取"一刀切"式的环保补贴激励政策，补贴政策的实施效果就会不理想。因此，要提高宏观经济政策的效果，必须针对异质性特征企业实施定向调控、精准施策，为政府完善环保补贴政策的动态调整机制提供直接证据。

基于以上研究，本书得到以下政策启示：

（1）应加大对企业绿色技术创新活动的政策支持力度。为了实现"减排"和"增效"的双重效益，政府应加大对企业绿色技术创新活动的政策支持力度，切实推进重污染企业的绿色创新转型，而非局限于通过直接环保投资方式予以扶持。同时，在激励企业绿色技术创新的过程中，要构建科学、合理的补贴政策考评机制，以确保决策科学、过程透明、程序规范，严防部分企业高管与地方政府负责人合谋，通过寻租活动骗取环保补贴资源。

（2）构建信息管理平台以完善环境信息披露机制。在当前中国企业高管的环保意识普遍不强的情况下，应强化政府的激励引导功能，构建环保补贴信息管理平台，进一步健全环境信息披露机制，完善监督和奖惩制度，将企业的环境行为置于公众"阳光监督"之下，使其接受媒体和群众的监督。为此，政府应搭建一个科学、透明的环保补贴信息管理平台，该平台包括两个子信息系统：其一是将环境保护信息、环境绩效等信息纳入基本信息系统；其二是将绿色技术创新投入信息、寻租行贿"黑名单"、企业生产责任履行情况等信息纳入信用信息系统，作为重污染企业获取环保补贴的参考依据。

（3）针对不同特征的企业出台不同的环保政策。政府在出台环保补贴政策时应充分考虑不同特征企业的异质性，针对不同特征的企业，实施不同的补贴政策。在进行环保补贴时不应该存在产权性质等歧视，由于政府环保补贴对非国有企业、融资约束较高的企业及风险承担水平较高的企业长期经济绩效的促进作用更明显，因此，政府在实施环保补贴时应重视这类企业，以帮助企业提高其长期竞争优势和可持续发展能力。如果政府宏观的环保补贴政策采取"一刀切"式的激励模式，则补贴政策的实施效果不理想，甚至会起到与政策设计意图相违背的抑制作用，这不但可能导致巨大的政策浪费，而且可能贻误政府相机调控的时机。要提高宏观环保补贴政策效果，必须实施宏观调控，在激励异质性特征企业时，应针对不同特征企业的特殊性实施差异化的政策，从而提高政策的精准性。

（4）优化制度环境以提高政府环保补贴使用效率。本书研究表明，政府环保补贴的环境治理效应能否得到有效发挥与企业所处的制度环境紧密相关，法制环境与金融环境的相对缺失是造成企业环保投资动力不足的重要因素，进而影响环保补贴资金的使用效率。环保补贴政策的有效性受法制环境、行政环境以及金融环境等制度环境的影响，因此，环保补贴政策与这些制度环境因素的协调配合是实现最优政策效果的前提。在经济新常态下，必须不断优化制度环境，为重污染企业的环境治理和经济增长创造良好的外部制度条件。这意味着，优化制度环境，有利于消除寻租的负面效应，减少制度交易成本，提升政府环保补贴的环境治理效率，为中国实现高质量发展提供重要的参考价值。

目 录

1　绪　论

1.1　问题提出和研究意义

1.1.1　问题提出

环境污染及其治理问题，不仅关乎民生福祉，而且还关系国家经济提质升级，战略意义重大。因此，中央把打好污染防治攻坚战列入全面建成小康社会的三大攻坚战之一。习近平总书记在党的十九大报告中明确指出："我国经济已由高速增长阶段转向高质量发展阶段""特别是要坚决打好防范化解重大风险、精准脱贫、污染防治的攻坚战"。自 2006 年党的十六届六中全会明确提出构建"社会主义和谐社会"的目标以来，承担社会责任乃成为现代公司管理决策中极其重要的部分，而生态环境保护又是企业社会责任的重中之重。工业企业尤其是重污染企业因其是环境污染的重要源头，对人类生存环境造成了重大威胁（Dean & Brown，1995）。随着中国经济发展步入"新常态"，生态环境问题愈益凸显，并逐渐成为制约中国经济发展的瓶颈，为了缓解"降污"与"增效"的双重压力，政府投入大量环保补贴来促进重污染行业的发展，补贴效果备受关注。因此，如何实施环保补贴以有效改善企业环境质量并提升其经济绩效，是当前政府面临的一项重大课题，具有重要的理论价值和现实意义。

经济建设与环境保护之间的平衡维系，长期以来也成为我国可持续发展的一大阻碍，打破"经济—环境"怪圈势在必行。换言之，我国经济应实现从高速增长到高质量增长的转变。2019 年《政府工作报告》强调绿色发展对于经济建设的重要性，指出"绿色发展是构建现代化经济体系的必要条件"，要求"大力推动绿色发展"；"十三五"规划明确提出"绿色发展观"战略。显而易见，绿色发展已成为经济高质量增长的要件。借助绿色发展，保护环境可承载性，把经济建设需求的单边考虑转型成环境与经济同等对待的双边兼顾（李维安等，2018）。

环保补贴作为政府补贴形式之一，是政府出于环保目的，给予企业资金扶持，激励企业环保行为的一种政策调控手段，以帮助企业进行环保设备更新、环保工艺改进以及环保技术改造等（张琦等，2019）。现有研究表明，政府补贴具有资源与信号双重属性，能显著影响企业技术创新活动（Ling et al.，2018；唐建荣，2019）。类似地，作为环保政策激励工具的环保补贴同样具有资源与信号双重属性，可能会影响企业环境治理和企业绿色技术创新行为，进而可能对企业环境绩效和经济绩效产生影响。

（1）研究环保补贴与企业环境绩效关系及影响机制的必要性。重污染企业作为污染排放的大户，本应自觉成为环境治理的主要践行者。但由于环境治理具有私人成本大于社会成本、私人收益小于社会收益的正外部性特征，导致企业参与环保投资的意愿不强。因此，需要政府实施积极的干预。其中，环保补贴便是政府积极干预经济运行的措施之一。环保补贴，是政府在经济主体意识上存在偏差或资金上的私有制不能有效进行环保投资的情况下，为了解决环保问题而对企业进行各种补贴，以激励企业开展节能减排，积极参与环境治理而对企业进行的资金扶持等政府行为。随着中国经济发展步入

"新常态",生态环境问题愈益凸显,并逐渐成为制约中国经济发展的瓶颈,为了缓解"降污"与"增效"的双重压力,政府投入大量环保补贴来促进重污染行业转变其非绿色环保行为,补贴效果备受关注。由此,如何实施环保补贴以有效改善环境质量并提升环境绩效,是当前政府面临的一项重大课题,具有重要的理论价值和现实意义。作为政府宏观调控的重要手段之一,环保补贴能够很好地体现一个国家或地区在一定时期的产业政策,为了矫正市场失灵对国民经济的影响,各国政府普遍运用财税政策来驱动相关产业转型升级,尤其是环保产业转型升级。

理论上,重污染企业作为资源的主要消耗者、环境的污染大户,被认为是环境治理的关键行动者(Hu et al.,2017;李维安等,2017;叶光亮、何亚丽,2018)。显而易见,重污染企业给当前的生态文明建设带来了更大的压力。因此,探究重污染企业的环境治理效应,是一个更为紧迫的现实问题,其重要性不言而喻。自改革开放以来,中国的经济增长取得了辉煌成就,经济水平从一穷二白发展到总量跃居全球第二、进出口额位居世界第一,人民生活从温饱不足发展到即将实现全面小康。这样的经济发展奇迹,在人类历史上绝无仅有。中国经济自改革开放以来的高速增长,在很大程度上得益于政府推出的各项产业政策(韩乾和洪永淼,2014)。近年来,随着我国经济发展步入"新常态",传统的粗放型经济增长模式所积累的矛盾愈加突出,出现了资源过度消耗、生态环境破坏等问题,并逐渐成为制约我国经济发展的瓶颈,让我们在资源环境方面付出沉重代价,在得到"金山银山"的同时,"绿水青山"正逐渐消逝在我们的视野中。中国的环境质量在全球仍然十分靠后,与当前全球第二大经济体的地位形成巨大反差。如何协调环境保护与经济增长之间的冲突成为政府环境治理面临的重要挑战。

作为优化产业结构的手段,环保补贴政策之所以被世界各国的政府广泛采用,主要是因为生态环境具有公共物品的特性,易于导致过度消费从而出现环保市场失灵,因此政府在资源配置中具有不可或缺的地位。正如新结构经济学所强调的那样，经济发展既需要有效市场，又不能缺少有为政府（林毅夫，2012）。而环保补贴政策的颁布及实施，便是政府干预企业的主要形式。环保补贴政策能否实现"降污"与"增效"双赢目标已成为世界各国衡量环保补贴政策成功与否的标准。应该注意到，环保补贴政策能否取得实效，关键在于政府宏观政策的设计意图能否在微观企业层面有效实施。另外，政府环保补贴是一种政策性外部资源，其是否切实地被企业用于环境治理、改善环境绩效，不仅取决于企业内部决策机构或执行者的环保行为及环保意识，还受制于政府监管等外部压力。因此，环保补贴激励能否提升重污染企业环境绩效？其可能的影响渠道是什么？异质性特征企业的环保补贴对其环境绩效的影响是否存在差异？对上述问题的不同回答就构成了本书的一个重要内容。

（2）研究环保补贴与企业经济绩效关系及影响机制的必要性。企业是社会经济发展的主要推动者，也是资源浪费与环境破坏的主体，经济建设与环境保护之间的平衡维系成为我国可持续发展的一大阻碍，企业环境绩效的改善和经济绩效的提升在一定程度上可能存在此消彼长的情况，而基于理性经济人假设，企业的最终目标是企业价值最大化，企业在有限资源约束下权衡治理环境和发展经济时，天平可能倾向经济建设。李维安等（2019）指出"经济—环境"怪圈的摆脱需从企业绿色行为入手。相较于短期污染防治，绿色技术创新从长远解决了企业绿色发展问题，也迎合了我国长期坚持的"创新驱动"发展战略。可见，企业绿色技术创新成为摆脱"经济—环境"怪圈的关键要素。然而，绿色技术创新活动具有创新知识溢出的正外部性。技术创新成果本质上属于知识产品，具有公共性特征。创新成果产出前需企业投入大量人力、物力与财力，却存在着见效周期长、风险承担高、回报效果不明确等特点，创新成果产出后又很容易被竞争企业"搭便车"，从而导致其带来的个人收益小于社会收益。这在一定程度会增加企业经营压力，削弱企业竞争能力（Arouri，2012），进而造成企业间的绿色技术创新竞争出现"等待博弈"现象（Zúñiga，2014）。由此可见，单凭市场调控无法让企业真正参与到绿色创新行为中，还需寻求政府这只"有形之手"的帮助，采取相关措施引导企业主动进行绿色创新。环保补贴既然是政府激励企业参与绿色环保行为的一种政策调控手段，企业就应响应政府的环保政策意图而进行绿色环境专项治理。这也就意味着，企业一旦获得了政府环保补贴，就有义务开展环境治理或进行绿色技术研发等活动。而企业进行环保投资和绿色技术创新活动，在一定程度上可能会对其短期经济绩效和长期经济绩效产生影响。因此，在考察环保补贴对企业环境绩效影响的基础上，进一步探究以下问题：环保补贴激励能否提升重污染企业的短期经济绩效与长期经济绩效？其可能的影响渠道是什么？异质性特征企业的环保补贴对其经济绩效的影响是否存在显著差别？对这些问题的回答，有助于探究环保补贴政策影响企业经济绩效的客观表现和深层次原因，从而构成了本书另一个重要问题。

（3）研究制度环境对环保补贴与企业双重绩效关系的必要性。Ades & Tella（1997）和 Lazzarini & Sergio（2015）等指出，产业政策的有效性受制度环境等诸多因素的影响，这些影响因素协调配合是实现最优政策效果的前提。而政府环保补贴作为产业政策的一个重要辅助工具，其有效性必然受制度环境的影响。从公司治理实践看，行政环境、金融环境和法制环境是重要的制度环境因素，政府环保补贴政策能否有效发挥优化资源配置以及经济提质增效的作用，关键取决于企业制度环境的优劣（马连福等，2015）。许和连和王海成（2018）研究发现，优化制度环境有利于减少制度交易成本，提升公司业绩；夏后学等（2019）也发现，优化制度环境对消除寻租负面效应、促进创新有积极作用。由此可见，制度环境对企业运营效率具有重要影响。那么，以实现经济效益与生态效益"双赢"为目标的环保补贴激励的实施效果是否会受到不同制度环境的影响？这构成了本书研究的又一个重要内容。

1.1.2 研究意义

（1）理论意义。

第一，本书基于微观企业环境治理视角考察了宏观环保补贴政策的实施效果，有助于丰富和拓展宏观经济政策如何影响微观企业行为的研究。现有关于政府补贴激励方面的研究往往侧重于宏观经济与行业层面。然而，相比于宏观和行业层面的数据，基于微观层面的公司数据信息含量更丰富，便于研究公司微观行为以及处理个体异质性问题；同时，利用公司微观层面的大样本数据，可得到更有效率的估计（Mazzucato et al.，2018）。因此，研究环保补贴强度对微观企业环境治理及经济绩效的政策效应，更有利于准确地评价环保补贴政策的实施效果，为国家精准施策提供经验证据。

第二，有助于全面认识和评价环保补贴激励效应的作用机制与传导路径，从而拓展已有补贴政策激励效应方面的研究。通过深入剖析政府环保补贴对企业环境绩效及经济绩效的影响及传导路径，有助于我们洞悉环保补贴影响企业"双重"绩效的客观表现及其深层次原因，从而为经济"新常态"下政府通过环保补贴激励政策来优化资源配置，驱动重污染企业转型升级，最终实现经济高质量发展提供重要依据。政府环保补贴能否有效提升重污染企业环境治理效率及长短期经济绩效，以及通过何种作用渠道影响环境绩效及长短期经济绩效，是学术界和产业经济实践领域的一个热点话题。在一定程度上，政府环保补贴虽能增强溢出效应（Narayanan et al.，2000；李彦龙，2018），纠正市场失灵（Wallsten，2000），但是囿于当前不完善的市场机制或制度环境，尤其是，政府与企业之间存在信息非对称性，可能会导致环保补贴政策的实施效果有违初衷。因此，研究政府环保补贴政策对企业双重绩效的影响效应及传导路径是对现有文献不可或缺的有益补充，拓展了环保补贴政策激励效应方面的研究，为我国经济实现高质量发展提供了重要依据。

第三，分别从行政环境、法制环境和金融环境三个方面考察制度环境对环保补贴实施效果的影响，有助于丰富和拓展重污染企业环境治理及经济效益影响因素方面的研究。制度环境是重要的外部治理因素，政府环保补贴政策能否充分发挥优化资源配置的作用，关键在于企业制度环境的优劣（马连福等，2015）。优化制度环境亦是消除寻租、激发市场与企业活力的有效杠杆（夏后学等，2019）。由此可见，作为表征制度环境的行政环境、法制环境和金融环境，也受到了学者们的重视。一般认为，良好的行政环境有利于减少政府环保补贴被高管用来寻租的可能性，使环保补贴更能发挥作用（余明桂等，2010），进而可能改善企业环境绩效或经济绩效。同样地，不同法制环境和金融环境的地区，环保补贴资金的使用效率可能也有差别。因此，考察制度环境与环保补贴的交互效应对企业"双重"绩效的影响和考察制度环境是否以及如何影响环保补贴与企业"双重"绩效之间的关系，不仅丰富了重污染企业环境绩效和经济绩效的相关研究，而且有助于理解导致环保补贴效率差异的原因，还有助于洞悉外部治理环境影响政策资源与企业双重绩效关系的研究，拓展了外部治理的研究视野。

第四，探讨不同特征企业的环保补贴对企业双重绩效的影响，丰富与深化了企业治理影响因素方面的研究。从产权异质性、融资约束异质性及风险承担异质性三个方面进一步分析了不同特征企业的环保补贴对其双重绩效的影响，进一步研究了环保补贴与企业环境绩效及经济绩效的关系在异质性特征企业下所表现的差异。政府在出台环保补贴政策时应充分考虑不同特征企业的异质性，针对不同特征的企业，实施不同的补贴政策。如果政府宏观的环保补贴政策采取"一刀切"式的激励模式，则补贴政策的实施效果不理想，甚至会起到与政策的设计意图相违背的抑制作用，这不但可能会导致巨大的政策浪费，而且更有可能贻误政府相机调控的时机。企业产权性质、融资约束和风险承担等异质性特征在一定程度上会影响环保补贴政策的效果。在环境治理和经营绩效上，如果政府在制定相关环保补贴政策时，将企业异质性特征与政策资源进行协调配合，针对不同特征的企业采取差异化的环保补贴政策，从而能够精准有效地实施定向调控和相机调控，则将会大大提高环保补贴资金的环境绩效和生产效率，从而丰富与深化企业治理影响因素方面的研究。

（2）现实意义。

第一，本书对于微观企业如何充分利用政策性资源实现生态效益与经济效益"双赢"具有较强的借鉴意义。由于面临"降污"与"增效"的双重压力，重污染企业在日常经营中应及时关注国家相关产业政策及法规，了解政策动向，并依据实际情况适时调整，在准确把握国家政策导向的前提下合法经营，充分利用政策性资源。环保补贴是国家提供给企业的一项政策性资源，重污染企业要充分合理利用环保补贴这一政策性资源，提高环保补贴资金的使用效率，特别要考虑如何将环保补贴用于绿色技术创新方面，从而使重污染企业从生产源头上减少污染排放，积极开展清洁生产，提高环保资源利用效率，从而不断增强市场竞争力，实现生态效益与经济效益双赢。

第二，为经济"新常态"下政府通过合理的环保补贴激励政策来优化资源配置，驱动重污染企业转型升级，提升经济效率提供重要依据。本书深入挖掘了环保补贴影响企业环境绩效及经济绩效的作用机制，分别从政府监管强度、企业绿色技术创新行为及高管环保意识三个维度分析了环保补贴影响企业环境绩效的中介机制。同时考察环保补贴通过不同作用渠道而影响企业短期和长期经济绩效。这有助于我们洞悉环保补贴影响企业"双重"绩效的客观表现及其深层次原因，从而为经济"新常态"下政府通过合理的环保补贴激励政策来优化资源配置，驱动重污染企业转型升级，提升经济效率提供重要依据。

第三，为完善外部制度环境的治理效应提供参考借鉴，从而为提升企业环境绩效和经济绩效提供切实可行的政策建议。制度环境对环保补贴政策的执行有重要的助推或抑制作用，从而影响企业的环境治理及经营行为。本书通过外部制度环境、政府环保补贴与企业双重绩效三者关系的研究，可以明确外部治理环境对政府环保补贴与环境治理绩效之间关系的具体影响，以及分析外部制度环境对政府环保补贴与企业经济绩效之间的关系，这有利于发挥政府补助政策资源与外部治理环境的互补性，以深入剖析外部制度环境对环保政策有效性的影响。

第四，为政府完善环保补贴政策的动态调整机制提供了政策参考。由于异质性特征企业的环保补贴对其环境绩效与经济绩效的激励作用存在差异，因此要提高宏观经济政策的效果，必须针对不同特征企业的特殊性实施定向调控、精准施策，为政府完善环保补贴政策的动态调整机制提供了依据。本书进一步为我国环保补贴政策"因企施策"提供参考依据。考虑到不同特征的企业由于产权性质不同，自身资源约束和风险承担水平方面迥然相异，导致不同特征企业所受到的环保补贴对其环境绩效与经济绩效的激励作用存在差异，因此，环保补贴政策制定部门要因地制宜，提高环保补贴资金的利用效率，这样才能科学合理地改善生态环境并提升企业经济绩效，实现"减排"和"增效"的双重效益。

1.2 核心概念界定

1.2.1 企业"双重"绩效

企业的最终目标是实现价值最大化，但同时又承担履行环境责任的义务，特别是重污染企业不仅要考虑经济绩效，更要降污减排，承担环境治理的社会责任。因此，重污染企业的经济绩效和环境绩效的研究是一体的。依据企业绩效的"双重底线"原则，本书的"双重"绩效是指企业在生产经营过程中，既要降污减排又要实现效率提升，即实现环境绩效与经济绩效的"双赢"，只有这样，才能实现可持续发展，提升核心竞争力。

（1）企业环境绩效。根据国际标准化组织发布的ISO14001（环境管理体系认证），环境绩效是指被评价主体所有与环境行为相关的衡量指标、战略方针、管理目标，改善绩效所取得的成效，并且环境绩效信息应该具有可量化、可比性特征。世界可持续发展委员会对环境绩效的界定为：为适应地球承载力，企业在满足人类需求的同时，逐渐减少对资源的消耗，降低对生态环境的破坏所取得的生态效益。目前，学术界对环境绩效概念的界定尚未达成一致的看法。大多数学者主要是从经济资源量化视角、组织管理视角和社会责任视角三大块来界定环境绩效。从经济资源量化角度来讲，环境绩效主要指微观个体企业在实际生产经营过程中排放的污染物排放量标准（Hart，1995；Kander et al.，2006；徐翔，2010）；组织管理视角下的企业环境绩效强调环境管理行为、信誉指数、环保理念、环保制度和改善环境的努力程度等（Govindarajulu et al.，2004；孙金花，2008；Megan et al.，2013；龙文滨等，2018）；社会责任视角下的企业环境绩效，主要是指企业对环境治理、资源利用和降污减排方面所承担的责任，这里不仅考虑企业利益，更强调对消费者以及整个社会所做的贡献（Ilinitch et al.，1998；胡珺等，2017；李维安等，2019）。

现有学者对环境绩效的概念界定主要分为以下三种观点（Ilinitch et al.，1998；Kander et al.，2006；Megan et al.，2013）：第一种观点，侧重企业活动结果的内部影响，由企业环境管理活动所产生的财务支出和收入表示，企业环境绩效主要体现在企业绿化费、排污费等环境管理相关活动中并通过财务支出来表现；第二种观点，是由企业在环境保护方面取得的非财务成效来表示，认为企业的环境绩效应由社会大众对企业环境管理活动的评价来衡量；第三种观点，是综合财务成效及非财务成效的表现来度量。受上述文献启发，本书认为，企业环境绩效，是指企业在执行环境管理措施时，为达到节能减排、改善环境的目标所产生的可量化、可比较的环境结果。企业环境管理活动所产生的财务支出和收入具有可量化、可比性特征，用财务指标来衡量环境绩效可以客观评价环境治理情况，因而本书所界定的环境绩效概念，偏重于企业环境活动结果的内部影响。

关于企业环境绩效衡量标准方面，由于企业环境绩效范围较广，涉及面较多，所以评价方法难以统一，又由于各评价方法的准确性以及操作的难易程度相差悬殊，往往只能考虑其中一个方面或几个方面。现有文献关于企业环境绩效的衡量指标主要有污染排放量法、环境评价体系法、生态效益法、环境责任评分法和环保资本支出法等。由于评价体系法的主观性过强，污染排放量法的企业微观数据不可获得，故本书不使用评价体系法和污染排放量法来衡量企业环境绩效。鉴于生态效益法、环境责任评分法与环境绩效的内涵比较贴近，本书研究环保补贴对企业环境绩效的影响主要是探讨环保政策资源对企业降污减排的影响，一定意义上是研究环保补贴是否会促进企业履行环境责任，因而，本书主检验运用生态效益法，稳健性检验运用环境责任评分法。本书采用生态效益法是根据世界企业可持续发展委员会（WBCSD）的指标架构，仿效张艳磊等（2015）、李平和王玉乾（2015）、周晖和邓舒（2017）、张兆国等（2019）以及于连超等（2020）的做法，用生态效益法衡量企业环境绩效。具体而言，根据《排污费征收使用管理条例》提供的水污染折算成化学需氧量（COD）排放当量，并将废气污染物折算为 SO_2 排放当量，环境监管部门根据每种污染物的系数折算排污当量，再按照每当量的费率计算排污费，而系数反映了污染物破坏环境的程度（林立国和楼国强，2014）。因此，用排污费衡量环境影响程度有一定的合理性。其估算公式为：生态效益＝产品或服务的价值/环境影响。该指标值越高，表示环境绩效越好。

（2）企业经济绩效。企业作为微观经济主体，其目标一般有三个：利润最大化、股东价值最大化及企业价值最大化。企业价值最大化是大多数企业的终极目标，而利润最大化一般指当期利润最大化，追求利润最大化的优点是为企业加强经营管理、降低成本及提高生产效率提供内在动力，但缺点是企业过分追求利润最大化，会造成短视行为，容易忽视企业社会责任承担和未来价值增长需求。现有关于企业绩效、企业经济绩效和企业财务绩效的研究较多，三者既相互联系又相互区别。企业绩效所反映的是企业经营业绩和成效，其包含的范围较广，经济绩效和财务绩效等均可纳入企业绩效范围；根据张兰（2013）的研究，企业经济绩效界定为企业财务绩效和长期经济绩效的集合。在现有文献的基础上，本书所研究的企业经济绩效，从企业追求目标视角区分为长期经济绩效和短期经济绩效。

公司经济绩效度量目前有会计绩效指标和市场绩效指标，会计绩效指标如营业利润、总资产报酬率（ROA）等通常反映公司客观的历史绩效，而市场绩效指标企业价值（Tobin's Q）一般反映公司的未来绩效趋势。薛有志和周杰（2007）指出，会计绩效反映企业短期经营状况，而公司市场价值一定程度上代表公司长期绩效。借鉴薛有志和周杰（2007），本书分别用会计绩效指标和市场绩效指标来反映短期经济绩效和长期经济绩效。具体为，企业短期经济绩效指标参照郭剑花和杜兴强（2011）的做法，用营业利润与总资产之比来表征；企业长期经济绩效指标参照孙海法等（2006）和王雪莉等（2013）的做法，用企业价值（Tobin's Q）=（股权市值+债权账面价值）/总资产的账面价值来表征。

1.2.2 环保补贴

政府补贴又称政府补助，从广义上来说，是指政府或其他公共组织直接或间接地对微观市场实体（企业或个人）进行经济利益补偿的行为。简言之，政府补贴由政府部门提供，可表现为对企业研发创新、产品生产活动等的支持（如研发补贴、价格补贴、资产补贴）。财政部于 2017 年颁布的《企业会计准则第 16 号——政府补助》，对政府补助界定为"企业从政府无偿取得的货币性资产以及非货币性资产"。

刘海英和丁莹（2019）将环保补贴定义为，政府在经济主体意识上的偏差或资金上的私有制不能有效进行环保投资的情况下，为解决环保问题而对企业进行各种补贴，以帮助企业进行环保设备更新、环保工艺改进以及环保技术改造等技术创新活动的一种政府行为。张琦等（2019）将环保补贴界定为地方政府为了激励高管具有公职经历的企业加大环保投资，积极开展降污减排而对此类企业进行财政扶持的一种经济手段。李青原和肖泽华（2020）则认为环保补贴是政府为了鼓励企业进行环保直接投资，积极参与环境治理而向企业提供的一种专项补贴资金。

鉴于本书环保补贴数据来自公司财务报表附注中的政府补贴金额，并通过检索"节能""减排""污染治理""环保""绿色""清洁"等关键词，手工筛选、整理得以确定具体的环保补贴项目及金额，综合现有研究，本书将环保补贴定义界定如下：环保补贴是政府出于环境保护的目的，为激励企业开展节能减排，积极参与绿色环境治理而对企业进行的资金扶持。

1.2.3　绿色技术创新

James（1997）将绿色技术创新定义为以降低环境影响并且实现企业价值增值为目的的新产品或新工艺。Klemmer et al.（1999）结合技术创新的特点，扩展了绿色技术创新范畴，将绿色技术创新定义为，实现降低生态环境负担和可持续发展的双重目标前提下，作为环境参与主体的企业进行生态环境相关的新理念、新产品及新工艺的创造、引进和改造等。Claudia & Federico（2015）认为，绿色技术创新指在经济活动中的相关变化，使其改善了经济和环境绩效。根据以上关于绿色技术创新定义和概念，本书的绿色技术创新亦主要围绕环境绩效和经济绩效所开展的技术创新，涉及借助技术创新改善环境的效果和生产绿色差异化产品。

现有文献关于企业绿色技术创新的衡量主要有以下四种：第一种，主观评分法，包括问卷调查和内容分析评分法（解学梅和朱琪玮，2021）；第二种，单位能耗研发投入（王锋正和陈方圆，2018）；第三种，污染治理技术、清洁生产技术及绿色工艺技术等绿色研发资金投入（Hamamoto，2006；田红娜和刘思琦，2020）；第四种，绿色专利申请和授权量（李青原和肖泽华，2020）。由于本书研究环保补贴与企业双重绩效的作用机制时，分析了环保补贴资金是否会通过绿色技术创新投入而影响环境绩效和经济绩效，因此，第三种方法，即绿色研发资金投入更适合本书的衡量方法。基于上述分析，本书的绿色技术创新为绿色研发支出，主要指与环保或绿色有关的技术改造支出、设施投入和维护支出等，在研发支出中按"环保""节能""绿色""减排""污染""清洁"等关键词筛选出与环保或绿色有关的研发支出，并用营业收入进行标准化处理，即以绿色研发支出与营业收入之比表征绿色技术创新。

1.2.4 制度环境

"制度环境"概念有广义与狭义之分。Davis & North（1970）认为制度环境从广义来说，是一系列基本的政治、社会和法律规则基础；狭义来说，制度环境是指一系列市场竞争环境、契约文化、信用环境、法治化水平、政府治理环境以及金融化水平等方面。制度环境的这些方面会影响企业的交易成本，进而影响公司治理的效率，因而一直成为新制度经济学关注的重点。值得一提的是，企业所处的制度环境是相对于企业内部制度安排包括董事会制度、经理人市场机制、所有权安排等更为外生的制度安排。

夏立军和方轶强（2005）指出，制度环境一般是指企业所处的外部治理环境，通常包括行政环境、法制环境、涉及信用体系的金融环境、市场竞争、产权保护以及契约文化等方面。然而，由于主客观原因，市场竞争、产权保护以及契约文化等治理环境在我国当前"新兴加转轨"的市场化条件下还不能发挥作用，或者说作用是有限的（譬如市场竞争），对投资者的产权保护水平总体不高，相关数据也难以获取抑或存在计量方面的困难（譬如契约文化）。正因如此，本书选择了从法制环境、行政环境和金融环境这三个子环境来表征制度环境。本书研究制度环境与环保补贴的交互效应对企业双重绩效的影响，优良的行政环境、较高的法治化水平以及良好的金融环境是改善企业环境绩效、提升其运营效率的重要条件，因为环保补贴政策的有效性受法制环境、行政环境以及金融环境等制度环境的影响，环保补贴政策与这些制度环境因素的协调配合是实现最优政策效果的前提（Ades & Tella，1997；Lazzarini，2015）。这使得我们能够观察环保补贴与企业环境绩效，以及环保补贴与企业经济绩效之间的基本关系如何随着制度环境质量的不同而变化，从而为政府实施相机调控，精准施策提供参考价值。制度环境数据来源于王小鲁等（2018）编制的《中国分省份市场化指数报告（2018）》。其中，法制环境数据来源于市场化分指数"维护市场的法制环境指数"部分；行政环境数据为市场化分指数"减少政府对企业的干预指数"部分；金融环境数据为市场化分指数"市场化指数中信贷资金分配指数"部分。

1.3　研究目标与研究内容

1.3.1　研究目标

本书的总体研究目标：①研究环保补贴、制度环境与企业双重绩效关系；

②研究环保补贴对企业双重绩效的影响及作用机制，以及制度环境在环保补贴与企业双重绩效关系中的调节效应。本书在研究环保补贴与企业环境绩效关系时，既分析了"促进效应观"又分析了"抑制效应观"，并深入探讨了环保补贴影响企业环境绩效的作用路径；在研究环保补贴影响企业经济绩效时，分别研究了环保补贴对企业短期经济绩效的影响，以及环保补贴对长期经济绩效的影响，并通过路径分析解释了环保补贴影响企业长短期经济绩效深层次的原因；并进一步分析环保补贴与企业双重绩效在企业不同情境下的差异。最后从影响环保补贴与企业双重绩效关系相关的外部治理因素入手，探讨制度环境对于环保补贴与企业双重绩效关系的调节效应。本书通过分析环保补贴、制度环境与企业双重绩效的关系，解析环保补贴影响企业双重绩效深层次的原因。挖掘制度环境对环保补贴与企业双重绩效关系的影响，以及企业异质性特征对环保补贴与企业双重绩效之间关系的影响是否存在显著差异，进一步丰富了外部制度环境与公司异质性特征影响环保补贴政策有效性的条件。

本书的具体目标如下：

（1）研究政府环保补贴如何影响微观企业环境绩效的政策效应，基于政府环境监管强度、企业绿色技术创新和高管环保意识三条路径，采用中介效应检验环保补贴对重污染企业环境绩效的作用机制。并进一步分析了异质性特征下的企业环保补贴与环境绩效之间的关系，即探讨环保补贴对企业环境绩效的影响在不同产权性质、不同融资约束及不同风险承担水平下是否存在显著差异。通过上述研究，期望能更准确地评价环保补贴的实施效果，更深入地分析和评估环保补贴经济后果的深层次原因，更科学地评价环保补贴政策在不同类型企业间的差异，为环保政策实施提供理论支撑，并为国家精准施策提供经验证据。

（2）考察环保政策激励工具环保补贴对企业经济绩效的影响及作用机制，并将经济绩效区分为长期经济绩效和短期经济绩效，分析了环保补贴对企业短期经济绩效和长期经济绩效的影响及作用机制，通过中介机制探讨了环保补贴是否会通过环保投资抑制环境绩效，以及环保补贴是否会通过绿色技术创新来促进企业长期经济绩效。并进一步分析了异质性特征企业下的环保补贴对企业经济绩效的影响是否存在差异。以上研究为环保补贴政策影响企业微观主体经济绩效提供了现实依据，并深入挖掘了环保补贴作用于企业经济绩效的深层次原因，不仅揭示了环保补贴政策对企业减排和增效的双重影响，也为企业如何发挥环保补贴的最大效用提供了理论参考。

（3）从制度环境的外部约束条件入手，进一步探索制度环境与环保补贴的交互效应对企业"双重"绩效的影响，以考察制度环境是否以及如何影响环保补贴与企业"双重"绩效之间的关系，即考察以行政环境、法制环境及金融环境所表征的制度环境，是否以及如何影响环保补贴与企业双重绩效之间的关系，从而为环保补贴政策在不同外部治理环境下的精准施策提供经验证据。

1.3.2　研究内容

为实现上述研究目标，本书共分为七个部分内容：

第1章绪论。首先提出本书拟研究的问题，并对本书的理论意义与实践价值加以说明；其次分别对"双重"绩效、环保补贴、绿色技术创新及制度环境等概念进行了界定；再次提出本书的研究目标、研究内容、研究思路以及采用的研究方法；最后说明本书的创新之处。

第2章文献综述。本章将围绕环境污染及其治理绩效、政府补贴的有效性、制度环境与政府补贴有效性的条件等方面对国内外相关文献进行回顾。在对国内外文献进行梳理的基础上，对现有文献进行述评，使本书的研究内容既有所继承又有所突破。

第3章制度背景与理论基础。首先，从我国重污染企业环境污染现状、政府环境治理相关政策及企业减排增效的绿色发展经验提出本书的制度背景，对本书涉及的公共产品理论、技术创新理论、寻租理论、信号传递理论及制度理论等相关理论进行论述；其次，依托上述制度背景和理论，从经济学、管理学及行为学角度，探讨环保补贴与企业环境绩效的关系及影响机理、环保补贴与企业经济绩效的关系及影响机理以及制度环境对环保补贴与企业双重绩效关系的影响，并对这三项内容发挥的作用加以小结。

第4章环保补贴对企业环境绩效的影响效应及作用机制。本章根据相关的理论基础和现有文献考察环保补贴对企业环境绩效的影响效应，并在影响效应基础上分析了其作用渠道，进一步探讨了不同特征下环保补贴对企业环境绩效的影响是否存在差异。具体的研究过程为：考察环保补贴对企业环境绩效的影响及作用机制，首先是通过理论分析并提出研究假设；其次是研究设计，包括模型设计、变量定义、样本选择与数据来源；再次是实证结果与分析，包括描述性统计分析、相关性分析以及多元回归结果的列示与分析；复次是稳健性检验，包括内生性修正、变量替换；又次是进一步分析了不同特征下企业环保补贴对企业环境绩效的影响；最后就本章研究进行小结。

第5章环保补贴对企业经济绩效的影响效应及作用机制。本章分别考察了环保补贴对企业短期经济绩效的影响及作用机制、环保补贴对企业长期经济绩效的影响及作用机制，并进一步分析了不同特征企业下的环保补贴对企业长短期经济绩效的影响。首先是通过理论分析提出研究假设；其次是研究设计，包括模型设计、变量定义、样本选择与数据来源；再次是实证结果与分析，包括对描述性统计分析、相关性分析，以及多元回归结果的列示与分析；复次是稳健性检验，包括内生性修正、变量替换；又次是进一步分析；最后是对本章研究进行小结。

第6章制度环境对环保补贴与企业双重绩效之间关系的影响。在不同行政环境、法制环境和金融环境下，环保补贴对企业环境绩效的影响不一样，并且环保补贴对企业经济绩效的影响也不一样。因此，本章分别从行政环境、法制环境和金融环境所表征的制度环境，探讨其对环保补贴与环境绩效及经济绩效关系的影响。本章首先根据相关的理论基础和文献分别提出制度环境对环保补贴与环境绩效关系所产生调节作用的假设及制度环境对环保补贴与企业经济绩效关系所产生的影响的假设；其次进行研究设计、实证结果与分析、稳健性检验；最后进行本章小结。

第7章结论、启示与展望。本章首先对前文研究得到的政府环保补贴与企业环境绩效的关系及作用机制、环保补贴对企业经济绩效的影响及作用机制以及制度环境作为调节变量对环保补贴与企业双重绩效（环境绩效与经济绩效）的关系，加以归纳总结，形成相关的研究结论；其次提炼出提升宏观环保补贴政策效果的相关政策启示；最后在剖析本书研究局限性的基础上，对进一步的研究方向与内容提出展望。

本书的研究框架见图 1–1。

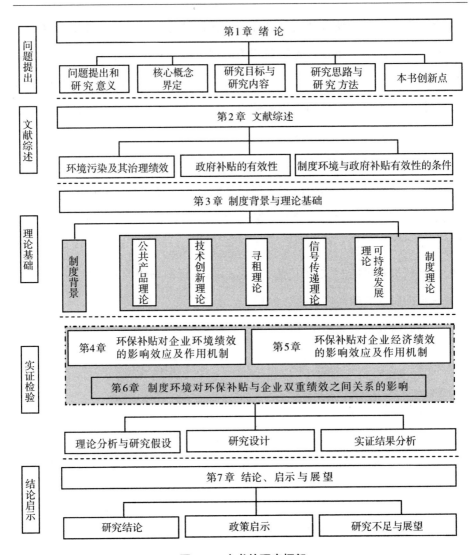

图 1-1 本书的研究框架

1.4　研究思路与研究方法

1.4.1　研究思路

本书将环保补贴、制度环境及企业双重绩效置于同一框架下进行研究，首先探讨环保补贴与环境绩效关系、传导路径，并进一步分析了环保补贴与企业环境绩效的关系在企业异质性下所表现的差异；其次考察环保补贴对企业长短期经济绩效的影响及作用机制，且进一步分析了企业异质性特征下政府环保补贴对企业经济绩效的影响；最后研究制度环境对环保补贴与企业双重绩效（环境绩效和经济绩效）关系的影响。

本书具体的研究思路和逻辑关系如图1-2所示。

1.4.2　研究方法

本书以实证研究方法为主，规范研究方法为辅。第2章使用文献回顾与评述、第3章理论基础主要使用规范研究法，第4~6章主要使用实证研究法。本书内容对应的具体研究方法如下：

（1）规范研究方法。本书将规范研究方法应用于问题提出、文献综述以及理论基础三个方面。首先，在问题提出方面，随着中国经济发展步入"新常态"，生态环境问题愈加凸显，并逐渐成为制约中国经济发展的瓶颈，异质性特征企业的环保补贴对其双重绩效的影响会存在差异，为了缓解"降污"与"增效"的双重压力，政府投入大量环保补贴来促进重污染行业的发展，补贴效果备受关注。由此，如何在不同类型企业实施不同强度的环保补

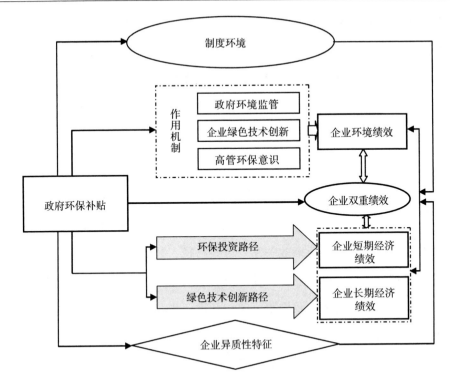

图1-2　本书具体的研究思路和逻辑关系

贴以有效改善环境质量并提升环境绩效，是当前政府面临的一项重大课题，在上述现实背景的基础上提出了本书要研究的问题。其次，在文献综述方面，本书依次对环境污染及其治理绩效研究、政府补贴的有效性、制度环境与政府补贴有效性的条件等方面的国内外相关文献进行了回顾，并对此进行文献述评。最后，在理论基础方面，本书通过公共产品理论、可持续发展理论、寻租理论介绍政府环保补贴与环境治理绩效的关系及其影响机制，通过技术创新理论、信号传递理论、制度理论分析政府环保补贴对企业经济绩效的影响，再在上述理论基础上，进一步探索制度环境对环保补贴与企业双重绩效关系的影响。

（2）实证研究方法。本书主要是通过实证研究方法为政府环保补贴与企业环境绩效之间的关系提供支持性证据。在数据选取与处理方面，本书根据环保部 2008 年 6 月颁布的《上市公司环保核查行业分类管理名录》，将重污染行业划定为 16 类行业。选取了 2010~2017 年我国 A 股市场中 16 类重污染行业的上市公司为研究样本，数据处理则通过 Excel2010 和 Stata15 等软件进行。在模型应用方面，本书主要采用普通最小二乘法（OLS）、工具变量、固定效应模型（FE）、系统广义矩（GMM）以及倾向得分匹配（PSM）等方法。在实证研究过程中，将依次进行描述性统计分析、相关性分析、多元回归分析、中介效应检验、调节效应检验等，并且进行了内生性和变量替换的稳健性检验，通过对上述检验过程结果的分析，为研究假设提供更为充实的证据。

1.5 本书创新点

本书在现有研究的基础上，对制度环境、环保补贴与企业双重绩效之间的关系进行了理论分析和实证研究，创新之处主要体现在：

（1）文章基于微观企业的环境效益和经济效益视角，为政府环保补贴的实施效果提供了微观层面的直接证据，拓展了环保补贴有效性的相关研究。这不仅为澄清环保补贴有效性的争论提供了新的证据，而且为政府环保补贴政策能否实现"减排""增效"的双赢目标提供理论支撑。现有文献更多关注政府环保补贴能否激励企业积极承担环境责任，而对企业如何实现环境绩效与经济绩效"共赢"的探讨则明显不足。

（2）尝试探索了政府环保补贴对企业环境绩效与经济绩效的作用机制。在研究环保补贴与企业环境绩效时，少有研究关注宏观补贴政策对微观企业环境行为产生影响的作用机制。而本书基于政府环境监管、企业绿色技术创新行为、高管环保意识这一整体框架，全方位考察了环保补贴影响企业绿色生产行为与环境绩效的作用渠道。在研究环保补贴与企业经济绩效时，以往研究侧重于考察政府环保补贴的资源补偿效应有助于降低企业的环境治理成本从而给其绩效带来正面影响，抑或政府补贴的寻租效应加重了企业环境治理成本从而给其绩效带来负面影响；有别于以往研究，本书着重考察环保补贴如何通过不同作用渠道而影响企业的短期和长期经济绩效，主要从环保补贴通过环保投资渠道从而降低企业短期经济绩效，以及通过绿色技术创新投资渠道从而提升企业长期经济绩效入手。这有助于我们洞悉环保补贴影响企业"双重"绩效的客观表现及其深层次原因，从而为经济新常态下政府通过合理的环保补贴激励政策来优化资源配置，驱动重污染企业转型升级，提升经济效率提供重要依据。

（3）进一步剖析了制度环境差异对环保补贴与企业"双重"绩效之间关系的异质性影响，为政府定向调控，精准施策提供参考价值。现有文献极少把政府环保补贴、制度环境以及企业绩效置于同一框架下进行研究，而本书基于制度环境视角，将政府环保补贴和企业双重绩效纳入同一分析框架，分别考察了法制环境、行政环境及金融环境对环保补贴与企业双重绩效之间关系的调节效应，进一步探究制度环境的优劣对环保补贴与企业"双重"绩效之间关系的重要影响，从而丰富和拓展了政府环保补贴有效性条件的研究框架。

（4）针对不同特征企业实施定向调控，精准施策，为政府完善环保补贴政策的动态调整机制提供理论支撑。不同特征企业的环保补贴对其环境绩效与经济绩效的激励作用存在差异，如果采取"一刀切"式的环保补贴激励政策，补贴政策的实施效果可能会不理想。因此要提高宏观经济政策的效果，必须针对异质性特征企业实施定向调控，精准施策，本书研究为政府完善环保补贴政策的动态调整机制提供直接证据。

本书的技术路线见图1-3。

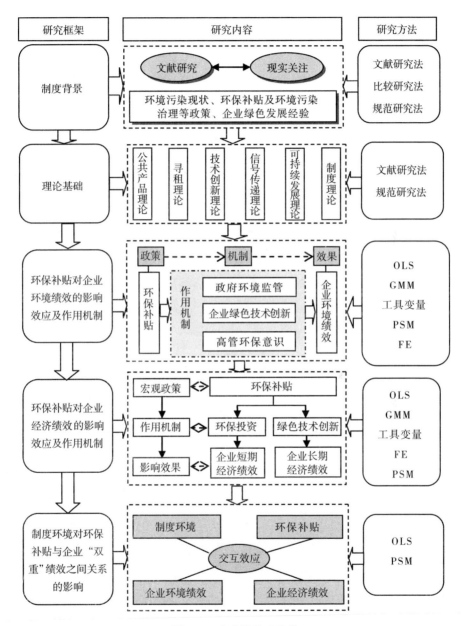

图1-3 本书的技术路线

2 文献综述

　　本书的研究主题是：环保补贴、制度环境与企业双重绩效之间的关系。围绕这一主题，本章将从环境污染及其治理绩效、政府补贴的有效性以及制度环境与政府补贴有效性的条件三个方面进行文献回顾与脉络梳理。在文献回顾之后，本书还进行了文献述评，厘清本书的理论价值与创新之处，本书尝试在已有文献的基础上，既有所继承又有所突破。

2.1　关于环境污染及其治理绩效研究

　　环境污染及其治理问题，不仅关乎民生福祉，而且对国家经济提质升级、实现可持续发展有着重要作用，有着深远的战略意义。在中共中央《关于全面加强生态环境保护，坚决打好污染防治攻坚战意见中》，打好污染防治攻坚战被列为全面建成小康社会的一大攻坚战。环境污染及其治理问题作为当前的焦点话题，已经受到学术界的广泛关注，通过对现有文献的梳理，本书发现学界主要从宏观的外部因素和微观的内部因素对环境绩效影响因素进行了相关讨论。

2.1.1 宏观层面的环境污染及其治理绩效研究

宏观层面的环境污染及其治理绩效研究大都体现在宏观经济发展、政府推动、政府规制、社会监督几个方面：

（1）宏观经济发展与环境绩效。在现有的文献中，主要是从隐性经济发展、显性经济增长、技术进步等几个方面来对宏观经济发展与环境污染治理进行研究，主要观点归纳如下：

首先，隐性经济发展会加剧环境污染。Biswas et al.（2012）、余长林和高宏建（2015）指出隐性经济发展会加剧环境污染，前者认为控制腐败程度对隐性经济发展对环境污染的影响起抑制作用，后者通过环境管制强度与隐性经济规模的交互项发现中国的环境污染与之呈显著正相关。其次，显性经济增长与能源效率呈相互促进关系。Shahbaz et al.（2013）根据南非的数据说明经济发展增加了能源排放，并验证了环境库兹涅茨曲线的存在性；Bi et al.（2014）研究显示能源效率随着污染物的排放的减少而增加，这种负相关效果能够提高环境绩效；王锋等（2010）发现提高工业部门能源利用效率能使二氧化碳的排放量大幅减少，这是影响中国经济发展碳排放增长的一个重要因素；白俊红等（2018）研究了能源效率、环境污染与中国经济发展方式转变的关系，研究发现，与未考虑环境污染相比，把环境污染列入考虑因素时，经济发展方式转变与能源效率之间的关系更加显著，这也表明能源效率对经济发展方式转变的影响比较大，如果在环境提升的同时罔顾环境污染改善效应，研究结果并不准确。最后，技术进步提升了环境治理质量。部分学者提出技术进步及技术创新有助于减少二氧化碳排放（Li et al.，2017；Yu & Du，2019）；Croitoru & Sarraf（2012）、涂正革（2012）从净收益和社会成本角度分析，发现清洁技术比传统技术更具有吸引力；严成樑等（2016）发现技术水平越高，其提升效应越有利于实现我国的绿色和低碳发展；Anderson（2001）通过研究发现，技术进步能够改善水污染和空气污染问题，也就是说，技术的进步可以减缓环境损害对环境所造成的压力。

（2）政府推动与环境绩效。政府治理与环境绩效的相关文献主要从政治联系、财政分权与官员晋升三方面进行归纳。

第一，政府联系。梁平汉和高楠（2014）研究发现，地方政府和重污染企业之间存在"政企合谋"，这种政企合谋是导致环境污染难以治理的关键因素，也就是说，由于地方政府和污染企业之间的"人际网"和"关系网"的存在，监管行为将会随着地方领导的任期增加而放松。由于国有企业承受的政治压力较大，其承担的社会责任也相对较大，黄珺和周春娜等（2012）通过分析国有控股比例与环境信息披露水平的关系发现，随着第一大股东持股比例增加，环境信息的透明度也随之提高；Bae（2014）发现，非国有企业面临的行业竞争相比国有企业更大，为了获得更多的消费者互动与顾客黏性，非国有企业将比国有企业更积极地参与环境管理；唐国平和万仁新（2019）在研究工匠精神与环境绩效关系时，认为政治关联会影响企业污染防治行为和环境规制的敏感度，并且国有企业环境绩效优于民营企业。

第二，财政分权。Sigman（2014）研究发现地区的污染水平与管辖区范围变化有关，财政分权有利于降低污染水平；Lipscomb & Mobarak（2017）则认为尽管财政分权改善了服务，却给管辖疆界带来了外部性，不利于降低污染；黄寿峰（2017）搜集省级面板数据研究后发现，财政分权对局部性污染物的治理作用并不明显，而随着财政分权比例增加，雾霾污染波动的直接效应显著上升，此时间接效应显著下降，但是总效应变化并不显著。

第三，官员晋升。罗党论和赖再洪（2016）通过分析重污染投资与地方官员晋升关系发现，地方官员的晋升速度会随着重污染企业投资的增加而显著降低，并且在经济较为发达的东部地区该抑制作用更为明显，由此可以推断出环境绩效是影响官员晋升的关键因素，环境绩效被初步证实了在官员晋升机制中具有改革作用。

（3）政府规制与环境绩效。从生态环境的公共产品特征以及企业自身利益最大化原则出发，企业缺乏动机自主进行环境保护，在此基础上，政府的规制在一定程度上能推动企业环保行为实施，这一观点得到了国内外学者的广泛认可。现有文献主要从环保立法、环保税、环境规制效果、整体环境规制等几个方面研究政府规制对生态环境影响。

第一，环保立法。Dummett（2006）通过研究发现政府严格立法的实施对企业环境保护行为有积极的推动作用；Shi & Xu（2018）的研究表明，企业一般不会主动采取环保行为，只有在政府施压时企业才会勉强承担环保责任，并且政府施加的压力越大企业表现越好。作为一种强有力的法律法规，《中华人民共和国环境保护法》（以下简称《环保法》）出台后，企业必须积极地进行污染治理，才能获得一个合法合规的地位，因此《环保法》拥有较高的政策遵守度（Bradford & Fraser，2008）；在《环保法》的约束下，企业为了获得政府许可会在显性经济活动中尽可能地降低污染排放水平，但这种成本使得企业为了扩大隐性经济规模而在监管不到位的情况下提高环境污染水平，因此环保政策的净效应取决于隐性经济规模的大小（Baksi & Bose，2010）；包群等（2013）采用倍差法验证了地方环境立法监管的效果发现：只有在环境污染相对比较严重，受到广泛关注或者执法力度相对严格的省份，环境立法才能显著改善环境绩效，单纯的环保立法并没有实质作用；Bonifant（1995）研究发现当政府出台创新性的法规之后，企业会转变环保管理理念，由"末端管理"转为"过程管理"，这将有利于企业进行能源节约、污染减排和开发绿色环保产品；陈超凡等（2018）发现，只有严格的环境规制才有利于工业绿色全要素生产率的提高；姜英兵和崔广慧（2019）发现，整体方面环保投资能够有助于改善当地生态环境，并且得到环保产业支持的重污染企业增加环保投资能够显著抑制工业固体废弃物排放，但与工业废水排放无显著关系；进一步研究发现，不同时期、不同区域，重污染企业环保投资对同一工业废物排放具有不同程度的作用；潘红波和饶晓琼（2019）为了判断新政策的实施效果，对《环保法》实施前后的企业环境绩效进行分析，结果发现《环保法》实施后显著改善了企业环境绩效，且其治理作用随着法治水平的提高、经济发达程度的提高以及污染治理投资的减少更加显著。

第二，环保税。已有文献对环保税的作用研究结论并不一致，有些学者肯定了环保税的环境治理作用（Miller & Vela，2013；李虹和熊振兴，2017）；还有部分学者质疑环保税的环境治理作用（Gerlagh & Lise，2005；Lin & Li，2011）。叶金珍和安虎森（2017）建立了包含空气污染的动态均衡模型，模拟结果表明：①合理的市场化环保税不仅能有效治理空气污染问题，而且还可以使经济福利指数稳步提升；②差异化环保税将激励污染行业转移，统一性环保税的长期治理效果优于差异化环保税；③不合理的行政干预不仅不能改善治理效果，反而将降低环保税的实施效果。

第三，环境规制效果。黄清煌和高明（2016）从环境规制工具与节能减排效率之间的关系入手，划分了不同的环境规制工具，研究发现命令控制型与公众参与型环境规制工具与节能减排效率之间呈现倒"U"型关系，而市场激励型环境规制工具与节能减排效率类似于正"U"型关系，这一结果证实了波特关于合理环境规制强度的假说；Xie et al.（2017）利用省级面板数据，研究发现命令控制型环境规制和市场调节型环境规制与绿色生产率之间是非线性关系，但命令控制型环境规制存在双阈值，市场调节型环境规制存在单一值，结合中国的实际情况，市场调节型环境规制较命令控制型环境规制更能驱动生产率；Liu et al.（2016）研究发现，当环境规制的技术效应大于资源配置的扭曲效应时，环境规制将促进产业转型，其中命令控制型环境规制对清洁产业具有显著的激励效应和技术创新溢出效应，但在污染密集型产业中则不存在这种效应；Shen et al.（2019）利用中国的数据研究不同环境规制类型对绿色生产率的影响，并得出命令控制型环境规制能够有效提高绿色生产率，这强有力地证实了波特假说，即严格的环境法规可以增强产业生产率。

第四，整体环境规制。李永友和沈坤荣（2008）对我国多省份工业污染数据进行研究分析，发现随着我国的污染控制政策的实施，环境污染能够得到有效控制；沈能和刘凤朝（2012）基于区域层面的数据，考察了环境规制对技术创新的影响，研究发现，由于地区间存在环境规制强度、经济发展水平的区别，东部地区政府环境规制能够促进技术创新，而中西部地区则无明显效果；Hamamoto（2006）、Ambec et al.（2013）以及 Dechezleprêtre & Sato（2017）等通过大样本的实证数据发现，有关污染治理的环境规制能够提高企业的环保研发投入；叶陈刚（2015）通过分析沪深 A 股的重污染上市公司的数据，发现随着政府监管水平的提高，企业环境信息披露质量会有效提升；祁毓等（2019）研究发现，在短期内，环境规制会降低污染，能够改善环境质量，但会降低技术进步和全要素生产率；祁毓等（2013）还指出，伴随着环境规制的其他经济社会效应凸显，环境规制对经济增长的不利效应会被逐渐弱化，并最终转为正向效应，最终环境保护和经济发展都朝着有利方向稳步前进；沈洪涛 & 周艳坤（2017）研究发现企业在治理环境污染时表现并不积极，即在短时间内，政府的外部压力能够促使企业采取减排等行为，但并没有长期正向影响企业增加环保投入，同时地方政府对国有企业环保行为的监督更为严格；于斌斌等（2019）的研究发现，我国城市的环境规制具有"只减排、不增效"的经济效应及空间溢出效应。

（4）社会监督与环境绩效。社会监督会约束企业行为，促进企业参与环境治理。郑思齐等（2013）发现，在道德规范与社会压力作用下，当公众、媒体以及投资者及分析师等专业群体对环保的关注度越高，企业更会积极地参与环境治理。

第一，关于媒体监督。Bushee（2010）研究外部媒体与公司治理之间的关系，发现外部媒体监督在公司治理中起积极作用，媒体作为一种外部监督力量，具有不可或缺的地位；刘常建等（2019）发现在不同媒体关注度的社会环境中，信用贷款比例以及银行贷款金额存在差异，这表明媒体关注能够通过信息传播机制以及声誉机制来影响银行信贷政策，进而影响企业负债融资，促使企业治理层进行决策时加入环境绩效因素，以降低企业融资成本；徐莉萍（2018）通过对社会责任信息的研究发现媒体监督会提高企业的违约成本，有利于企业积极完成指定的高管环境保护要求；并且媒体监督所发布的正面报道越多，上市公司环境规制效果越能够有效加强，企业的绿色投资力度越大（张济建等，2016）。

第二，其他利益相关者监督。赵军等（2011）通过整理已发布的环境信息，将相对完善的41家企业作为样本，实证研究发现，环境绩效的主导驱动因素是企业，环境绩效的重要推动因素是政府部门和投资者，而消费者和社区公众与环境绩效无显著关系；Melo & Garrido-Morgado（2012）发现，监管者、社会公众以及审计师等专业群体以及其他利益相关者越关注环境问题，企业凭借着环境投资带来的环境合法性越能够有效降低责任风险，提高企业声誉，降低融资成本，增强与利益相关者之间的关系，从而从中获益；Rupley et al.（2012）研究发现，出于谨慎原则，外部机构投资者对待企业公布的不同类型的环境信息持有不同的态度，即外部机构投资者对于负面环境信息更加敏感，负面消息能够影响其投资决策行为；黎文靖和路晓燕（2015）的实证结果表明，机构持股能够显著改善企业环境绩效，且长期的机构投资者会更加关注企业环境保护方面的因素；张华等（2017）研究发现，公众诉求能对政府环保补贴力度和环境监管强度产生倒逼效应，进而有助于提升绿色发展效率。

2.1.2　微观层面的环境污染及其治理绩效研究

国内外学者主要从企业治理结构、企业治理行为、企业经营绩效和企业文化方面研究了企业微观层面的内部治理因素对环境绩效的影响。

（1）企业治理结构与环境绩效。企业治理结构与环境治理绩效影响研究主要从股权特征、董事会治理及高管激励三个方面归纳。

第一，股权特征。现有文献主要从机构持股和股权集中度两个方面来研究股权特征对环境绩效的影响。Cox et al.（2004）发现机构持股比例与企业履行社会责任呈显著正相关；针对股权集中度方面，Eamhart & Lizal（2006）的研究结果表明，股权集中度与企业环境绩效呈正相关，且国有股权越高，企业环境绩效越好；然而 Clarkson et al.（2008）的实证结果则恰好相反，即股权集中度与企业环境绩效显著负相关；Cedric et al.（2010）发现第一大股东持股比例越高，企业环境绩效越差；李平等（2015）在股权结构方面的研究结论是股权集中度越高，企业环境绩效越好；黎文靖和路晓燕（2015）实证证明了相同的结论，他们还将机构投资者分为长期机构投资者与短期机构投资者，研究发现长期持股的机构投资者对企业的环境绩效更加关注。

第二，董事会治理。现有研究认为，独立董事比例、董事会规模、董事会关系均与环境治理绩效显著相关。关于独立董事比例与企业环境绩效的关系，多位国外学者研究发现，独董比例越高，企业环境治理绩效越好（Hillman et al.，2003；Clarkson et al.，2008；Villiers et al.，2011）。但关于董事会规模对环境治理绩效的影响存在对立观点。部分学者研究发现董事会规模与企业环境治理绩效呈显著正相关（邹海亮等，2016；Staden et al.，2011）；Elsayed（2009）也指出董事会规模的扩大虽然会增加企业的组织成本，但却能够促进企业提高环境治理绩效；另一部分学者则认为董事会规模的扩张不利于企业环境治理绩效的改善（Hillman，2003；李平，2015）。此外，出于董事会关系的考量，Villiers et al.（2011）发现董事会存在连锁关系时，企业会积极改善环境绩效；邹海亮等（2018）选取我国 A 股上市的制造业企业作为研究样本，分析发现董事会存在连锁关系会促进企业积极提升环境绩效。

第三，高管激励。关于高管激励对环境绩效是激励还是抑制作用，当前国内外学者尚未得到一致的结论，目前主要从高管薪酬激励和高管股权激励两方面探讨高管激励与环境绩效。Russo & Harrison（2005）通过实证研究发现高管激励与企业环境绩效呈显著正相关；Berrone et al.（2009）持相同观点，并且认为企业环境管理机制可以有效调节高管激励与企业环境绩效的关系。而 Walls et al.（2012）的实证结果却表明高管薪酬越高，环境绩效反而越差，也就是随着高管薪酬的增加，环境问题更加突出；王晨（2010）从高管持股比例的角度出发，发现高管持股比例越高或最大股东担任公司 CEO时，往往在公司经营过程中会以自身利益最大化为基本原则，从而忽视环境治理绩效的改善；周晖等（2017）选取了我国 2009~2012 年上市公司数据来研究高管激励与环境绩效的关系，结果表明高管激励与环境绩效之间呈现倒"U"型关系；李平和王玉乾（2015）借鉴 ISO14031 环境绩效评估标准，对此进行研究，其结果表明高管薪酬虽然能够提升企业环境绩效，但是股权激励与企业环境绩效之间的关系并不显著。

（2）企业治理行为与环境绩效。企业治理行为对环境治理绩效的影响主要归纳为以下几方面：

第一，环保投资行为。王书斌和徐盈之（2015）从企业投资偏好视角出发，研究发现环境行政管制是通过企业技术投资偏好这条路径作用于雾霾污染脱钩，而环境污染监管和环境经济规制则通过企业技术投资偏好和金融投资偏好两条路径作用于雾霾脱钩；Rabêlo & Melo（2019）通过研究巴西的工业企业数据得出，环保投入是生态环境革新的主要驱动因素；崔广慧和姜英兵（2019）把重污染上市公司作为研究样本，实证检验发现环保产业政策能够促进企业加大环保投资，并且环保投资可以实现降污减排及提高企业价值双赢结果。

第二，技术创新行为。部分学者研究发现企业环保研发投入、技术创新行为均能够提升企业环境治理绩效（Jaffe & Palmer，1997；Hamamoto，2006）；Bartzokas（1989）认为，企业应从绿色工艺和绿色差异化产品方面不断创新，开发清洁技术以提升环境绩效；Ford et al.（2014）研究发现，企业技术创新速度与社会经济活动存在相关关系，并且其创新方向亦会影响社会经济活动，当在环境方面投入更多的技术创新时，会减少与环境污染活动有关的行为，提高环境表现；林立国和楼国强（2014）以上海市内外资企业为研究样本分析发现外资企业因为拥有更为优秀的生产技术而环境绩效较优；颉茂华等（2014）探讨了环境规制与企业环保研发投入的关系，发现环境规制有助于倒逼企业加大环保研发投入，然而企业环保研发投入对经营绩效的影响存在滞后效应；王鹏和谢丽文（2014）研究发现随着企业技术创新增加，不仅工业"三废"综合利用产品的产值增加，而且可以有效提高工业 SO_2 的去除率，与污染治理投资相比，企业技术创新的治理效应更强。

第三，企业议价行为。Wang et al.（2015）分析了企业在执行污染收费方面与地方环境当局的相对议价能力的决定因素。研究发现，企业在与当地环保部门交涉时，面临财务困境的企业有更大的议价能力，更有可能支付较少的排污费；企业的社会公众影响力越大，企业与当地环境部门讨价还价的能力就越低；并且非国有企业议价能力可能大大低于国有企业。Li & Chen（2019）通过分析环境规制对企业绿色全要素生产率（GTFP）的动态影响发现，企业议价能力呈显著正相关，这表明环境规制在短期内会对企业的 GTFP 产生负面影响，然而从长远来看，环境政策的实施将在企业竞争力和环境保护方面实现双赢；席鹏辉（2017）认为地方政府主要通过财源的建设和维护来激励财政，而纳税大户是重要保护对象，并且这些纳税大户往往具有较为强大的议价能力，因此在地区污染密集型企业中纳税大户越多，地区污染增长越快。

第四，环境管理体系认证行为。张弛等（2020）通过研究发现：①环境管理体系认证与企业环境绩效呈正相关关系，在 2015 年《中华人民共和国环境保护法》颁布实施之后这种相关关系更加显著；②企业财务绩效在环境管理体系认证影响企业环境绩效中起到正向调节作用；③政府监管力度越强、行业竞争越激烈和舆论监督越密集，环境管理体系认证影响下，企业环境绩效越被正向调节。

（3）企业经营绩效与环境绩效。Beer（2006）的实证结果表明，环境绩效与企业债务水平显著负相关。Montabon et al.（2007）指出企业规模能够正向影响企业环境行为，促进企业改善环境绩效。胡曲应（2012）指出财务绩效和环境绩效的关系比较模糊，单纯的环境末端治理行为不一定能够使财务绩效改善。胡曲应认为，积极有效的环境预防管理才有可能带来环境和财务绩效的共赢；此外，他还指出由于中国环境信息披露制度不够完善，要想考察环境绩效与财务绩效之间的关系，可以从财务报表中的排污费着手。刘中文和段升森（2013）通过对中国制造业行业上市公司进行实证研究，指出公司规模是调节环境绩效与财务绩效之间"U"型关系的重要因素之一，即当公司规模越大，这种"U"型关系就越平缓，进而越接近于线性关系，且国有公司环境绩效对财务绩效的促进作用更加明显。徐建中等（2018）研究结果显示：①企业环境绩效与财务绩效存在显著正相关关系，并存在互为因果的双向作用机制；②不同类型的企业其环境绩效测量方法与财务绩效测量方法两者的显著性检验结果都为显著正相关，并且以各种流程为基础规划的企业其环境绩效与会计基础型财务绩效的相关程度最密切；③企业环境绩效与财务绩效关系呈现情境差异，环境战略类型、国家发达程度、研究时间点、行业和数据类型等因素，都能够调节二者间的关系，但影响效果各异。

（4）企业文化与环境绩效。Claud et al.（2015）研究发现企业的环保观念将会影响企业环境绩效行为，当企业具有环境友好的治理理念时，企业更愿意主动采取环保措施。Hart（1995）指出，组织文化是实现企业绿色绩效的关键，在制定成功的环境战略中起着重要作用。Daily & Bishop（2012）认为具有环保文化的企业，通过绿色实践可以减少浪费。胡珺等（2017）通过对比企业董事长与总经理是否是在家乡当地任职发现，在家乡当地任职时，企业的环境投资将会更多，这说明高管的家乡意识能够引导企业环境治理行为向积极的方向发展。Garcia & Juan 认为，绿色文化是企业在生产经营过程中形成的全体员工所遵循的绿色环保文化的总和。毕茜（2015）研究发现环境规制与企业披露环境信息的积极性呈显著正相关。企业文化对企业披露环境信息的激励作用，是对环境规制的一种补充。Roscoe et al.（2019）指出可以通过绿色组织文化实现环境绩效，这可以有效调节绿色实践与环境绩效二者的关系。张长江（2019）从内部文化角度出发，基于认知行为理论，实证研究了对企业环境绩效信息披露有影响的因素，检验得出：①环境绩效能够促使企业提高环境绩效信息披露水平；②绿色文化能够正向引导企业披露环境绩效信息；③绿色文化不仅丰富了企业环境绩效信息披露的影响因素研究，同时也为企业文化建设的完善、绿色文化的进一步发展提供经验证据；④绿色文化能够正向引导环境绩效对企业披露环境绩效信息的影响。

2.2 关于政府补贴有效性研究

学界当前对政府补助有效性的研究众多，大致可分为以下五方面。

2.2.1 政府补贴对企业创新的影响

政府干预理论作为政府对企业提供研发补助的理论依据（Manolopoulos，2014），这一理论指出，在解决企业技术创新活动溢出效应问题时，政府补助的作用极为关键。学者们深入研究了补贴的创新效应，如今主要存在两种观点：一种观点认为政府补贴能促进企业创新；但另一观点则有着截然相反的看法，认为政府补贴会抑制企业的创新绩效。

（1）政府补贴的创新促进效应。Feldman & Kelley（2006）认为，政府补贴能解决企业 R&D 费用不足的问题，促进企业的 R&D 活动，从而增加无形资产，有利于未来业务开展和融资活动。尚洪涛和祝丽然（2018）指出环保技术补贴与环保活动退税组成了政府环保 R&D 补贴，同时指出对企业投入环保 R&D 影响较大的因素为环保技术补贴。此外，企业所有制性质和 R&D 人员数量可以起调节作用。李万福等（2017）分析了产权性质不同的企业得出，在国有企业中，各种种类的政府补贴均不能显著影响企业的 R&D 支出；但在非国有企业中，事前和事后 R&D 补贴都显著促进 R&D 支出。解维敏和唐清泉等（2009）采用实证研究指出政府的 R&D 补助能刺激企业的研发支出。Nola & Roper（2010）通过实证研究发现爱尔兰制造业企业的研发活动比例通过补贴可以得到刺激，此外能实现产品通过不断连续地小创新，最后达到刺激创新的目的，还能开放企业传统式的创新模式，引入外部的创新能力。朱云欢和张明喜（2010）的研究结果说明，企业的创新研发成本和收益风险可以通过政府补贴得以降低，并提出：要通过扩大研发项目的外部性，同时强化对财政补贴合理分配的监管，来提高我国财政研发补贴的效率。陆国庆等（2014）进行实证研究后得出：政府的创新补贴能够显著提升战略性新兴产业绩效，同时有着显著的外溢效应，并且政府创新补贴绩效明显受到公司治理水平及企业财务风险程度的影响。邵传林（2015）则将研究范围拓展，通过结合各省级层面的制度数据，在中国工业企业统计数据库提供的大样本数据基础上对此进行研究，其结果显示，获得了政府财政补贴的企业与没有获取财政补贴的企业相比，其创新绩效更高，与此同时还发现在制度更为完善的地区，政府财政补贴更能有效促进企业的创新。

（2）政府补贴的创新抑制效应。除了上述学者认为在企业研发投资方面，政府研发补助能起到积极激励效应外，仍存在众多研究表明政府的研发资助让企业减少了自主性研发投资，当企业受到相应的财政补贴后，与原先自筹资金积极进行自主研发创新活动相反，企业仅将受到的政府补贴作为其收入来源的一部分，从而会弱化企业通过研发创新获取收入的动力，进而会抑制企业的自主研发活动（Blazenko et al.，2015）；Wallsten（2000）用接受政府补贴的企业与尚无补贴企业的数据进行比较发现，政府的补贴会对企业自有 R&D 资金产生有"挤出效应"；肖文（2016）认为直接政府补贴限制了企业创新效率的提高。

2.2.2　政府补贴对企业环境责任承担的影响

David（2005）指出政府补贴在当前非完全竞争市场的背景下，其作用相较完全竞争市场会更加明显，企业环境责任意识在政府补贴的刺激下会增强；Magat（1979）指出污染排放能在政府补助的推动下得到减少，激励企业承担环境责任；Fredriksson（1998）则指出政府补贴将减弱造成污染的企业的责任意识；王林等（2011）提出可以通过构建政府—企业互动模式，从而提高企业的环境责任感；席鹏辉（2017）指出地方政府通过给予纳税企业一定税收优惠，从而提供隐性财政补贴，同时席鹏辉发现处于财政激励相对弱及环境偏好较强的地区，环境承担能力较好，纳税大户的污染效应明显减弱；林润辉等（2015）通过探究环境信息披露与政治联系两者关联性，发现政府可以通过调节对民营企业的资源扶植和政策补贴，使得企业承担起相应的环境责任和环境责任信息的披露义务；Santos et al.（2012）的研究发现，政府会以税收减免或政府补贴形式对主动承担环境保护责任的企业提供优惠政策。

2.2.3　政府补贴对企业环境绩效的影响

鉴于现存市场具有不完全竞争的特征，因此政府支持的作用就更加明显，当在环保方面政府给予企业较多的支持时，企业环境绩效就会得到改善（David，2005）；李永友和沈坤荣（2008）指出当企业获得政府环保补助这种基础资源形式的补偿时，企业会使用这种直接拨付的资金从事环保活动，减排补贴和环保贷款制度对污染减排作用效果不明显；Santos et al.（2012）利用葡萄牙的上市公司数据发现，企业积极承担环保责任时，往往伴随着政府补贴以及税收优惠等政策支持，从而有利于激励企业改善环境绩效；陈思霞和薛钢（2016）通过研究发现政府环境补助行为能够促进地区经济的发展，但是通过企业生产技术创新的途径并不明显，主要是因为政府环保补助通过促进企业环保投入而增加居民健康资本，最终促使经济增长，从而有利于实现"减排"和"增效"的双重效益；Pretre & Sato（2017）研究发现，环境规制的背景下，污染越重的企业环保合规的压力越大，所以受到政府环保补贴的污染较重企业会积极寻求清洁生产技术创新，从而改善企业环境绩效；Murphy et al.（1993）以及李青原和肖泽华（2020）等的研究表明，企业受到政府环保补贴后，须迎合政府环境政策的意图实施专项环境治理投资，企业环境绩效将因此得到改善。

2.2.4 政府补贴对企业经济绩效的影响

学者们关于政府补助对经济绩效的影响的研究结果可分为正面、负面及非线性影响，具体文献梳理如下：

（1）正面影响。Skuras et al.（2006）通过案例研究，得出政府的资本补助会通过技术使产出得以增长，且政府质量越高，政府补贴对企业全要素生产率的促进作用越强。Faccio（2006）对跨国企业数据进行分析后，从政治关联这一视角出发，指出有政治关联的企业更易获得财政补助，且更有可能通过税收减免等优惠方式获得经济利润，从而提高企业绩效。张同斌和高铁梅（2012）提出财政激励政策更能激发高新技术产业的生产力。孔东民和李天赏（2014）进一步指出财政补贴在一定程度上能促进企业绩效的提升，促使企业承担相应的社会责任，然而对不同资产结构的企业而言，政府补助的促进效果也不同，民营企业相比国有企业更能有效利用政府补助来提升企业的社会和经济绩效。步丹璐等（2019）研究发现政府质量越高，政府补助的目的性越明确，其补助资源的配置效率越高。步丹璐等（2019）进一步分析发现，如果政府补助的初心比较模糊，不仅不利于资源的合理配置，而且可能会导致企业的无效投资和寻租行为。Hussinger（2008）通过运用参数和半参数两步回归模型，对德国制造业新产品销售量进行评估后发现，公共研发补助能促进新产品的销售，有利于企业提升经营绩效。高艳慧等（2012）从我国高技术产业行业的角度切入，研究发现政府补贴对企业的信贷资源配置会产生一定正向影响，从而进一步缓解企业融资约束，提升其经营绩效。Cerqua & Pellegrini（2014）指出政府补助与企业的生产效率并无显著关系，但其对企业的成长有明显改善作用。Néstor Duch（2009）使用倾向性评分匹配法构建控制组，同时对政府补助的有无进行对照研究后发现政府补助能显著提高企业盈利能力。许罡等（2014）通过对大样本的研究指出：①政府补助可以提高企业固定资产投资效率，但却会降低企业对外投资和无形资产投资的效率；②地区经济增速越低，政府补助对上述企业投资的影响效果越明显。

（2）负面影响。在那些以企业绩效与政府补助之间是负相关为结论的研究中，学者从不同的视角对这一问题进行了探讨。Bergstrom（2000）通过对瑞典公司1987~1993年的数据的实证研究，得出政府补助可以提升企业价值，但却可能降低企业生产率，究其原因在于寻租成本和较低的财政补贴资源效率（魏志华等，2015）。从公司类型的角度来看，政府补贴对于以总资产净利润率来衡量的上市公司、创业板高新技术产业的企业绩效并无提高（唐清泉和罗党论，2007；余明桂等，2010）；甚至在有政治关联的民营企业的社会绩效及企业绩效上，政府补贴呈现出负相关的关系。赵宇恒和孙悦（2014）引入高管薪酬作为中介对二者进行研究，发现在其样本中出现政府补助并非使用于原定用途的情况，公司高管出于自利动机，改变政府补贴的原定用途转而发放高管薪酬；徐保昌和谢建国（2015）就政府质量与政府补贴对企业全要素生产率的影响进行分析，研究结果表明企业全要素生产率并不会由于获得政府补贴就得以提升；王克敏等（2015）则进一步考察了在不同市场化水平的地区，企业绩效与政府补贴的关系，发现在市场化程度越低的地区政府补贴越高，企业的绩效越低。

（3）非线性影响。有些学者研究发现政府补助与企业绩效并非为单纯的线性关系，其关系线呈现"U"型。譬如，邵敏和包群（2012）通过广义倾向评分匹配法，对企业生产率和政府补贴的相关关系进行研究，发现政府对企业的补贴存在一个阈值，低于某个阈值时，政府补贴可以极大地促进企业生产率的提高；当政府补贴力度在该临界值水平上逐步提高时，这种促进作用也变为不显著甚至抑制。同时，随着企业价值的增加，政府补助对于企业绩效的影响线呈现倒"U"型（汪利锬和谭云清，2016）。

2.2.5 环保补贴及其环境治理问题研究

为了实现清洁生产、环境改善的规划，政府主要通过行政和经济手段实施环境管理政策，以减少排放并获得经济和社会效益。环保立法（Liu et al.，2018；包群等，2013）、环保约谈（沈洪涛和周艳坤，2017）以及环境规制（Shen et al.，2019；余长林和高宏建，2015；于斌斌等，2019；胡珺等，2020）等行政手段对环境污染带来了"压力效应"，而几乎都忽视了政府环保补贴可能对企业环境治理带来的是"压力"和"激励"的双重影响。经济手段主要有：环保补贴（Currie et al.，2009；石光等，2016；刘海英和丁莹，2019；李青原和肖泽华，2020）、环保税的征收（叶金珍和安虎森，2017）、排污收费（Petroni et al.，2019；李青原和肖泽华，2020）、绿色信贷（Liu et al.，2017；苏冬蔚和连莉莉，2018）等。

然而关于环保补贴有效性方面的研究并不多，根据可供查阅的资料，主要有以下文献：李永友和沈坤荣（2008）根据收集到的中国省际工业污染数据研究发现，享受政府环保补贴资源的企业，必然会迎合政府的意愿使用这种直接拨付的环保补贴进行环保投资，然而这种环保补贴对于减少该地区的污染并不明显。Santos et al.（2012）利用葡萄牙的上市公司数据发现，企业积极承担环保责任时，往往伴随着政府补贴以及税收优惠等政策支持，从而有利于激励企业改善环境绩效。石光等（2016）运用双重差分方法，考察了环保补贴对全国各地级城市污染治理的影响，以探讨政府对燃煤电厂环保补贴这一经济手段能否促进当地 SO_2 减排，研究发现，政府的环保补贴政策对于各地城市的 SO_2 减排有着显著的激励效应。刘海英和丁莹（2019）基于隐性经济视角，以中国省际面板数据为基础，考察了政府环保补贴的有效性，得出结论：环保补贴与人均实际 GDP 呈现显著的负相关，并且环保补贴的这一消极经济效应会因隐性经济的存在而得到增强；同时，环保补贴显著降低了各地区污染排放水平，然而隐性经济的存在显著削弱了补贴激励的减排效果。Murphy et al.（1993）以及李青原和肖泽华（2020）等的研究表明，企业受到政府环保补贴后，须迎合政府环境政策的意图实施专项环境治理投资，进而企业将更倾向于使用绿色创新的资源。

2.3　关于制度环境与政府补贴有效性的条件研究

政府补贴政策的有效性通常会受到法制环境、行政环境以及金融环境等外部制度环境的影响，想要实现最优政策效果需要依托于这些影响因素的协调配合（Ades & Tella，1997；Lazzarini，2015）。一些学者从市场化程度（Young，2001；张莉等，2019）、产权保护（Lin et al.，2010）、政商关系（kim，2017）、环境规制（Herrera & Niet，2008；李永友和沈坤荣，2008；包群等，2013；何兴邦，2017；钱雪松等，2018；范庆泉，2018；苏昕和周升师，2019；康志勇等，2020）、历史文化（Jayanthakumaran，2016）以及国际环境（Rullani et al.，2016）等视角探讨了政府补贴有效性的条件。李永友等（2008）通过检验环境政策的有效性发现，环保补贴并不能有效刺激企业绿色低碳经济的发展，但带有行政处罚色彩的罚款对减少污染却有明显效果；此外，有的学者认为环保管制的严格施行虽对技术创新和创新绩效的提高有着促进作用，但是企业的政治关联却会阻碍上述促进过程（何兴邦，2017）；范庆泉（2018）指出适度的政府补贴与环保税结合的政策能够有效推动绿色经济的发展，但补贴政策一旦过度，对于经济增速会产生适得其反的效果。然而，不难发现，截至目前，相关文献中基于制度环境视角来考察政府环保补贴对于企业环境绩效与经济绩效的作用效果的并不多见，这需要进一步研究。

2.4　国内外研究述评

通过上述文献的结合，可以发现国内外研究人员对环境污染及其治理绩效、政府补贴的有效性以及制度环境和政府补贴的有效性的条件进行了一系列讨论，并取得了丰硕的研究成果，但仍存在亟待讨论之处。

2.4.1　环境污染及其治理绩效文献述评

关于宏观层面环境污染及其治理问题研究多体现在隐性经济发展、显性经济增长、技术进步、财政分权、官员政绩以及环境规制等方面。大多数研究倾向于将经济、技术、制度等作为宏观层面来分析其对国家或地区层面的环境污染及其治理的影响，然而涉及具体的环保补贴激励对企业微观环境治理行为影响的研究却寥寥无几。与此同时，环境规制类文献是现下宏观层面关于环保政策与环境治理关系研究的主要方向，特别是关于环境规制对生态环境的影响方面，侧重于压力效应方面，而没有意识到对于企业环境治理而言，政府环保补贴政策既可能带来"压力效应"，也可能带来"激励效应"。如果政府将环保补贴作为环境保护产业政策的辅助工具使其对环境治理产生"激励效应"，那么这种激励效应通过何种途径影响环境绩效，在什么条件下这种激励效应才有效，本书需要对这些问题做进一步的研究。微观层面的研究主要体现在环保投资行为、科技创新、绿色信贷对微型企业的环境治理投资行为的影响，但探讨宏观的环保补贴政策对微型企业的环境绩效和经济表现的影响研究还较为欠缺，更缺乏对于政府环保补贴通过何种路径影响企业环绩效与经济绩效的进一步探讨。

2.4.2 政府补贴的有效性文献述评

从上述文献可以了解到，学术界关注政府补贴的效果已经很长一段时间了，并已取得了丰硕的成果，这些成果主要集中在政府补贴对研发投资、环境责任、企业环境绩效与经济绩效的影响效应以及环保补贴及其环境治理问题等方面。但是，到目前为止，现有研究还未得出一致的结论。现有文献更多关注政府环保补贴能否激励企业积极承担环境责任，改善环境绩效，而对企业如何实现环境绩效与经济绩效"共赢"的探讨则明显不足，这显然不符合我国当前高质量发展的现实需求，尤其是现有文献还没有深入分析政府补贴对企业环境绩效和经济绩效的因果效应及作用机理，这为本书进一步探讨环保补贴对企业"双重"绩效的客观表现和深入原因提供了机会。

2.4.3 制度环境与政府补贴有效性的条件文献述评

关于制度环境与政府补贴有效性的条件研究，通过对相关文献的研读，目前为止的研究成果对关于作为产业政策辅助工具的政府环保补贴是否有效尚未达成一致的意见。杨瑞龙和侯方宇（2019）认为，补贴政策在何种条件下有效，即"有效性边界"，以及怎样才能发挥其最大效用才是应该探讨的问题，这些问题都有待进一步的考量。因为政府环保补贴的有效性受法制环境、行政环境以及金融环境等外部制度环境的影响，实现最优环保补贴效果的前提之一就是这些影响因素的调节效应（Ades & Tella，1997；Lazzarini，2015）。良好的制度环境是促进企业绿色技术创新和提高运营效率的重要条件（Menguc et al.，2010；Lazzarini，2015；周晖和邓舒，2017）。制度环境的相对缺失是造成企业与市场不良表现的重要诱导因素（魏婧恬等，2017）。因此，制度环境是影响政府环保补贴与企业环境绩效及运营效率的关键因素。然而，上述文献大都忽略了从微观企业的"减排""增效"效应视角来考察制度环境对政府补贴政策有效性条件的调节作用，从而为本书研究留下了空间。

3 制度背景与理论基础

3.1 制度背景

3.1.1 我国重污染企业存在的环境污染

改革开放以来，我国经济逐步发展，从曾经的"一穷二白"到世界第二大经济体，我国的经济增长取得了辉煌成绩。但经济飞速发展的背后却隐藏着资源浪费、环境破坏等严重生态问题。在此种粗放的经济发展模式下，环境污染问题却在我国愈发严峻，严重阻碍了经济、社会与生态的长期可持续发展。在我国经济建设当中，重污染企业虽然是我国经济的重要主体，但同时也是自然生态资源的消耗者，兼任着生态环境保护和经济发展的多重使命（李维安等，2019）。重污染企业打破经济与环境不兼容的局面，使其环境绩效和经济绩效双重增长，与我国生态文明体制改革方向一致，符合当前中国特色社会主义经济下的生态文明理念。

重污染企业的环境污染一直是制约经济与社会可持续发展的瓶颈。造成重污染企业严峻的环境污染问题，一方面与其粗放式经济增长有关，另一方面也与我国的分权治理模式高度相关（祁毓等，2019）。我国分权制改革于20世纪90年代形成，其中，建立财政分权体系在我国经济高速发展的道路上发挥了关键作用（McKinnon，1997；Qian & Roland，1998）。财政分权即体现为经济分权和政治集权。经济分权使得地方政府拥有更多较为独立和自由的财政权，并且由于分权结构的影响，不同的政府层级对于环境问题存在着不同的态度。而政治集权制度下，政治治理体制呈现出垂直负责的形态，高级政府官员由中央政府任免，政府责任人向上负责，向下治理（张军等，2007）。我国的环境治理政策主要由总体环境目标和环境法规组成，总体目标由中央政府确定，地方政府则在制定和实施详细的地方环境法规上具有较大的自由裁量权（Ma & Ortolano，2000；王鸿儒等，2020）。在经济分权制度改革下，环境治理责任下移到地方政府，由此形成了分权体制下的环境事务管理安排（祁毓等，2014）。但因为经济增长是考核政府官员政绩的核心指标，导致地方政府为吸引企业进驻，纷纷降低环境标准和资源供给门槛，甚至还在牺牲环境的前提下发展经济，这也就致使地方政府的环境治理体系难以有效发挥作用。因此，部分学者认为环境治理的分权体制不能发挥出应有的作用，如胡小梅（2018）认为，分权环境管理体制不仅不能治理好环境污染问题，甚至还有加剧当地环境污染问题的可能。

随着我国经济"新常态"的到来，旧常态中粗放型、扩张型的经济增长模式所累积的矛盾愈加凸显，出现了资源过度消耗、生态环境破坏等问题，环境问题已经逐步开始掣肘我国经济的发展，我们的"金山银山"却是以失去"绿水青山"为代价的。表3-1是依据全国生态环境统计公报整理出来的排污量数据，反映了中国2006~2018年化学需氧量、二氧化硫等主要污染排放量。图3-1是2006~2018年污染排放量趋势图。从表3-1和图3-1可以发现，化学需氧量、氨氮、氮氧化物及烟（粉）尘2006~2015年处于递增趋势，2016~2018年有所下降，主要原因可能有以下两方面：一方面，我国于2015年以修订施行《环保法》为起点，开启我国生态文明建设新时代；另一方面，2016 年国家发展改革委发布了《中央预算内投资补助和贴息项目管理办法》，对"保护和改善生态环境的投资项目"进行补贴和贴息。图 3-2 是依据 2018 年全球环境绩效指数（EPI）报告整理出来的 2006~2018 年环境绩效指数排名趋势图，依据该图可知，在 2010 年、2012 年、2014 年、2016 年以及 2018 年五次排名中，我国环境质量在世界范围内一直处于末端水平，分别位居 121/163 位、116/132 位、118/178 位、109/180 位、120/180 位，表明中国的环境质量在全球仍然十分靠后，与我国现阶段世界领先的经济地位形成鲜明对照。因而，在以经济发展为核心的分权体制下，环境污染问题日渐突出。

表 3-1 2006~2018 年我国主要污染排放量数据

年份	化学需氧量/万吨	氨氮/万吨	二氧化硫/万吨	氮氧化物/万吨	烟（粉）尘/万吨	固体废物/万吨
2006	1428.2	141.3	2588.8	1523.8	1088.8	1302
2007	1381.8	132.4	2468.1	1643.4	986.6	1197
2008	1320.7	127	2321.2	1624.5	901.6	782
2009	1277.5	122.6	2214.4	1692.7	847.7	710
2010	1238.1	120.3	2185.1	1852.4	829.1	498
2011	2499.9	260.4	2217.9	2404.3	1278.8	433
2012	2423.7	253.6	2117.6	2337.8	1234.3	144
2013	2352.7	245.7	2043.9	2227.4	1278.1	129
2014	2294.6	238.5	1974.4	2078	1740.8	59
2015	2223.5	229.9	1859.1	1851.9	1538	56
2016	658.1	56.8	854.9	1503.3	1608	37.1
2017	608.9	50.9	610.8	1348.4	1284.9	38.7
2018	584.2	49.4	516.1	1288.4	1132.3	40.8

资料来源：笔者依据全国生态环境统计公报整理而来。

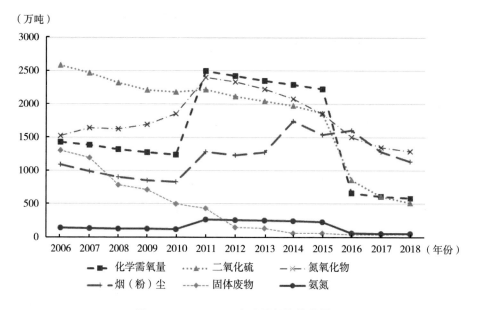

图3-1　2006~2018年中国污染排放量

资料来源：笔者依据全国生态环境统计公报整理绘制。

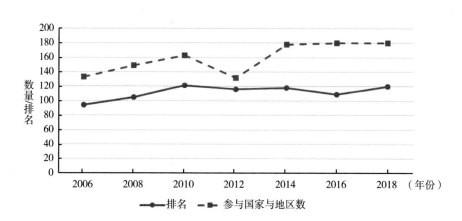

图3-2　2006~2018年中国环境绩效指数排名

资料来源：笔者依据2018年全球环境绩效指数（EPI）报告整理绘制。

3.1.2　政府环境治理相关政策

如何协调好环境保护与经济增长之间的矛盾，已成为政府环境治理中面临的最大挑战。中央政府对环境污染问题的重视程度逐步提升，并从立法和政策制定等方面入手，提升环境治理力度。总的来说，自改革开放以来，我国的总体环境质量呈现出先快速下降、后稳定、再改善、再次恶化的倒"N"型结构（祁毓，2015）。虽然我国政府在2000~2005年的"九五"时期颁布了多项制度与政策，如《国务院关于加强环境保护若干问题的决定》《全国生态环境建设规划》《全国生态环境保护纲要》《国务院关于落实科学发展观加强环境保护的决定》，但由于地方政府落实力度不够，且由于之前生态环境破坏的严重性，这几年的环境质量改善成效也不显著。自2006年以来，国家在"十一五"和"十二五"期间纳入了有关环境保护的特别规定，通过制定明确的减排目标向地方政府加强问责（蔡嘉瑶，2018）。2007年党的十七大召开，深入贯彻落实科学发展观，建设环境友好型、资源节约型社会的要求被提出，同年国家发展改革委、环保总局印发了《燃煤发电机组脱硫电价及脱硫设施运行管理办法（试行）》；2008年，中国环境保护总局更改为环境保护部，同年发布《关于预防与处置跨省界水污染纠纷的指导意见》，《关于印发〈环境保护部机关"三定"实施方案〉的通知》（环发〔2008〕104号）。此后，我国的环境问题慢慢有所改善。如我国工业二氧化硫污染排放方面，1991~2012年呈现较大变化，工业二氧化硫排放量从1165万吨增至2235万吨，再到2012年降至1912万吨。虽然空气污染得到很大改善，但相较于其他国家，我国的空气环境质量还是有所欠缺。

《2012年全球竞争力报告》显示，中国的空气质量堪忧。如水污染方面，我国废水排放总量从1981年的291.8亿吨上升至2012年的684.8亿吨，增幅达 135%；COD（化学需氧量）的排放量也从 1991 年的 719 万吨增长到 2012 年的 2423.7 万吨，增幅高达 238%（祁毓，2015）。同时从我国《2013 年环境状况公报》数据可以看出，全国地表水均处于轻度污染的状态，甚至部分城市的河流水域处于严重污染状态。这些环境污染状况与我国位居世界第二大经济体的地位形成强烈反差。

近几年，随着党的十八大、十九大的举行以及习近平总书记有关生态文明建设重要讲话的落实，我国环境保护工作得到很大提升。在党的十八大和十八届三中全会上，生态文明建设作为"五位一体"发展战略的重要一环备受瞩目，为我国建立完善的生态文明体系打下了基础。随之，先后出台了 40 余项关于生态文明建设的改革方案，其中包括《关于加快推进生态文明建设的意见》《生态文明体制改革总体方案》。

于 2015 年修订实施的《中华人民共和国环境保护法》，标志着我国的环保工作迈入全新阶段。2016 年，国家发展改革委颁布《中央预算内投资补助和贴息项目管理办法》，对不少行业及产业进行补贴和贴息，其中就包括"保护和改善生态环境的投资项目"；再到 2019 年，国家发展改革委、中国人民银行在内的七部委联合发布了《绿色产业指导目录》，将六大绿色产业涵盖在内：节能环保、清洁能源、清洁生产、生态环境、绿色服务和基础设施绿色升级。为了让这些环保产业政策尽快落实，当地政府也为积极参与的企业提供补助、税收优惠等（姜英兵和崔广慧，2019）。

除了政策的出台完善，环境治理制度也进一步得到完善。2008 年设立环保部，在环境保护责任上，仍沿用原来的分权环境管理体制，但中央政府采取干预和激励相结合的手段，强化了地方政府环境治理的调控。此外，关于跨地区污染问题，中央政府要求地方政府采取联防联控方式加以解决，如国务院颁布的《水污染防治行动计划》（以下简称"水十条"）、中共中央办公厅颁布的《关于全面推行河长制的意见》（蔡嘉瑶，2018）。

除了上述中央政府加强问责制、污染防治成效与地方政府绩效考核挂钩、接连出台一系列助力环境治理的措施（如中央环保督察、专项整治行动等），政府还相继出台了对企业微观层面的环境惩罚及激励措施。目前，排污费与环保补贴是我国现行环境规制体系的主要措施，其中，排污费在《中华人民共和国环境保护税法》及《排污费征收使用管理条例》中进行了详细规定，而环保补贴是依据《关于加强环境保护补助资金管理的若干规定》进行规划。环保补贴作为政府激励企业环境治理的重要政策，与一般性政府补贴相同之处是二者都是政府对企业的扶持资金，不同点是环保补助作为环境治理专项补助，其资金的使用应遵守《关于加强环境保护补助资金管理的若干规定》，严格执行环保补助的使用计划，严防私用滥用。

随着一系列政策的制定、出台和实施，我国环境治理已取得一定成果，但仍存在部分地区治理不达标。生态文明建设是我国一项长远的宏伟计划。随着我国人民对美好生活的日益向往，环境防治所需的不只是政策和法规的不断出台，还需要企业的积极参与，政府监督机制的完善及激励政策的健全。而若要使环保补贴政策实现最大效用，需要良好的行政环境、法制环境以及金融环境等制度环境为其保驾护航。

3.1.3 企业减排增效的绿色发展经验

经济建设和环境保护之间的平衡，已成为我国实现可持续发展的主要障碍，打破"经济—环境"怪圈势在必行，换句话说，我国经济必须由高速增长转变为高质量增长。2019 年《政府工作报告》指出"绿色发展是构建现代化经济体系的必要条件"，要求"大力推动绿色发展"；"十三五"规划中重点强调"绿色发展观"战略。这一系列顶层设计的制度安排，彰显了绿色发展对我国经济高质量增长的重要性。借助绿色发展，保护环境可承载性，把经济建设需求的单边考虑转型为环境与经济统筹兼顾型（李维安等，2018）。

企业是社会经济发展的主要推动者，亦是资源浪费与环境破坏的重要主体，"经济—环境"怪圈的摆脱需从企业绿色行为入手（李维安等，2019）。相较于缩减生产规模或者暂停造成污染的部分生产线来规避政府环境监管风险的短期污染防治行为，绿色技术创新能够从长远解决企业绿色发展问题，与我国长期以来坚持的"创新驱动"发展战略不谋而合。就某种意义而言，企业绿色技术创新应当成为克服"经济—环境"恶性循环的关键因素。但是，绿色技术创新活动具有双重外部性。一是创新知识溢出的正外部性。技术创新成果本质上属于知识产品，具有公共性特征。技术创新成果实际投入开发和运营前，企业需要投入大量人力、物力与财力资源，却存在着见效周期长、风险承担高、回报效果不确定等特点，创新成果产出后又很容易被竞争企业"搭便车"，创新成果带来的个人收益小于社会收益。这会给企业经营增加一定程度的压力，削弱企业竞争能力，从而导致企业间的绿色技术创新竞争出现"等待博弈"现象（Arouri，2012）。二是环境污染的负外部性。生态环境的特性决定了其公共产品的存在形式，而企业造成的环境破坏将不计入其自身成本的核算范围，而是增加社会成本，给公众增加压力（刘津汝，2019），再加上目前我国现阶段污染防治法制建设尚未健全，对企业环境破坏行为的约束力度较弱（卢洪友，2019）。双重外部性的存在降低了企业主动开展绿色创新活动的积极性（姜英兵和崔广慧，2019），单凭市场调控无法让企业真正参与到绿色创新行为中，需寻求政府这只"有形之手"的帮助，采取相关措施引导企业主动进行绿色创新，以此加强我国现阶段环境治理体制建设。

3.2 理论基础

3.2.1 公共产品理论

20 世纪 50 年代，萨缪尔森最早界定公共产品的概念，他认为绝大多数人能够同时消费的产品就是公共产品，且公共产品具有个人消费不妨碍或影响其他个人或主体消费该产品的特点。同样，布坎南认为经集体或者社会团体表决同意，以集体或社会团体的身份为集体或者团队成员提供的物品或服务，属于公共产品。公共产品的主要特征有：①技术层面上的非排他性，即使公共产品不受个人或者组织的喜爱，在技术上也无法将这部分拒绝公共产品的个人或组织排除在受益范围之外；②产品效用的不可分割性，公共产品的效用为社会共享，社会成员都是公共产品的受益对象，不能人为将公共产品的效用分割，使其成为部分个人或组织的"专属"产品。

环境污染具有典型的负外部性效应，由于污染企业没有承担污染的社会成本，导致排污量高于社会最优水平。生态环境并非私人所有，而属于公共资源，企业对其实施治理，会挤占原本用于其他生产的投资，对于企业而言这绝对是额外的成本费用。重污染企业在为消费者以及社会提供产品之后，能够获得经济利益，可是对于在生产过程中所产生的环境污染，却没有承担起相应的责任，把环境成本转嫁给了个人和社会，外部不经济性就出现了。而如果重污染企业能够通过对环境治理的投入以及环保技术创新研发来对环境污染承担责任，减少过度消耗资源以及过度排放污染物，这时，外部经济就产生了。对资源的浪费以及对环境的破坏都是典型的外部性不经济问题，当企业对环保投资的边际成本大于社会边际成本时，企业则会放弃对环境治理的投入，市场出现失灵，单纯依靠市场的力量不能有效解决环境问题，因此有必要通过环保激励政策和制定环境规制将外部环境成本内部化，以此来达到治理环境污染的目的。除此之外，环保补贴作为市场激励型环境规制的一种工具，可以有效激励重污染企业加大对污染防治工作的投入，有利于促进环保技术创新研发的开展，从而能够有效提高生产效率，减少资源过度消耗。显而易见，政府环保补贴扶持对解决生产过程中造成的外部不经济问题起到促进作用。

绿色技术创新成果本质上是知识产品，有着公共性产品的特征。而创新所带来的新技术的使用则不仅仅限于研发公司，专利申请需要对外公示部分专利信息，而且竞争企业通过一系列的相关渠道还可以获取一定的专利信息，这样则为竞争企业研发类似的产品创造了较为有利的条件；研发过程中企业需向上游供应商采购相应材料、设备，研发成功后企业又要向下游市场供给新产品。上游供应商与下游市场的存在，极大地便利了竞争企业获取与新技术新产品相关的研发信息；研发活动的有效进展由相应技术人员支撑，即技术人员掌握了企业相关研发信息，企业之间的人员流动势必会给竞争企业带来部分新技术信息，竞业协议也无法完全杜绝此类情况的出现。技术创新正外部性使得竞争企业"搭便车"，研发投入存在风险，且研发成功后带来的企业收益小于社会收益，很容易被市场同类企业模仿，这会削弱企业技术创新的积极性，企业间的研发竞争出现"等待博弈"现象。绿色技术创新要求技术创新的同时坚持生态保护理念。而生态环境的特性决定了其公共产品的存在形式。新古典主义经济学认为是外部性造就了环境问题，并指出企业对环境的破坏成本并不计入其自身成本的核算范畴，反而会增加社会成本，给公众增加压力（刘津汝，2019）。环境破坏行为符合企业的利己主义，从而造成企业绿色发展意愿不强甚至会出现过度污染行为。而此时就需要政府对此作出干预，进而引导企业作出绿色创新行为。在市场经济条件下，政府的参与尤为重要，政府能克服市场失灵，保证公共产品的供给充足。公共产品的一些属性同样体现在绿色投资上，如果企业不重视绿色投资，环境将遭受严重破坏。

3.2.2 技术创新理论

20 世纪末学者熊彼特在《经济发展理论》一书中提出创新理论，他认为创新是经济发展的重要驱动力，创新活动会通过改变生产函数中的生产要素和生产条件，改善生产函数的均衡状态，打造生产体系新生态，为经济发展营造良好的环境，从而推动经济增长。

熊彼特创新理论赋予了创新概念新的内涵，指出创新包括以下几方面：①生产市场上从未出现的新产品；②采用产业内从未出现的生产方式；③开辟尚未涉足的市场；④与新供应商合作获得新的生产材料；⑤重构原有组织形式。同时，该理论还从企业规模、市场竞争强度以及垄断地位等角度出发，研究企业创新活动的差异：①相较于小规模企业，大规模企业拥有更好的创新环境，体现在创新资金、人员、设备与技术等方面。②当处于完全竞争市场时，企业无法凭借自身技术在市场上"一家独大"。为增大有效市场份额的占比，各企业会不断开展创新活动。③当企业在市场上处于垄断地位时，由于外部竞争威胁低，即便拥有雄厚资本与创新能力，企业开展创新活动的积极性也较低。基于此，创新理论指出，中等竞争程度的市场才是最有利于企业创新活动开展的环境，这对于企业创新进步乃至整个社会经济增长有着至关重要的作用。

熊彼特的"创新理论"丰富了相关理论研究，为企业技术创新的后续研究提供了坚实的理论基础，同时，技术创新理论的应用对于推动社会经济发展亦有重要的现实意义。熊彼特揭示了创新理论能驱动经济发展的本质，并认为创新是经济实体更新的内生力量，经济实体能够通过创新实现经济系统的自我更新，从而创造新的经济价值。熊彼特还指出，在创新活动中企业家发挥着极其重要的作用，此时企业家的职能不是日常管理而是创新活动的倡导者和实现者，需要坚定执行创新活动。

继熊彼特之后，技术创新逐渐引起学术界的关注，学者们开始探究创新技术的驱动力及重要影响因素，他们认为利益相关者的压力、企业能力和产业政策是企业技术创新的重要驱动因素。但在"经济—环境"怪圈背景下，环境问题的日益严峻，学者们的研究重心发生转变，开始积极寻找能兼顾经济发展和保护环境的经济发展模式，绿色技术创新应运而生，对绿色技术创新的研究能够完善经济发展理论并指导实践。当前学术界普遍认为，缓解环境保护和经济发展尖锐矛盾的最有效途径便是绿色技术创新。

长期以来实行的粗放型经济发展模式下，社会发展陷入"经济—环境"怪圈，经济令人瞩目增长的背后隐藏着环境破坏、资源浪费等严重生态问题。因此，为实现可持续发展，对经济发展突破口的寻求迫在眉睫。传统创新无法解决此类问题，需将环境保护理念融入创新过程中，绿色技术创新应势而生。绿色技术创新既能缓解环境污染问题，减少能源损耗，实现绿色生产，亦能为经济发展注入活力，有效促进经济增长，以此打破"经济—环境"怪圈，做到经济建设与生态保护的和谐发展。综上所述，绿色技术创新相关研究影响未来经济的持续发展，具有重大意义。

3.2.3 寻租理论

寻租理论是克鲁格1974年正式提出并发展起来的，寻租理论区别于过去经济学领域的寻利活动，这一理论的提出引起了非生产性的寻租活动。寻租理论的基础是经济租，条件是政府对企业经济行为的宏观调控。基于经济权力，劳动力或者资本获取的经济收入超出其成本的部分（超额利润）即为经济租（Buchanan，1980）；为了保证社会目标的实现，通过政府"看不见的手"引导市场按照自然规律运行，实现经济自由竞争，亚当·斯密提出了政府的宏观调控。在现行市场中，大多数寻租行为都是针对公共物品，如许可、配额、关税及特许权等，这些往往具有公共物品的属性，政府在决定向哪些企业提供这些公共物品时具有较大的自由裁量权，从而为政府"设租"与企业寻租创造了空间。

寻租行为具有零产出特征，个人或组织将财富转移给政府，但这一行为带来的是单向社会资源的流出，而社会产品并没有增加，即这一财富转移行为增加了流通成本却没有带来价值增值，由此可以看出寻租活动是行为人的非生产性活动（Tollison，1982）。同样，布坎南认为，寻租是个人或组织通过将财富转移给政府，进而得到政府保护重新配置资源，但结果却是降低了资源利用率（洪必纲，2010）。因此，从社会整体性考量，个人或组织为获取社会资源进行财富转移的寻租行为，造成资源配置的扭曲，都将导致资源的浪费。在寻租行为中，设租者是一大受益方，其依仗公众赋予的监管权力，肆意干涉市场经济活动，为特定的组织和个体谋取非法利益。但并不是所有寻租者都是受益方，寻租行为在转移企业家经历的同时也损耗了企业家的精神，导致企业家降低了对企业生产的关注力，最后造成企业边际生产率的下降（庄子银，2007；王闽和侯晓红，2017）。但是对于整个经济社会来说，寻租行为一定是有害的，它导致了政府部门滥用职权，进一步导致其公信力下降，寻租行为还扭曲了资源配置的方向，造成市场秩序的紊乱，社会资源的利用率下降，最终导致社会经济发展受到阻碍。

从寻租理论看，政府官员利用环保补贴给予企业政策性扶持很可能是企业高管与政府官员的双向寻租活动，可能并不是为了资源的优化配置与公司效率的提升（Shleifer & Vishny，1994）。以环保补贴的形式给予企业的资金属于生产要素的一种，而资金短缺成为重污染企业普遍面临的一个突出问题。一方面重污染企业有大量的资金需求，另一方面重污染企业资金供给受限，从而给了少数特权企业取得超额利润的机会，进行寻租活动获取超额利润

（焦翠红和陈钰芬，2018）。中国的分权改革将中央集权体制转型为地方分权体制，地方政府官员获得了广泛的权力，对财政支出拥有很强的支配权，在审批建立新企业、政府补贴的提供与额度发放方面，具有较大的自主决定权。拥有资源分配权的政府官员甚至可能人为地把政府补贴标准制定得较为模糊或者有较强的主观投机性，这越加"滋生"了企业寻租。在当前市场机制还不完善、监督约束机制尚不健全的条件下，重污染企业为了获得高额的政策性资源，贿赂政府官员、建立政治关系等非生产性"寻补贴"投资（或寻租成本）成为企业投资的重点，从而会挤占环境治理投资和其他盈利性投资，这样一来用于提高环境治理效率的资源被占用，从而会造成企业环境绩效下降。

3.2.4　信号传递理论

1973 年信号传递理论首次被提出，Michael Spence（1988）在其《薪酬与激励：实践与理论》一文中构建了信号传输模型，在探讨教育对就业机会和薪酬待遇影响的过程中他提出：在招聘过程中，受聘人员的受教育程度会向人力部门传递受聘人员综合素质、职业技能的信息，从而影响人力部门作出招聘决策；在求职过程中拥有良好教育背景的人往往会拥有更多的就业机会和更丰厚的薪酬待遇。信息传递本质上是一种动态的不完全信息策略，首先，信息本身是不完全的，其次，不同身份背景的主体能够获取和掌握的信息是存在差异的，因此在信号传递理论基础上信息不对称理论逐步发展起来。信息不对称理论是指在日常业务管理活动中，由于双方或多方所处的职位不同、掌握信息程度不一致而产生的信息不对称现象；在极端情况下，信息不对称会使得市场萎缩、止步不前，导致逆向选择，"柠檬市场"就是信息不对称导致逆向选择的经典案例。George Akerlof（1970）在其论文中通过一个二手车市场交易的案例，阐明了信息不对称导致的"劣马驱逐良马"的原理，他指出在二手车交易市场中，由于二手车的卖家对产品的质量拥有比买家更多的信息，为规避风险，二手车买家往往会更倾向于购买低价二手车，而价格相对较高的高质量二手车则被挤出市场。交易双方主观上对交易信息的理解偏差导致了信息不对称，这一观点是有失偏颇的。忽视了客观上信息分布的不均匀，市场经济活动中交易双方获取的信息存在差异，这些原因都会进一步导致信息的不对称。综上所述，交易双方信息不对称可能有以下几方面原因：①市场经济活动中的交易双方未能获取有效信息；②交易双方获取有效信息的成本过高，考虑到综合效益放弃获取该交易信息；③交易者识别、获取和运用市场有效信息的能力有限。信息经济学基于实证检验分析发现，信息的不对称会导致市场交易双方利益失衡，降低市场整体资源配置效率。现实市场经济环境中，信息的不对称容易引发道德风险，进而导致逆向选择、市场失灵，造成"劣币驱逐良币"的后果。

如何有效缓解信息不对称带来的系列难题？信号传递理论给出了应对方案，该理论认为企业特有信息的披露是应对市场信息不对称的有效手段，能较大程度降低逆向选择风险。该理论指出，相较外部交易者，企业属于信息优势方，拥有更充足的信息；企业可以借助某些行为向外界传递有效信息，帮助外部交易者了解企业的当前经营状况和未来发展前景，减少内外部交易者之间的信息不对称，增强外部交易者对企业的好感度，以此打造良好的经营环境。

同理，环保补贴申请与发放在政府、企业与外部投资者间也能起到信息传递功能，主要表现在以下几方面：①向政府传达出企业环境治理的决心，预示企业未来绿色发展方向。为长期获得环保补贴，降低环境治理的边际成本，企业会迎合政府意愿，主动开展绿色创新活动。②向外界传达受补企业目前经营状况优秀、绿色创新项目优质等利好信号。这是因为政府在选择受补企业前，会严格审查相关企业资质、成长情况与发展前景并进行评级。最终筛选出来的企业等同于拥有政府隐性担保，能增强外部投资者对企业绿色创新项目的了解与信心，以此减少投资过程中逆向选择问题的出现。③向外界传达出受补企业后续行为会接受政府持续且严密的监督的信号。环保补贴发放后，政府往往会严格监管企业补贴使用情况，防止补贴挪作他用等情况的出现，企业行为被规范与引导，绿色创新项目的效率会得到有效提升，外部投资者投资面临的道德风险降低。基于信号传递理论分析可以发现，环保补贴能够增加企业绿色研发资金、缓解外部融资约束，引导企业开展绿色技术创新活动。

3.2.5　可持续发展理论

可持续发展理论以共同性、公平性和持续性为基本原则，在不损害后代人发展需求的同时满足当代人生活和发展的需要。可持续发展理论的起源和发展是在全世界范围内的环境治理实践中形成的，各个环保组织发挥了重要的推动作用。

在具体内容上，可持续发展包括经济、生态和社会三个方面，其中经济发展是实现可持续发展的基础。经济可持续发展更多关注的是经济发展质量的提高，而非盲目追求经济数量的增长。可持续发展理论将环境和发展有机结合，它不是以实现生态环境的可持续为名取消经济的可持续发展，而是强调发展需要和对需要的限制，具体来说，可持续发展理论要求限制三高（高投入、高消耗、高排放）的生产和消费方式，实施绿色生产和绿色消费，构造绿色经济发展生态圈。当今社会的发展，使得人类越来越关注自身的需求，而忽视了对需求的限制，污染物的排放超过了环境可承载能力，使得环境污染问题愈发严重，危害了人类的健康以及人类社会的可持续发展。其中，重污染企业负有不可推卸的责任，重污染企业在我国社会主义建设阶段的确满足了人民和社会建设的需求，但同时也忽略了对需求的限制，重污染企业继续走"高消耗、高污染"发展的老路，无疑会对我国的可持续发展构成威胁。

3.2.6　制度理论

制度理论的基础为制度规范，Scott（2000）认为制度是指为社会行为提供意义和稳定性的规制、认知性的结构与活动，其主要包含以下几种形式：法律、规定、习俗、社会和职业规范、文化、伦理等。制度理论的核心概念为组织并非始终严格履行基本使命和价值利益获取目标，而是以跳脱基础预期的效果或效率为导向的行为准则，为保证社会整体利益最大化，遵从制度规范性，重塑组织架构和经营流程以维持自身状态稳定和意义价值感。而组织对制度的遵守，主要源于制度对于组织形成了约束性"同构"，为保证经营的合法性、资源的获取性和持续的竞争性，组织不得不遵从制度压力，重塑组织结构和社会行为（Oliver，1997；Yang，2010）。

制度理论分为早期制度学派和新制度学派。20世纪中期早期制度学派出现，它将企业看成以追求利润最大化为目标的纯粹的经济组织，该学派认为企业行为激励通过市场机制传导，因此将研究重心放在如何通过制度降低成本以达到企业利润最大化目标上。早期制度学派时期，学者们关注的主题是组织的正式结构与非正式结构之间的联系，且主流观点认为正式组织取得成功的关键因素是协调和控制，在企业日常运行中，协调是常规的，且遵循规则和程序。然而这一观点并未得到学术界的一致认同，仍然存在不同的声音。部分学者认为正式和非正式组织之间存在巨大差异（Downs，1967；Dalton，1959；Homans，1950），正式组织经常处于松散耦合状态（March & Olsen，1976；Weick，1976），具体表现为组织结构松散、组织元素联系不够紧密，往往会违反组织日常规则和程序，很多高管制定的某些规定与决策也未能得到有效实施，一些评估和检查也常常不够专业、系统。一系列的现象都表明协调在正式组织中几乎没有作用。20世纪70年代末，组织不再只围绕着协调和控制（Meyer，1977），组织的建立目的、立场、规则与程序、政策等都被认为是组织取得成功的关键因素（Dimaggio & Powell，1983），新制度学派兴起，并逐渐成为最重要的理论流派之一（周雪光，1999）。制度理论认为具备合法性的企业才能在市场上生存下来，此处的合法性被定义为符合政府、媒体期望，并为社会各类组织所接受（Fiss & Zajac，2004）。

Meyer & Rowan（1977）基于制度角度提出了三个命题，阐明了企业合法性存在的原因。三个命题如下：①一旦某特定领域搭建起合理的制度，正式组织将会在制度的框架上逐步形成，为保持组织和制度的一致性，组织往往会用技术活动的不确定性缓冲正式结构，此时组织变得松散耦合。②随着社会现代化的推进，特定领域的合理制度规则与正式结构会逐步融合，其包含的合理制度领域也将更加广泛。③当组织将社会合法的结构要素纳入其结构中时，组织能够获取到的资源会增加，在社会市场中的生存能力会提升。这一命题的前提是任何人和组织具有维持生存的基本需要并且会基于该需求而行动。之后，Dimaggio & Powell（1983）在用制度理论阐明企业组织结构看似相同原因的基础上，提出了制度趋同理论。制度趋同理论认为，在制度压力下，组织为使自身合法化会变得趋同。

Meyer & Rowan（1977）和 Dimaggio & Powell（1983）对企业合法化追求的探究，引发了学术界对新制度学派的关注。Tolbert & Zucker（1983）以 19 世纪末期到 20 世纪 30 年代公务员制度改革的扩散为例，从效率机制和合法性机制两个角度分析该制度扩散的时间差异和原因，探究正式组织结构变革的制度根源。Haunschild（1993）通过对 1981～1990 年 327 家样本公司的收购数据的研究发现，公司经理正通过董事职位学习模仿其他公司的收购活动，组织间的模仿会影响公司实质性的战略部署与行动。Guillén（2002）认为组织间模仿能够重塑公司的组织结构、引发公司的战略变革，企业对外扩张是结构惯性和模仿的结果。Raaijmakers（2015）的研究发现，企业决策者在遵守规则之前往往会花时间挑战强制压力，试图找到减少制度复杂性的办法，因此制度的复杂性会使得企业合规性的执行受到拖延。此外，企业决策者个人的信念及对制度复杂性的理解也会影响他们最终的决策选择。综上，制度理论认为组织行为是规范和经济理性的统一，受合法性与效率机制的共同驱动。

而市场竞争、政府治理、制度改革、法治水平等方面的优良制度环境可以为企业等组织行为提供合法性保障及高效率机制。一般而言，制度环境是指公司所面临的外部环境，由于我国上市公司处于渐进改革的制度环境中，其外部制度环境对上市公司的影响不容忽视，尤其是市场化下治理环境对组织行为产生重要影响，本书所研究的制度环境也主要是指市场化进程下的行政环境、金融环境、法制环境三个方面。因环保补贴政策能否对企业微观层面的治理行为产生影响以及产生何种影响，其补贴政策是否取得预期效果，还依赖于外部制度环境的影响，如有效的行政环境可以减少企业寻租的影响，较好的金融环境可能缓解企业在环境治理和经济运行中的融资问题，法制环境的优良也能为企业绿色创新等行为提供法律保障。

3.3　本章小结

本书基于我国重污染企业环境污染现状、政府环境治理相关政策（包括一系列惩治或扶持企业环境保护的法律法规，特别是中国财政分权改革后，《关于加强环境保护补助资金管理的若干规定》对地方政府环保资金的把控），以及企业减排增效的绿色发展经验三个方面的制度背景，始终围绕着公共产品理论和技术创新理论这一主线，并结合寻租理论、信号传递理论及制度理论等其他相关理论，研究环保补贴对企业"双重"绩效的影响及作用机制，环保补贴与企业环境绩效之间的关系，以及环保补贴与企业经济绩效之间的关系是否会因制度环境的影响而发生变化。

　　具体而言，本书在分析环保补贴对企业环境绩效的影响时，根据公共产品理论可知企业环境污染具有负外部性，而环境治理具有私人成本大于社会成本、私人收益小于社会收益的正外部性特征，企业环境治理的积极性不强，那么政府一定程度的环保补贴便能激励企业进行环保技术创新，加大环境治理力度。在中国当前的分权改革制度背景下，地方政府在决定向哪些企业进行环保补贴扶持，提供多大额度的扶持资金方面，具有较大的自由裁量权。那么，根据寻租理论，地方财政具有较大自由裁量权的制度安排，可能会使企业为了获取较多的环保补贴，产生向政府官员寻补贴投资的动机，那么，环保补贴会积极地影响企业环境绩效还是消极地抑制企业环境绩效？如果环保补贴对企业环境绩效具有积极的正面影响，那么企业是通过哪些渠道积极地促进企业环境绩效呢？根据技术创新理论，重污染企业进行绿色技术创新有助于企业降低污染水平；而根据制度理论，正式制度的执行会影响环保政策的执行力，政府环境监管作为正式制度，也会在环保补贴与企业环境绩效关系中发挥中介效应；根据信号传递理论，环保补贴不仅给外界传递积极的信号，也可以给企业高管传递出政府对重污染企业的环境问题较重视的信号，这有利于增强企业高管的环保责任意识，从而也对环境绩效产生影响。

　　本书在分析环保补贴与企业经济绩效关系时，分别探讨了环保补贴对短期经济绩效和长期经济绩效的影响。一方面，企业获得了环保补贴就有义务承担环境治理任务，而环境治理时要进行环保投资，环保投资会占用一定的经济资源，从而不利于企业短期经济绩效的提升；另一方面，环保补贴可以激励企业进行绿色工艺和绿色产品等方面的创新，根据可持续发展理论，绿色技术创新能够提升企业长期经济绩效，从而实现企业的可持续发展。

　　另外，由于正式制度和非正式制度都会影响政策的执行效果，外部制度环境作为非正式制度的重要内容也可能会影响环保补贴政策的执行效果，从而影响环保补贴与企业"双重"绩效的关系。

4 环保补贴对企业环境绩效的 影响效应及作用机制

4.1 引言

自改革开放以来,短短40余年间,中国的经济增长取得了辉煌成就,经济水平从一穷二白发展到总量跃居全球第二、进出口额位居世界第一,人民生活从温饱不足发展到全面小康水平。这样的发展奇迹,在人类历史上绝无仅有。中国经济自改革开放以来的高速增长,在很大程度上得益于政府推出的各项产业政策(韩乾和洪永森,2014)。近年来,随着我国经济发展步入"新常态",传统的粗放型经济增长模式所积累的矛盾愈加突出,出现了资源过度消耗、生态环境破坏等问题,并逐渐成为制约我国经济发展的瓶颈,让我们在资源环境方面付出沉重代价,在得到"金山银山"的同时,"绿水青山"正逐渐消逝在我们的视野中。依据耶鲁大学的全球环境绩效排名,中国2006年环境绩效指数在133个国家中居第94位,其中,空气质量指标居第128位;中国2018年环境绩效指数在180个国家中居第120位,其中,中国空气质量指标居第177位。这些数据表明中国的环境质量在全球仍然十分靠后,与当前全球第二大经济体的地位形成巨大反差。如何协调环境保护与经济增长之间的冲突成为政府环境治理面临的最重要挑战。习近平总书记在党的十九大报告中明确指出："我国经济已由高速增长阶段转向高质量发展阶段""特别是要坚决打好防范化解重大风险、精准脱贫、污染防治的攻坚战"。自 2006 年党的十六届六中全会明确提出构建社会主义和谐社会的目标以来，承担社会责任成为现代公司管理决策中极其重要的部分，而生态环境保护又是企业社会责任的重中之重。工业企业，尤其是重污染企业因其是环境污染的重要源头，对人类生存环境造成重大威胁（Bao et al.，2011）。因此，若能有效管控重污染企业的环境污染问题，改善其环境质量并提升环境绩效，必将对我国国民经济的持续健康发展做出重要贡献。

环保补贴政策作为政府宏观调控重要手段之一，能够很好地体现一个国家或地区在一定时期的产业政策，为了矫正市场失灵对国民经济的影响，各国政府普遍运用产业政策来驱动相关产业转型升级，尤其是环保产业转型升级。作为优化产业结构的手段，环保补贴政策之所以被各国政府广泛采用，主要是因为生态环境具有公共物品的特性，易于过度消费从而出现环保市场失灵，因此政府在资源配置中具有不可或缺的地位。正如新结构经济学所强调的那样，经济发展既要有有效市场，又不能缺少有为政府（林毅夫，2012）。而环保补贴政策的颁布及实施，便是政府干预企业的主要形式。环保补贴政策能否实现"降污"与"增效"双赢目标已成为世界各国衡量环保产业政策成功与否的标准。应该注意到，环保产业政策能否取得实效，关键在于政府宏观政策的设计意图能否在微观企业层面有效实施。随着中国经济发展步入"新常态"，生态环境问题愈加凸显，并逐渐成为制约中国经济发展的瓶颈，在"新常态"的经济发展框架中，中国的经济发展受环境保护政策的规制越来越明显，为了缓解"降污"与"增效"的双重压力，政府投入大量环保补贴来促进重污染行业进行环境治理，补贴效果备受关注。那么，环保补贴激励能否提升重污染企业环境绩效？如果能，其可能的作用渠道是什么？

与此同时，考虑到不同特征的企业，由于产权性质不同，自身资源禀赋和风险承担水平迥然相异，导致这些企业所受到的环保补贴对其环境绩效与经济绩效的激励作用存在差异。并且政府环保补贴通常受产业政策支配，独立于受助单位，而企业异质性特征，内生于企业，内嵌于组织架构和企业文化之中。在环境治理和经营绩效上，如果政府在制定相关环保补贴政策时，将企业异质性特征与政策资源进行协调配合，针对不同特征的企业采取差异化的环保补贴政策，从而能够精准有效地实施定向调控和相机调控，则将会大大提高环保补贴资金的环境绩效和生产效率。

本章对现有研究的发展主要体现为：①本书基于微观企业的环境绩效视角，为政府环保补贴的实施效果提供了微观层面的直接证据，拓展了环保补贴有效性的相关研究。②尝试探索了政府环保补贴对企业环境绩效的作用机制。现有文献大多仅研究政府补贴与环境绩效之间的关系，而本书在考察政府环保补贴与企业环境绩效之间关系的基础上深入剖析了其影响路径，并通过中介机制揭示了政府环境监管、企业绿色技术创新及高管环保意识在环保补贴影响企业环境绩效关系中所发挥的中介作用，即分别从监管、行为和意识三方面分析了环保补贴影响企业环境绩效的作用机理，从而能够更深入地考察环保补贴政策后果的深层次原因，这为政府定向调控，精准施策提供参考价值。

本章的逻辑框架如图4-1所示。

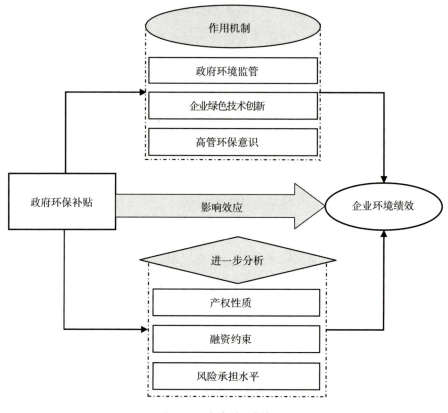

图 4-1　本章的逻辑框架

4.2　环保补贴对企业环境绩效的影响

4.2.1　理论分析与研究假设

（1）基于政府环保补贴的"促进效应"分析。政府环保补贴对企业环境绩效的"促进效应"主要体现在资源补偿和信号传递上。企业为了获得长期竞争优势有意愿进行环保投资，承担环境责任。根据国家相关环保政策，譬如《关于加强环境保护补助资金管理的若干规定》《中华人民共和国环境保护税法》等相关规定，受到环保补贴政策激励的企业，一方面更可能获得政府资源支持，另一方面向外界释放利好信号，有利于提振投资者信心，降低融资成本，从而激励企业参与环境治理。

尤其是影响公司长期竞争优势的环境治理决策行为，作为政府宏观调控重要手段之一，环保补贴能够很好地体现一个国家或地区在一定时期的产业政策，为了矫正市场失灵对国民经济的影响，各国政府普遍运用财政补贴等政策工具来驱动相关产业转型升级，尤其是环保产业转型升级。随着中国经济发展步入"新常态"，生态环境问题愈加凸显，并逐渐成为制约中国经济发展的瓶颈，为了缓解"降污"与"增效"的双重压力，政府投入大量环保补贴来促进重污染行业进行环境治理，补贴效果备受关注。那么，政府环保补贴能否取得实效，核心问题在于政府宏观政策的设计意图是否在微观企业层面有效实施。虽然生态环境治理需要大量资源的长期投入，但是生态环境具有公共产品特性，私人企业参与环境治理的动机不强，资源激励与约束不足是困扰企业环境治理的难题（Grossman & Helpman，2018）。根据公共产品理论，生态环境并非私人所有，而属于公共资源，企业对其实施治理，会挤占原本用于其他生产的投资，这对于企业而言无疑是额外的成本耗费。那么，在这种情况下，企业会丧失对自身污染行为进行绿色治理的原生动力。大量企业在环境治理上的"搭便车"现象会引致环保市场失灵。而政府实施的环保补贴政策，缓解了企业环境治理所需资金匮乏的局面，有助于企业扩大再生产形成规模经济，以降低企业环境治理成本，弥补因环境治理活动的正外部性给企业造成的利润损失。同时，在政府环保补贴的激励约束下，污染较重的企业为了谋求自身收益最大化，在日常生产运营中具有强烈的意愿采用绿色技术和新能源技术，以淘汰污染落后产能，从而提升企业配置资源的效率，最终实现"减排"和"增效"的双重效益（于斌斌等，2019）。

政府环保补贴，一方面具有资源补偿效应；另一方面一旦企业享受了政府环保补助，就会受到政府部门更为严格的环境监管，且政府主要督查评估环保专项资金的使用方向及使用效率（Stoever & Weche，2018），因此，政府对企业环保补贴资金的环境监管无疑会制约企业的非绿色生产与环境违法行为，从而有利于提升企业环境绩效。

已有研究表明，高管环保意识是高管认知的具体表现（Zhang et al.，2015），而高管对环境的认知决定了企业是否积极采取绿色生产行为（杨建华等，2012）。政府环保补贴政策扶持使企业高管意识到，政府补贴资金可以降低企业环保投资风险，减少环境治理成本（Henriques & Sadorsky，1996；李青原和肖泽华，2020），环保补贴扶持力度越强，越能促使企业高管关注环境政策法规、政府扶持政策方面的信息以及政府依据同行企业的环保表现实施处罚或奖励的最新动态（Suk et al.，2013），从而使高管更能意识到环境问题对企业自身发展的重要性（Gholami et al.，2013），进而更有可能实施积极的环境战略来响应政府的环保政策意图（Zhang et al.，2015），这无疑能够提升企业环境绩效。

依据信号传递理论，获得政府环保补贴扶持的公司，无疑向外界传递了一个重要信号——这类公司的背后有政府作为隐性担保，从而增强公司的融资引力（张新民等，2017），有利于企业通过资本市场筹集资金，提振利益相关者对企业绿色发展的信心，降低企业融资成本，激励企业参与环境治理，从而减少利益相关者对企业非绿色环保行为的负面预期（Buysse & Verbeke，2003）。这对于有效降低企业融资难题，加大绿色技术创新投入，提升环境治理效率有着积极的影响。环境污染较重的企业，其环境治理具有专用设备投入资金较大、投资周期跨度较长、风险高、见效慢等自身特征（Rabêlo & Melo，2019），这无疑离不开充足现金流的支撑。而获得政府环保补贴的企业，显然向外部利益相关者释放了利好信号——企业背后有政府隐性担保，这为企业从债券市场和股票市场等融资提供了便利。更重要的是，企业积极参与绿色环保治理无异于向外界传递了其合法经营的信号、宣扬了其履行社会责任的良好形象，为投资者决策提供心理层面保障，提高了投资者对企业的良好预期，有利于降低融资成本，为企业改善环境绩效提供资金保障（Martin & Moser，2016）。而政府运用环保补贴等措施对参与环境治理的重污染企业给予支持，有助于重污染企业扩大再生产，减少其环境治理投资面临的不确定性及其不可逆性造成的损失，进而促使企业采用绿色环保设备和新的绿色技术（Hamamoto，2006），从而有利于环境绩效的改善。因此，政府环保补贴对企业环保投资和环境治理具有正向激励效应。基于上述分析，提出如下假设：

H4-1a：政府环保补贴对重污染企业环境绩效的改善具有积极影响。

（2）基于政府环保补贴的"抑制效应"分析。政府环保补贴对企业环境绩效的"抑制效应"主要体现在机会主义寻租与迎合政府。

从寻租理论看，政府官员利用环保补贴给予企业政策性扶持可能并不是为了资源的优化配置与公司效率的提升，而很可能是政府官员为了谋求灰色收入、公司高管为了骗取补贴而实施的双向寻租活动（Shleifer & Vishny，1986；余明桂等，2010）。以环保补贴的形式给予企业的资金属于生产要素的一种，而资金短缺成为重污染企业普遍面临的一个突出问题。一方面重污染企业有大量的资金需求，另一方面重污染企业资金供给受限，从而给了少数特权企业取得超额利润的机会，为了牟取这种超额利润（即"租金"）而进行"寻租"活动（焦翠红和陈钰芬，2018）。分权改革使得地方政府官员对财政支出拥有很强的支配权，从而在决定向哪些企业提供政府补贴、提供多大额度的补贴上，具有较大的"自由裁量权"。掌握资源分配权的政府官员甚至可能人为把政府补贴标准制定得较为模糊或者有较强的主观性。在此情景下，重污染企业为了获得更多的补贴资源倾向于向拥有环保补贴"自由裁量权"的政府官员进行"寻租"，也就是说，此时重污染公司所获得的环保补贴并非完全取决于其真实业绩，而更可能取决于其与地方官员的"寻租"

关系。这是因为：在政府环保补贴的诱惑下，企业会热衷于与政府官员谋求政治联系或寻租关系，而受寻租腐败的影响，政府在甄别骗取补贴资金的虚假业绩信息时会受到干扰，甄别难度加大、成本增加，从而导致政府环保补贴与企业真实的环境治理需求不匹配，进而引致企业环境绩效的损失。基于此，重污染企业为了获取高额的政策性资源而行贿勾结有关政府官员、建立政治关系等非生产性"寻补贴"投资（或寻租成本）成为企业投资的重点，从而会挤占环境治理投资和其他盈利性投资，这样一来，用于提高环境治理效率的资源被占用，会造成企业环境绩效下降。在财政分权体系下，尽管中央政府是环保政策的主要设计者，然而地方政府是环保政策的执行主体，对地方环保等方面的事务拥有较大自由裁量权，并且其对中央政府环保政策的执行力度更是直接影响着实际环境治理效果（沈洪涛和周艳坤，2017）。地方政府官员为了在较短的任期内获得更多的政治晋升资本，通常会以牺牲环境为代价来换取辖区的短期 GDP 增长（Blanchard & Shleifer，2011），这无疑会鼓励当地企业追求经济效益，不利于其环境绩效的改善。薄文广等（2018）认为，地方政府之间因为政绩考核机制出现追求经济增长而牺牲环境质量的现象，导致在环境治理行为中存在攀比式的"逐底竞争"，导致生态环境长期超负荷运行，是造成当前生态环境恶化的重要原因。

财政分权模式扩大了地方政府的自主权，使其能够充分发挥自身优势，然而没有有效激励地方政府在污染治理类公共物品上实现如"蒂布特模型"所预测的环境治理帕累托最优效果，反而是中国特色的"标尺竞争"激励导致地方政府往往会选择以牺牲环境为代价而换取经济效益的"竞次效应"（孙静等，2019）。在锦标赛激励模式下，地方官员面对有可能损害地方经济效益的环保政策时常常会选择性执行（Shi & Zhang，2006），由此造成环境治理效果的扭曲。地方官员不但缺乏治理环境的动力，而且更有可能在环境监管领域进行权力寻租。较大的"自由裁量权"，使辖区内的企业为了获得更多的环保补贴倾向于向掌握补贴资源分配权的政府官员进行"寻租"，而寻租腐败导致政府环保补贴与企业真实的环境治理需求不匹配，进而引致企业环境治理效率的损失。

环保补贴是政府出于环境保护的目的，为激励企业开展节能减排，积极参与环境治理而对企业进行的资金扶持（张琦等，2019），是政府干预经济运行的一种重要政策工具。企业受到政府环保补贴后，须迎合政府环境政策的意图实施专项环境治理投资。由于存在严重的信息不对称，在有限任期内，面临短期业绩考核压力的公司经理人，通常会将部分环保补贴资金投向短期回报率高的经营项目，而不会全部用于风险大、周期长的环境治理活动（崔广慧和姜英兵，2019），企业将环保补贴用于直接环保投资的金额仅仅是应付政府的环保要求而已，从而不利于企业环境绩效的改善。

政府环保补贴所引致的机会主义行为亦会使资源配置偏离帕累托最优状态。由于信息的不对称性，政府难以对公司所获环保补贴资金的使用情况进行有效监控，甚而难以确知得到补贴资金的公司是否真正符合相关资质。信息不对称的存在助长了经理人的机会主义行为，易于导致补贴资金转移到为经理人谋取私利的领域，而非投入企业绿色技术创新、提升环境效益的领域（廖飞梅等，2019），从而无益于企业环境绩效的改善，甚至有损于企业环境绩效。

2015年1月新《环保法》的施行，强化了对污染违规企业的惩罚力度，理论上会引导企业高管做出有利于环境保护的决策。新近的经验研究也表明，严厉的行政监管是企业响应绿色环保行为的首要驱动力（Shapiro & Walker，2018）。然而在有限任期内，企业经理人基于绩效考评和个人利益的双重考量，倾向于通过短期缩减生产规模或者暂停产生污染的部分生产线来规避政府环境监管风险，达到环境合规的目的，而非将环保补贴投资于风险高、耗时长才得以回报的环境治理活动。企业这种基于迎合政府合规动机，消极应对、千方百计逃避监管的环境治理行为，亦不能真正有效改善企业环境绩效。基于上述分析，提出如下假设：

H4-1b：政府环保补贴对重污染企业环境绩效的改善具有消极影响。

4.2.2 研究设计

（1）样本选择与数据来源。依据 2008 年 6 月《上市公司环保核查行业分类管理名录》对重污染企业类别的划分，从 A 股中选取 16 类重污染行业的上市公司作为考察对象①。本书环境绩效用生态效益法和环境责任评分两种方法衡量，因 2017 年颁布的《中华人民共和国环境保护税法》规定，2018 年 1 月 1 日企业排污费正式改征环保税，排污费征收标准发生一定变化，因此，生态效益法中排污费数据时间到 2017 年。另外，又因和讯网 2010 年才开始披露环境社会责任评分数据，因而，本书选取了 2010~2017 年我国 A 股市场中 16 类重污染行业的上市公司为研究样本。

本书被解释变量环境绩效主检验用生态效益法，稳健性检验中，环境绩效用环境责任评分衡量，数据来源于 CSMAR 数据库、巨潮资讯网以及和讯网。其中，生态效益法所用的排污费数据系通过手工整理年报和企业社会责任报告而来，环境责任评分数据来自社会责任报告。

解释变量环保补贴数据来自公司年报财务报表附注中的政府补贴的金额，并通过检索"节能""减排""污染治理""环保""清洁""绿色"等关键词，手工筛选、整理以确定具体的环保补贴项目及金额。

控制变量环境管理体系认证数据来自国家认证认可监督管理委员会官网，通过该网站认证结果链接下的"全国认证认可信息公共服务平台"手工整理样本内企业环境管理体系认证数据。其他控制变量数据来自 CSMAR 数据库。按以上 16 类重污染行业筛选的 A 股上市公司，剔除 ST、*ST 公司；剔除财务数据异常样本；同时，为消除异常值影响，对主要连续变量进行 1% 的双侧

---

① 依据环保部 2008 年 6 月颁布的《上市公司环保核查行业分类管理名录》，重污染行业划定钢铁、冶金、煤炭、水泥、火电、采矿业、化工、石化、纺织、制革、建材、造纸、发酵、酿造、制药以及电解铝 16 类行业。

Winsorize 处理。经上述处理后，最后得到 257 家重污染上市公司样本，共计 1674 个观测值。

（2）变量选取及定义。

1）被解释变量。

模型中因变量 $Envir_{it}$ 为企业环境绩效。现有文献对于环境绩效指标的度量，暂未形成统一的定论，并且由于我国大部分企业未披露具体污染物排放明细，获得企业微观层面的排放量数据是相当困难的。另外，目前国内文献关于环境绩效指标的衡量主要有生态效益法、环境责任评分法、环境奖励荣誉得分法等。鉴于生态效益法、环境责任评分法与环境绩效的内涵比较贴近，并且由于本章侧重研究环保补贴对企业环境绩效的影响，主要是探讨环保政策资源对企业降污减排的影响，从一定意义上就是研究环保补贴是否会促进企业履行环境责任，因而，本书采用生态效益法和环境责任评分法两种方法衡量环境绩效。

本书采用世界企业可持续发展委员会（WBCSD）的指标架构，仿效张艳磊等（2015）、李平和王玉乾（2015）、周晖和邓舒（2017）、张兆国等（2019）以及于连超等（2020）的做法，用生态效益法衡量企业环境绩效。根据《排污费征收使用管理条例》提供的水污染折算成 COD 排放当量，将废气污染物折算为 SO_2 排放当量，环境监管部门根据每种污染物的系数折算排污当量，再按照每当量的费率计算排污费，而系数反映了污染物破坏环境影响的程度（林立国和楼国强，2014）。因此，用排污费衡量环境影响程度有一定的合理性。其估算公式为：生态效益＝产品或服务的价值/环境影响，该指标值越高，表示环境绩效越好。其中，环境影响用企业交纳的排污费表示，企业产品或服务的价值用营业收入表示。因此，借鉴张兆国等（2019）、张艳磊等（2015）、李平和王玉乾（2015）、周晖和邓舒（2017）及于连超等（2020）的做法，生态效益法使用对数化的营业收入与对数化的排污费比值，衡量企业环境绩效（$Envir_{it}$），即用 Ln（营业收入）/Ln（排污费）表征企业环境绩效（$Envir_{it}$），排污费越小，其值 Enivr 越高，表示环境绩效越好。

另外，为稳健起见，本书借鉴卢洪友等（2017）、唐鹏程和杨树旺（2020）的方法，在稳健性检验时还采用环境责任评分体系来衡量 $Envir_{it}$，具体为：依据社会责任报告测评体系中环境责任总体评分衡量 $Envir_{it}$，环境责任评分越高，企业环境绩效（$Envir_{it}$）越好。

2）解释变量。解释变量（Subsid）表示环保补贴。环保补贴是政府出于环境保护的目的，为激励企业开展节能减排，积极参与绿色环境治理而对企业进行的资金扶持。环保补贴金额是在政府补助数据中按关键词"节能""减排""污染治理""环保""绿色""清洁"等手工筛选整理出与环保有关的数据。关于解释变量环保补贴的度量，承袭邵敏和包群（2012）、毛其淋和许家云（2016）关于政府补贴的度量方法，环保补贴（Subsid）以企业当年所收到的环保补贴之和与营业收入之比衡量。稳健性检验中，借鉴黎文靖和郑曼妮（2016）衡量政府补贴的方法，以当年环保补贴之和与总资产之比对环保补贴进行标准化处理。

3）控制变量。企业的环境绩效除了受环保补贴的影响外，还受企业特征控制变量的影响，参考沈洪涛等（2017）、张兆国等（2020）的研究。控制变量用公司规模（Size）、成长性（Grow）、财务杠杆（Lev）、资本密集度（Capital）、盈利水平（ROA）、经营现金流（Cf）、企业上市年龄（Age）、股权集中度（Share）、环境管理体系认证（ISO）。此外，上述模型还控制了年度及行业哑变量（u_k 与 v_j）。具体变量定义见表 4-1。

表 4-1　变量名称及定义

变量类型	变量名称	变量符号	变量定义环境绩效
被解释变量	环境绩效	Envir	生态效益法：对数化主营业务收入除以对数化的企业排污费

变量类型	变量名称	变量符号	变量定义环境绩效
解释变量	环保补贴	Subsid	环保补贴与营业收入之比
控制变量	公司规模	Size	取年末总资产的自然对数
	成长性	Grow	t−1 期与 t 期营业收入增长率
	财务杠杆	Lev	用期末的总负债与总资产之比表示
	资本密集度	Capital	固定资产净值/总资产
	盈利水平	ROA	净利润除以总资产额
	经营现金流	Cf	经营现金净流量与总资产之比衡量
	上市年龄	Age	企业上市年限取对数
	股权集中度	Share	前五大股东持股比例
	环境认证	ISO	企业通过 ISO14001 赋值 1，否则赋值 0
	年度	u	年度虚拟变量
	行业	v	行业虚拟变量

（3）模型设计。为揭示环保补贴对企业环境绩效的影响，以验证假设 H4-1a 或假设 H4-1b 是否成立，本章借鉴沈洪涛等（2017）、张兆国等（2020）的研究，构建了回归模型（4.1），并控制了行业和年度效应，且使用稳健标准误克服异方差和序列相关问题。模型构建如下：

$$\text{Envir}_{it} = a_0 + a_1 \text{Subsid}_{it} + \beta X_{it} + u_k + v_j + e_i \tag{4.1}$$

模型（4.1）中 Envir 为被解释变量，表示环境绩效；Subsid 为解释变量，表示环保补贴；X_{it} 为系列控制变量，u_k 与 v_j 分别为年度、行业哑变量，具体变量定义见表 4-1。模型（4.1）中，i 代表企业个体，t 代表年份。若系数 a_1 显著为正，表明环保补贴对企业环境绩效具有显著的正向影响；若系数 a_1 显著为负，表明环保补贴对企业环境绩效具有显著的负向影响。

考虑环保补贴与企业环境绩效可能存在反向因果问题，为缓解其反向因果的内生性问题，使结果更加稳健，模型还用了解释变量滞后一期数据进行回归。

4.2.3　实证结果与分析

（1）描述性统计。表4-2为主要变量的描述性统计结果，描述了重污染企业环境绩效、环保补贴和其他变量的统计特征。以对数化的营业收入与对数化的排污费之比衡量的环境绩效均值为1.501，中位数为1.453，最小值为1.062，最大值为2.895，表明样本内接近一半企业环境绩效达到均值水平，且企业间环境绩效存在差异。样本内环保补贴的均值为0.016，说明近年来政府帮助重污染企业进行环境治理的支持较多；环保补贴最小值为0.000，最大值为0.184，说明企业间的环保补贴差异较大。对于企业特征方面的变量，企业规模、成长性、资产负债率等指标均在合理范围之内，其他变量差异较小。

表4-2　主要变量描述性统计

变量	样本量	均值	中位数	标准差	最小值	最大值
Envir	1674	1.501	1.453	0.226	1.062	2.895
Subsid	1674	0.016	0.009	0.023	0.000	0.184
Size	1674	21.684	21.541	1.091	19.276	25.520
Grow	1674	0.151	0.107	0.294	−0.373	1.267
Lev	1674	0.411	0.383	0.178	0.013	0.958
Cf	1674	0.062	0.093	0.079	−0.152	0.338
ROA	1674	0.044	0.060	0.037	−0.197	0.249
Capital	1674	0.373	0.333	0.051	0.300	0.571
Age	1674	2.921	2.944	0.242	1.791	3.146
Share	1674	0.541	0.543	0.156	0.189	0.918
ISO	1674	0.441	1.000	0.496	0.000	1.000

（2）相关性分析。为检验环保补贴对企业环境绩效的影响，对主要变量进行 Pearson 相关性检验，检验结果如表4-3所示。从表4-3中可以看出，环保补贴与企业环境绩效的相关系数为正，且在1%水平下显著，这初步说明环保

补贴能显著改善企业环境绩效，但两者之间的确切关系，需要通过多元回归结果进行检验；企业规模与企业环境绩效相关系数在1%水平下显著为负，初步说明规模较大的重污染企业环境绩效表现较差，可能是公司规模大，环境治理效率降低，环境绩效下降；资产负债率与企业环境绩效显著负相关，表明负债较重可能不利于其环境绩效的改善；上市年限与环境绩效相关系数显著正相关，说明上市年限较长的企业环境绩效较好；而经营现金流与企业环境绩效相关系数显著为负，说明企业用来经营业务的现金流越多，环境绩效可能越差；固定资本密集度与企业环境绩效相关系数显著为负，一般来说，重污染企业的固定资本密集度较高，这也说明重污染企业的环境绩效较差；股权集中度与企业环境绩效显著负相关，ISO 环境管理体系认证与企业环境绩效显著正相关，说明环境管理体系认证能力有利于提高企业环境绩效，这与现有研究相一致。通过表4-3发现，自变量和控制变量，及控制变量之间的相关系数小于0.5，说明自变量与控制变量及控制变量之间不存在多重共线性问题。

表4-3　主要变量相关性统计

变量	Envir	Subsid	Size	Grow	Lev	Cf	ROA	Capital	Age	Share	ISO
Envir	1										
Subsid	0.099 ***	1									
Size	−0.096 ***	−0.029 *	1								
Grow	−0.016	−0.007	0.079 **	1							
Lev	−0.053 **	0.063 **	0.315 ***	0.027	1						
Cf	−0.064 **	0.077 **	0.079 **	0.008	−0.134 ***	1					
ROA	−0.046 *	0.082 **	0.078 **	0.079 **	−0.081 **	0.124 ***	1				
Capital	−0.072 **	0.018	0.238 ***	0.021	0.205 ***	0.157 ***	−0.147 ***	1			
Age	0.161 ***	−0.009	−0.132 ***	−0.061 *	0.272 ***	0.005	0.052 *	0.217 ***	1		
Share	−0.134 ***	0.018	0.141 ***	0.069 *	−0.094 ***	0.126 ***	−0.085 **	0.020	−0.076 **	1	
ISO	0.247 ***	0.079 **	0.031	0.072 **	−0.011	0.009	0.046 *	0.096 ***	0.115 ***	−0.024	1

注：***、**和 * 分别表示1%、5%和10%的显著性水平。

（3）基本回归分析。表 4-4 列示了环保补贴对企业环境绩效影响的回归结果。考虑环保补贴与企业环境绩效可能存在反向因果问题，为保证估计结果的有效性，基本回归同时使用了解释变量当期及滞后一期数据进行检验。因考虑异方差、残差序列相关问题，模型回归时亦进行了 Robust 和 Cluster 处理，其中，列（1）~列（2）是模型（4.1）中解释变量当期的回归结果、列（3）~列（4）是模型（4.1）中解释变量滞后一期的回归结果。

表 4-4 回归结果如下：列（1）没有加控制变量时，环保补贴系数为0.083，在 1% 水平下显著为正；列（2）加入控制变量后，环保补贴系数为0.079，且在 1% 水平下显著为正。上述解释变量当期数据的回归结果，验证了环保补贴与环境绩效存在显著的正相关关系，即环保补贴能够促进环境绩效的提升，假设 H4-1a 得到验证，而假设 H4-1b 没有得到验证。

为降低环保补贴与企业环境绩效可能存在的反向因果引起的内生性问题，以解释变量滞后一期数据进行回归分析，列（3）是没有加控制变量的结果，环保补贴系数为 0.056，在 1% 水平下显著为正；列（4）是加入了控制变量的结果，环保补贴系数为 0.048，在 1% 水平下显著为正。以上解释变量和控制变量滞后一期回归结果表明，环保补贴有利于提高企业环境绩效，假设 H4-1a 得到验证，而假设 H4-1b 没有得到验证。

总之，表 4-4 的结果表明，无论是解释变量的当期数据还是滞后项数据，都得到了同样的结论，即环保补贴与环境绩效存在显著的正相关关系，政府环保补贴对重污染企业环境绩效的改善具有积极的影响，支持了假设 H4-1a。

另外，模型中相关的控制变量显示，无论是当期数据还是滞后期数据的回归结果，企业规模（Size）与环境绩效（Envir）都显著为负相关，说明公司规模越大，环境绩效反而没有变好，可能是公司规模扩大，环境治理效率降低，环境绩效下降；经营现金流（Cf）与环境绩效显著负相关，说明企业经营现金流会负向影响企业环境绩效，可能是企业越忙于生产经营活动，越有可能忽视环境治理；企业上市年限较久的企业，环境绩效也表现良好；资本密集度与企业环境绩效负相关，一般来说，污染较重的企业，固定资产比重较高，而结果也表明固定资产占比大的企业，环境绩效较差，这符合污染较重的企业环境绩效较差的事实。

表4-4 环保补贴与企业环境绩效关系的检验

变量 Envir	当期		滞后一期	
	（1）	（2）	（3）	（4）
Subsid	0.083 ***	0.079 ***	0.056 ***	0.048 ***
	(4.63)	(4.25)	(3.74)	(3.19)
Size		-0.072 **		-0.081 **
		(-2.06)		(-2.12)
Grow		0.001		0.001
		(0.49)		(0.16)
Lev		-0.074		-0.078
		(-1.31)		(-1.09)
Cf		-0.233 *		-0.255 **
		(-1.78)		(-2.22)
ROA		-0.009		-0.006
		(-0.32)		(-0.17)
Age		0.012 ***		0.012 ***
		(2.64)		(2.73)
Capital		-0.324 ***		-0.357 ***
		(-2.82)		(-3.78)
Share		-0.001		-0.001
		(-1.27)		(-1.46)
ISO		0.439 ***		0.354 ***
		(4.17)		(4.03)
常数项	2.673 ***	1.565 ***	2.442 ***	1.549 ***
	(19.37)	(9.42)	(18.25)	(8.23)
行业/年度	控制	控制	控制	控制

续表

变量	当期		滞后一期	
Envir	（1）	（2）	（3）	（4）
样本量	1674	1674	1382	1382
调整后的 R^2	0.126	0.173	0.127	0.164

注：***、**和*分别表示1%、5%和10%的显著性水平，（ ）内为 t 值，下同。

4.2.4 稳健性检验

（1）内生性检验。表4-4展示了环保补贴当期和环保补贴滞后一期的 OLS 检验结果，从表4-4结果可以发现，无论是解释变量的当期数据还是滞后一期数据检验，都验证了环保补贴和环境绩效存在显著的正相关关系，揭示出政府环保补贴对企业环境绩效的改善具有积极的影响。然而，针对环保补贴与企业环境绩效之间可能存在内生性问题较重的情况，还需要通过多方面的稳健性检验来进一步验证，尤其要关注以下两方面的内生性问题：一方面是核心解释变量与被解释变量之间可能存在反向因果关系导致的内生性问题；另一方面是遗漏重要变量可能带来的内生性问题。因此，本章内生性检验还使用了工具变量法、固定效应模型检验、系统广义矩 GMM 检验以及倾向得分匹配法（PSM）等。除此之外，为使结果更为稳健，还进行了替换解释变量和被解释变量的检验。

1）工具变量法。本书解释变量和被解释变量反向因果关系产生内生性问题的机理是：环境绩效越好的个体企业，可能作为环境治理较好的典型，越容易达到政府环保补贴的条件，从而获得更多的环保补贴；或者个体企业环境绩效较差，政府有可能会给予其环保补贴，以促使其完成环境治理的任务。因此，究竟是环保补贴促进了环境绩效，还是环境绩效影响了环保补贴，这是一个双向因果问题。为了更有效地解决这种双向因果的内生性问题，最合理的方法是寻找有效的工具变量。

　　企业获得的环保补贴政策会受到地方政府财政收入能力的限制，即企业环保补贴收入与地方财政支出高度相关，而地方财政支出外生于个体企业环境绩效。鉴于此，本书借鉴张杰（2020），选择各省份当年财政收入额除以当年财政支出额的比例（fisexp）这一指标作为工具变量，各省财政支出和财政收入数据来自《中国统计年鉴》。该指标值越大，表示该地区财政越宽松。另外，本书另一个工具变量借鉴 Fisman & Svensson（2007）的工具变量构造方法，采用环保补贴的行业年度均值（subave）作为工具变量。之所以选择环保补贴的行业年度均值作为工具变量，是因为对于行业相同的企业而言，其面临的外部环境较为相似，进而导致环保补贴行为存在一定的趋同性。而整个行业的环保补贴行为一般不会影响单个企业的环境绩效。因此，从单个企业层面讲，本书选择环保补贴的年度行业均值作为工具变量以满足外生性的相关要求。

　　工具变量 2SLS 估计结果如表 4-5 列（1）~列（2）所示，本书报告了工具变量两阶段的回归结果，第一阶段工具变量 fisexp 和 subave 系数均在 1%水平下显著为正，地方政府财政宽松度与环保补贴显著正相关，说明地方财政支出越宽松，用于当地企业的环保补贴就越多。而环保补贴行业年度均值与环保补贴也显著正相关，第一阶段 F 值为 161.37，超过经验值 10，说明本书构造的工具变量均符合相关性要求，用于过度识别检验的 Sargan 结果拒绝了原假设，表明不存在过度识别问题；从第二阶段估计结果来看，环保补贴拟合值系数在 5%水平下显著为正，说明环保补贴与环境绩效之间呈显著的正相关关系，工具变量 2SLS 的估计结果进一步支持了假设 H4-1a，表明前文的结论是稳健的。

表4-5 环保补贴与环境绩效关系：工具变量 2SLS 检验

变量	(1) 第一阶段 Subsid		(2) 第二阶段 Envir	
	回归系数	t 值	回归系数	t 值
fisexp	0.523 ***	(3.71)		
subave	0.439 ***	(8.04)		
Subsid			0.036 **	(2.37)
Size	−0.082 **	(−2.24)	−0.067 **	(−2.11)
Grow	0.002	(1.04)	0.001	(0.73)
Lev	−0.083	(−1.44)	−0.049	(−0.85)
Cf	−0.256 **	(−2.03)	−0.221 *	(−1.92)
ROA	−0.005	(−0.29)	−0.008	(−0.43)
Age	0.016 ***	(2.78)	0.013 ***	(2.66)
Capital	−0.301 ***	(−2.69)	−0.357 ***	(−2.95)
Share	0.253	(0.91)	−0.001	(−1.22)
ISO	0.427 ***	(4.12)	0.441 ***	(4.38)
常数项	1.367 **	(2.28)	1.529 ***	(3.13)
行业/年度	控制		控制	
样本量	1674		1674	
调整后的 R^2	0.181		0.137	
F-statistic	161.37			
Sargan-test			0.291	

注：***、**和*分别表示1%、5%和10%的显著性水平，（ ）内为t值；Sargan反映的是统计量P值，下同。

2）固定效应模型检验。前文 OLS 模型虽然控制了行业与年度效应，但为了缓解不随时间推移而变化的公司遗漏变量问题，在模型（4.1）的基础上，采用公司固定效应模型进行回归，其结果如表4-6列（1）~列（2）所示。列（1）中，解释变量当期数据回归结果显示，环保补贴系数为0.068，且在1%水平下显著为正；列（2）中，解释变量滞后一期数据回归结果显示，环保补贴系数为0.053，也在1%水平下显著为正。因此，列（1）和列（2）固定效应模型回归结果亦验证了环保补贴与环境绩效之间显著正相关，即环保补贴对环境绩效具有显著的促进作用，进一步印证了假设 H4-1a。

3）系统 GMM 检验。考虑到环境绩效可能具有趋同性特征，并且为缓解环保补贴与企业环境绩效反向因果所产生的内生性问题，本检验还在模型（4.1）的基础上引入被解释变量的滞后一期，构建动态面板模型检验，以反映环保补贴对环境绩效的动态影响，利用系统 GMM 进行估计，回归结果如表 4-6 列（3）所示，环保补贴系数为 0.030，在 5%水平下显著为正，说明系统 GMM 模型亦验证了环保补贴对环境绩效具有显著的促进作用，进一步印证了假设 H4-1a。

表 4-6　环保补贴与环境绩效关系：公司固定效应和系统 GMM 检验

变量 Envir	公司固定效应模型		系统 GMM
	（1）当期	（2）滞后一期	（3）
$Envir_{it-1}$			0.326***
			(7.15)
Subsid	0.068***	0.053***	0.030**
	(2.91)	(2.89)	(2.51)
Size	−0.074***	−0.068***	−0.063*
	(−3.16)	(−3.03)	(−1.91)
Grow	0.000	−0.001	−0.005**
	(0.46)	(−0.12)	(−2.05)
Lev	−0.046	−0.052	0.013
	(−0.88)	(−0.62)	(0.52)
Cf	−0.117	−0.114	−0.173
	(−1.05)	(−1.02)	(−0.74)
ROA	−0.002	−0.002	−0.002
	(−0.58)	(−0.47)	(−0.46)
Age	0.022***	0.021***	0.004***
	(4.53)	(4.50)	(3.19)
Capital	−0.238***	−0.244***	−0.144***
	(−2.84)	(−2.87)	(−2.70)

变量 Envir	公司固定效应模型		系统 GMM
	（1）当期	（2）滞后一期	（3）
Share	0.493*** （3.53）	0.489*** （3.47）	−0.000 （−0.79）
ISO	0.285*** （3.94）	0.286*** （3.93）	0.302*** （3.13）
常数项	1.365*** （8.68）	1.348*** （8.44）	1.241*** （8.09）
行业/年度	控制	控制	控制
样本量	1674	1382	1408
调整后的 R^2	0.129	0.124	
AR（1）P			0.004
AR（2）P			0.213
Sargan P			0.422

注：***、**和*分别表示1%、5%和10%的显著性水平（ ）内为t值；AR 和 Sargan 反映的是统计量 P 值。

4）倾向得分匹配法（PSM）。本书旨在评估环保补贴对企业环境绩效的影响，即揭示环保补贴与企业环境绩效之间是否存在实际因果关系。如果采用普通最小二乘法（OLS）或者公司固定效应模型进行识别有可能会产生选择性偏差和混合性偏差问题，这主要是因为企业在现实中是否获得政府环保补贴可能是非随机的：一方面，补贴可能会受到企业自身环境治理能力的影响，即政府在给予环保补贴时可能会考虑企业的环境治理能力；另一方面，政府环保补贴与企业环境绩效还可能受其他因素（如企业规模大小等）的共同影响。本书最理想的识别方法是通过比较一家受到补贴的重污染企业在"补贴"与"非补贴"情况下，其环境绩效之间存在的差异，以便排除其他企业特征因素的影响，进而揭示政府环保补贴对企业环境绩效的实际效应。然而在实际中，我们无法观察到受补贴的企业在"非补贴"情况下的环境绩效，因为这种情况是一种反事实。由 Heckman et al. （1997） 提出的倾向得分匹配方法（PSM）是处理上述问题的一个有效工具。采用倾向得分匹配方法，估计环保补贴与企业环境绩效之间的关系，先要进行数据匹配，并进行平衡性检验，再利用匹配样本重新对模型进行回归。

首先，进行数据匹配，其目的在于使控制组和处理组在匹配变量上的特征尽可能相似。计算倾向得分之前需要选取匹配变量，本书的匹配协变量为前文模型的全部控制变量，包括：公司规模、盈利水平、成长性、财务杠杆、经营现金流、股权结构、资本密集度、公司年龄和企业 ISO 认证变量。

利用 Logit 方法对二元变量进行估计，计算各企业的倾向得分值，计算过程如下：

$$P(X_{it}) = P(Dsub_{it} = 1 \mid X_{it}) = \frac{\exp(\alpha X_{it})}{1 + \exp(\alpha X_{it})} \qquad (4.2)$$

式（4.2）中，二元虚拟变量 DSub = {0，1}，当 DSub 取 1 时表示享受政府环保补贴，DSub 取 0 时表示未享受政府环保补贴，X 为匹配变量。上述得分反映出某企业享受政府环保补贴的概率，式（4.2）进行估计可得概率值，$\hat{P}_i$ 表示处理组的概率预测值，$\hat{P}_j$ 表示控制组的概率预测值。采用最为常用的"一对四有放回近邻匹配"，并进行平衡性检验，其表达式如下：

$$\Pi(i) = \min_j \parallel \hat{P}_i - \hat{P}_j \parallel , \; j \in (Dsub = 0) \qquad (4.3)$$

式（4.3）中，$\Pi(i)$ 表征与处理组企业相对应的来自控制组企业的匹配集合。

其次，进行平衡性检验。在进行匹配样本回归之前，匹配变量的平衡性检验结果见表4-7。从平衡性检验易知，匹配之后相关控制变量的标准偏差小于10%，控制变量 t 检验结果接受了处理组和控制组没有显著差异的原假设，这说明受环保补贴企业与非环保补贴企业的特征差异得到较大程度的消除。

最后，本书基于 PSM 得到的样本对模型（4.1）重新进行回归，以检验环保补贴与企业环境绩效之间的关系，结果如表4-8所示。

表4-7 匹配变量的平衡性检验

变量	匹配	均值		标准偏差	t-test
		处理组	对照组	幅度（%）	
Size	Unmatched	21.955	22.318	−25.2	−8.36***
	Matched	21.967	21.954	0.8	0.76
Lev	Unmatched	0.366	0.412	−24.2	−8.28***
	Matched	0.370	0.368	1.2	0.89
Grow	Unmatched	0.222	0.295	−10.9	−3.12***
	Matched	0.223	0.228	−2.4	−1.36
Cf	Unmatched	0.061	0.064	−4.2	−2.08**
	Matched	0.062	0.061	0.7	0.74
ROA	Unmatched	0.038	0.042	−9.3	−3.01***
	Matched	0.038	0.038	0.1	0.05
Age	Unmatched	2.332	2.345	−5.7	−2.43**
	Matched	2.332	2.334	−1.1	−0.85
Capital	Unmatched	0.369	0.357	7.2	2.68***
	Matched	0.371	0.368	2.5	1.39
Share	Unmatched	0.564	0.584	−13.4	−5.78***
	Matched	0.563	0.563	0.1	0.05
ISO	Unmatched	0.394	0.439	−21.2	−8.19***
	Matched	0.395	0.398	−1.6	−1.03

注：***、**和*分别表示1%、5%和10%的显著性水平。

表4-8报告了匹配样本后，环保补贴与企业环境绩效关系的回归结果。列（1）~列（2）是利用匹配样本重新对模型（4.1）进行回归的结果。列（1）当期数据环保补贴系数为0.081，列（2）滞后一期环保补贴系数为0.065，均在1%水平下显著为正，说明倾向得分匹配（PSM）之后的回归结果亦验证了环保补贴与企业环境绩效存在显著的正相关关系，即环保补贴有利于企业环境绩效的改善，因此，假设H4-1a得证，这一结果表明前文的结论依然是稳健的。

表 4-8　环保补贴与企业环境绩效关系：PSM 样本检验

变量 Envir	当期（1）		滞后一期（2）	
	回归系数	t 值	回归系数	t 值
Subsid	0.081***	(4.31)	0.065***	(3.74)
Size	−0.054***	(−2.82)	−0.022**	(−2.21)
Grow	0.002*	(1.73)	0.001	(1.52)
Lev	−0.092*	(−1.84)	−0.076*	(−1.79)
Cf	−0.268**	(−2.09)	−0.273**	(−2.17)
ROA	−0.008	(−0.64)	−0.007	(−0.51)
Age	0.011***	(2.68)	0.013***	(2.94)
Capital	−0.296***	(−2.77)	−0.351***	(−3.24)
Share	−0.001	(−1.44)	−0.000	(−1.29)
ISO	0.452***	(4.87)	0.446***	(4.63)
常数项	1.822***	(4.69)	2.043***	(5.37)
行业/年度	控制		控制	
样本量	992		704	
调整后的 R^2	0.155		0.146	

注：***、**和*分别表示 1%、5%和 10%的显著性水平。

（2）变量替换检验。

1）环境绩效变量替换检验。为验证用生态效益法衡量的环境绩效指标所得到的结论是否有偏，以明确环保补贴对环境绩效的促进关系是否稳健，进行稳健性测试时，参照卢洪友等（2017）使用环境责任评分（Envir_ sc）表征环境绩效来进行稳健性测试，重新对模型（4.1）进行回归分析，检验结果如表 4-9 所示。列（1）~列（2）是解释变量当期数据的回归结果，列（3）~列（4）是解释变量滞后一期数据的回归结果，其中，列（1）和列（3）是无控制变量的结果，列（2）和列（4）是加入控制变量的结果；列（5）为加入被解释变量滞后项的系统 GMM 结果。从表 4-9 的回归结果易知，列（1）和列（2）当期数据的环保补贴系数均在 1%水平下显著为正；列

（3）和列（4）滞后一期数据的环保补贴系数也均在1%水平下显著为正；列
（5）系统GMM环保补贴系数在5%水平下显著为正。上述结果表明，用环境
责任评分衡量的企业环境绩效依然可以得出环保补贴对环境绩效具有显著的
促进作用，这一结果与前文的发现基本一致，再次印证了前文结论的稳健性，
进一步支持了假设H4-1a。

表4-9　环保补贴与企业环境绩效关系：环境绩效指标替换检验

变量	当期		滞后一期		系统 GMM
Envir_ sc	（1）	（2）	（3）	（4）	（5）
Envir_ sc$_{it-1}$					0.414***
					(5.09)
Subsid	0.295***	0.226***	0.304***	0.234***	0.187**
	(4.25)	(3.34)	(4.39)	(3.56)	(2.42)
Size		-0.543***		-0.581***	-0.375**
		(-3.05)		(-3.89)	(-2.18)
Grow		-0.003		-0.002	-0.007
		(-0.39)		(-0.42)	(-1.13)
Lev		-0.513		-0.628*	-0.417
		(-1.52)		(-1.76)	(-1.41)
Cf		0.107*		0.124**	0.093**
		(1.78)		(2.03)	(2.11)
ROA		-0.214*		-0.263**	-0.185**
		(-1.83)		(-2.22)	(-2.07)
Age		0.018**		0.022**	0.011*
		(2.12)		(2.14)	(1.79)
Capital		-0.216**		-0.195**	-0.171**
		(-2.42)		(-1.99)	(-2.03)
Share		0.001		0.002	0.000
		(1.32)		(1.44)	(0.86)
ISO		0.039**		0.047**	0.018
		(2.16)		(2.31)	(1.14)

续表

变量 Envir_ sc	当期		滞后一期		系统 GMM
	（1）	（2）	（3）	（4）	（5）
常数项	0.664*** （18.44）	1.261*** （3.75）	0.597*** （17.18）	1.275*** （3.91）	1.136** （2.46）
行业/年度	控制	控制	控制	控制	控制
样本量	1674	1674	1382	1382	1408
调整后的 R^2	0.087	0.214	0.074	0.202	
AR（1）P					0.004
AR（2）P					0.204
Sargan P					0.327

注：***、**和*分别表示1%、5%和10%的显著性水平，（ ）内为 t 值；AR 和 Sargan 反映的是统计量 P 值，变量 Envir_ sc 为环境责任评分表征的环境绩效。

2）替换环保补贴衡量方法的检验。为更加稳健地检验环保补贴与环境绩效的关系，本书进行稳健性测试时，更换环保补贴衡量方法，借鉴黎文靖和郑曼妮（2016）衡量政府补贴的方法，用当年环保补贴之和与总资产之比对环保补贴进行标准化处理。被解释变量仍用生态效益法衡量，依然利用前文模型（4.1）进行回归检验，相应的检验结果如表4-10所示。列（1）～列（2）为模型（4.1）用解释变量当期数据的回归结果，环保补贴系数分别在1%和5%水平下显著为正；列（3）～列（4）为模型（4.1）用解释变量滞后项的回归结果，环保补贴系数也分别在1%和5%水平下显著为正；列（5）为系统 GMM 的回归结果，环保补贴系数在5%水平下显著为正。上述结果进一步说明，解释变量用环保补贴之和与总资产比值衡量的环保补贴所得到的结论同前文主检验基本一致，假设 H4-1a 得到进一步印证。

表 4-10 环保补贴与企业环境绩效关系：环保补贴变量替换检验

变量	当期（OLS）		滞后一期（OLS）		系统 GMM
	（1）	（2）	（3）	（4）	（5）
$Envir_{it-1}$					0.174***
					(5.94)
Subsid	0.039***	0.022**	0.028***	0.017**	0.015**
	(2.78)	(2.42)	(2.65)	(2.16)	(2.47)
Size		−0.074**		−0.071**	−0.058*
		(−2.03)		(−2.01)	(−1.87)
Grow		0.000		0.000	−0.000
		(0.64)		(0.56)	(−0.11)
Lev		−0.074**		−0.078**	−0.049
		(−2.43)		(−2.32)	(−1.01)
Cf		−0.312**		−0.285*	−0.304**
		(−2.03)		(−1.92)	(−2.35)
ROA		0.010		0.011	0.007
		(0.86)		(0.98)	(0.66)
Age		0.016***		0.010***	0.016***
		(3.31)		(3.14)	(2.76)
Capital		−0.288***		−0.325***	−0.176**
		(−2.64)		(−3.45)	(−2.44)
Share		−0.000		−0.001	−0.000
		(−1.16)		(−1.54)	(−0.78)
ISO		0.285***		0.264***	0.194***
		(3.13)		(3.08)	(2.86)
常数项	3.494***	1.539***	3.581***	1.433***	1.067**
	(17.59)	(5.72)	(18.78)	(4.74)	(2.25)
行业/年度	控制	控制	控制	控制	控制
样本量	1674	1674	1382	1382	1408
调整后的 R^2	0.056	0.176	0.059	0.184	
AR（1）P					0.005
AR（2）P					0.212
Sargan P					0.424

注：***、**和*分别表示1%、5%和10%的显著性水平，（ ）内为t值；AR 和 Sargan 反映的统计量是 P 值。

4.3 环保补贴影响企业环境绩效的作用机制分析

4.3.1 理论分析与研究假设

众所周知，环保补贴已成为政府干预微观企业是否践行绿色环保行为的重要经济手段。为了缓解污染难题，政府每年投入如此大规模的环保补贴资金在企业减排降污、清洁生产过程中是通过怎样的途径发挥作用的，补贴效果如何，这些都是亟待深入研究的重大现实问题。前文的理论分析表明，政府环保补贴会影响企业环境绩效。那么政府环保补贴通过何种渠道影响企业环境绩效，厘清这二者之间的作用机制，有助揭示政府宏观政策影响企业微观行为的"黑箱"。结合已有研究成果，本书认为，企业绿色技术创新、政府环境监管以及高管环保意识是环保补贴影响企业绿色生产行为和环境绩效的重要路径，理由如下。

（1）环保补贴影响企业环境绩效：绿色技术创新机制。首先，根据技术创新理论，绿色技术创新能够提升资源利用效率，显著降低单位产品能耗，淘汰污染落后产能，从而能够促进企业实现绿色生产。然而，企业技术创新的风险高、不确定性大，且需要大量、持续的资金投入作为支撑，融资困难与动力不足一直是困扰企业绿色技术创新的难题（Hsu et al.，2014），而政府的环保补贴对企业绿色技术创新给予了资金扶持，减少了企业因绿色创新所面临的融资约束，减少了创新活动的高风险性和不确定性（Stiglitz，2015），降低了绿色创新的成本，从而有利于激励企业进行绿色创新。Shapiro &

Walker（2018）的经验证据亦表明，政府绿色环保补贴有利于促进企业绿色技术创新。

其次，依据外部性理论，创新一旦出现，其所有者通常无法或很难排除他人对绿色创新技术的运用，或者不能完全控制绿色创新技术的扩散，从而使得创新企业的私人收益小于社会收益，表现出绿色技术创新的溢出效应（Spillover Effect）。政府环保补贴激励，能够有效克服企业绿色技术创新的溢出效应所带来的成本—收益非对称性困境，有利于提高企业绿色技术创新的积极性，因而能够缓解私人企业绿色技术创新投入不足问题。更为重要的是，企业将绿色创新技术、绿色智能装备等运用于生产过程，一方面，有利于加速企业生产过程的绿色化，减少对原有破坏环境生产方式的依赖，从而能够降低环境监管成本，提升企业环境绩效（Shapiro & Walker，2018）；另一方面，企业通过绿色技术创新链条，生产绿色差异化产品，以此创造新的市场需求，增强绿色竞争力，这有利于企业保持已有市场甚至拓展新市场（Barney，1991）。由此推知，政府环保补贴缓解企业创新资源约束，能够激发企业加大绿色技术创新投入。

而政府的环保补贴可能有助于激励重污染企业的绿色技术创新投入，主要是因为：企业是否进行绿色技术创新取决于其能否达到创新的门槛条件，特别是要有持续的现金流作支撑，而政府的环保补贴，有助于企业跨越绿色技术创新的门槛，减少其绿色技术创新面临的不确定性及其不可逆性造成的损失，从而有助于其做出绿色技术创新决策（Hamamoto，2006），而企业的绿色技术创新有助于其淘汰污染落后产能、改善生产效率和环境绩效（Porter & Linde，1995；胡珺等，2020）。基于上述分析，提出如下假设：

H4-2：环保补贴能够激励企业绿色技术创新，从而有利于提升其环境绩效。

（2）环保补贴影响企业环境绩效：政府环境监管机制。作为政府扶持企业的一种专项补助，环保补贴资金的使用应当符合《关于加强环境保护补助资金管理的若干规定》，依据此规定，环保补贴应当用于"环境综合治理、重点污染源治理"方面，专款专用，不得挪作他用。享受环保补贴专项资金的企业将成为政府重点监管的对象，且政府主要督查评估环保专项资金的使用方向及使用效率，因此，政府对企业专项补贴资金的环境监管无疑会制约企业的非绿色生产与环境违法行为，从而有利于提升企业环境绩效。

随着当前资源环境约束愈益严峻，推动企业进行绿色生产、改善环境绩效迫在眉睫。而环境执法监督作为环保制度的核心内容，其有效性如何直接关乎国家环保政策的执行效果，是决定单个企业生产排污行为乃至整个地区环境质量高低的重要因素，环保执法督查力度的波动更是引领企业绿色技术选择变化必不可少的主要驱动力（Wang et al.，2018）。张宇和蒋殿春（2013）的研究表明，增强环保执法力度会提升高污染、高耗能行业的准入条件与生存门槛，这样就会促使企业开展绿色技术创新并加以推广应用，从而有利于企业节能减排和绿色生产，进而实现创新驱动与环境绩效"双赢"。新近的研究亦表明，严厉的行政监管是企业减少污染排放的首要驱动力（Shapiro & Walker，2018）。政府对获取财政补助的企业进行监管，更多原因是基于以弗里曼（Freeman）为代表的专家学者们提出的利益相关者理论（Stake Holder Theory）。在现代经济社会中，政府作为企业的利益相关者，其重要性是无可替代的，主要是因为：政府一方面为企业的发展提供资金扶持、税收减免等优惠政策；另一方面还对企业的微观行为尤其是对企业履行环境责任等方面负有监管责任。环保补贴是政府出于环境治理的目的，为激励企业开展节能减排，积极参与环境治理而对企业进行的资金扶持，属于政府单方面提供的无偿转移支付，无疑具有特定的目的性与相关环境绩效要求。为了优化资源配置，提高环保补贴资金的使用效益，确保运用有限的专项补贴激励实现特定的经济、环境及社会目标，落实企业主体责任，政府无疑会加强对企业生产经营活动的监管，这会制约企业的生产排污行为，从而有利于企业环境绩效的改善。基于上述分析，提出如下假设：

H4-3：环保补贴实施后，政府环境监管力度的增强，有利于企业环境绩效的改善。

（3）环保补贴影响企业环境绩效：高管环保意识机制。尽管国内外学者对环保补贴的影响效应进行了跨行业的动态研究，然而对如下基本现实问题的研究还不够深入：为什么在相同制度环境下获得同等金额环保补贴的同行业企业却采取迥然相异的环保行为？换言之，环保补贴扶持对同行业企业绿色环保行为的影响为何具有异质性？

根据高阶理论（Upper Echelons Theory），高管是影响企业战略选择及其绩效水平的核心预测变量（Hambrick & Mason，1984），高管基于其背景特征、个人心理特质及认知范式进行有限理性决策（Hambrick，1994）。杨建华等（2012）的研究表明，高管对环境的认知决定了企业是否积极采取绿色生产行为。而高管环保意识是其认知的具体表现（Zhang et al.，2015）。

政府环保扶持的引导效应，主要体现在以下方面：一方面，使企业高管意识到，获得政府补贴资金，可以降低企业环保投资风险，减少环境治理成本（Henriques & Sadorsky，1996；李青原和肖泽华，2020）；另一方面，政府对企业的环保扶持力度越大，越能促使企业高管关注环境政策法规、政府扶持政策方面的信息以及政府依据同行企业的环保表现实施处罚或奖励的最新动态（Suk et al.，2013），高管亦由此获得了更多有关绿色环保方面的信息，从而就更能意识到环境问题对企业自身发展的重要性，更加积极乐观地解读环保补贴的政策导向对企业绿色生产行为的引导功能（Gholami et al.，2013），进而更有可能实施积极的环境战略来响应政府的环保补贴政策以达到环境保护的目的（Zhang et al.，2015），从而有利于企业环境绩效的改善。此外，随着近年来政府对环境问题重视程度的提高，政府针对绿色环保方面的补贴项目亦愈益增多，从而会有效缓解企业受到的融资约束、降低了企业绿色环保投资的风险，使企业参与绿色创新行为的意愿更强，从而增强高管的环保责任意识（徐建中等，2017；李青原和肖泽华，2020）。而高管环保责任意识的提升会促进企业开展绿色环保实践，这无疑有助于企业环境绩效的改善。由此可以推测，政府环保补贴通过增强高管环保意识而改善企业环境绩效。基于上述分析，提出如下假设：

H4-4：政府环保补贴通过增强高管环保意识而改善企业环境绩效。

4.3.2 研究设计

（1）数据来源与样本选择。本部分被解释变量、解释变量、控制变量及数据来源同本章前文一致，这里不再赘述。本部分所涉及的新变量，分别为企业绿色技术创新、政府环境监管及高管环保意识三个中介变量。企业绿色技术创新数据来自 CSMAR 数据库的企业研发投入项目金额，并通过检索"环保""绿色""节能减排""清洁""污染治理""垃圾""废水""废气""三废""循环利用"等关键词，手工筛选、整理以确定具体的含绿色性质的有关研发投入作为企业绿色技术创新变量；环境监管强度数据来源于环境保护部政府网站数据中心，并通过手工查找整理出国家重点监控企业名单数据；高管环保责任意识的数据来自和讯网企业社会责任得分概况中明细数据企业环保意识评分。

本部分数据样本同前文一致，即选取了 2010~2017 年我国 A 股市场中 16 类重污染行业的上市公司为研究样本。剔除 ST、*ST 公司，并剔除财务数据异常的公司，为消除异常值的影响，对主要连续变量进行 1% 的双侧 Winsorize 处理，最终得到 257 家重污染上市公司样本，共计 1674 个观测值。

（2）变量选取。本部分被解释变量环境绩效、解释变量环保补贴以及系列控制变量已在前文叙述，此处不再赘述，本部分仅定义企业绿色技术创新、政府环境监管以及高管环保意识三个中介变量。

绿色技术创新（Innov）用企业绿色研发支出与营业收入之比衡量。绿色研发支出主要指与环保或绿色有关的技术改造支出、与环保或绿色有关的设施投入和维护支出等，在研发支出中按"环保""节能""绿色""减排""污染""清洁"等关键词进行筛选得到。

政府环境监管（Super），借鉴潘安娥和郭秋实（2018）的做法，环境监管强度以重污染企业是否列入国家重点监控企业名单衡量，列入为1，否则为0，政府环境监管类别有废水、废气、危险废物、重金属等。

高管环保意识（Aware），用企业环保意识评分来衡量。

（3）模型设计。本章利用 Baron & Kenny（1986）中介效应检验原理进行中介机制检验，以验证假设 H4-2、H4-3、H4-4 是否成立，中介机制检验模型为：

$$Envir_{it} = a_0 + a_1 Subsid_{it} + \beta X_{it} + u_k + v_j + e_{it} \qquad (4.4)$$

$$Medium\_var_{it} = a_0 + a_1 Subsid_{it} + \beta X_{it} + u_k + v_j + e_{it} \qquad (4.5)$$

$$Envir_{it} = a_0 + a_1 Subsid_{it} + a_2 Media\_var_{it} + \beta X_{it} + u_k + v_j + e_{it} \qquad (4.6)$$

中介效应检验原理：第一步，检验模型（4.4）中自变量对因变量的回归系数 a_1 是否显著；若显著，则进行第二步，检验模型（4.5）自变量对中介变量的回归系数 a_1 是否显著；若模型（4.5）的系数 a_1 显著，则直接进行第三步，检验模型（4.6）中中介变量对因变量的回归系数 a_2 是否显著，及自变量对因变量系数 a_1 是否显著。若第三步 a_2 显著，a_1 不显著，则完全中介效应成立；若在满足第二步自变量系数 a_1 显著条件下，且模型（4.6）中自变量系数 a_1 显著，然而 a_1 显著小于模型（4.4）中的系数 a_1，那么部分中介效应成立；但若第二步自变量系数 a_1 不显著，还要进行 Sobel 检验，若 Sobel 检验在统计上显著，则上述中介效应依然成立。

上述模型中，（Medium_var）表示中介变量，分别为企业绿色技术创新（Innov）、政府环境监管（Super）、高管环保意识（Aware）。其中，绿色技术创新（Innov）表征绿色技术创新投入，用企业绿色研发支出与营业收入之比衡量；政府环境监管（Super）以是否列入国家重点监控企业名单衡量；高管环保意识（Aware）用环保意识评分衡量。

4.3.3 实证结果与分析

（1）描述性统计。企业环境绩效（Envir）和环保补贴（Subsid）及控制变量的统计特征已在前文中分析，本节不再赘述。表4-11描述了中介变量企业绿色技术创新（Innov）、政府环境监管（Super）以及高管环保意识（Aware）三个变量的统计结果。其中，绿色技术创新（Innov）的均值为0.018，中位数为0.013，最小值为0，最大值为0.546，说明重污染企业绿色技术创新差异较大，大部分重污染企业绿色技术创新水平达不到行业平均水平（0.013<0.018），因此，我国重污染企业用于绿色技术创新方面的整体支出水平偏低。政府环境监管强度（Super）的均值为0.378，最小值为0.000，最大值为1.000，说明接近40%的样本内企业被列入国家重点监控企业名单。高管环保意识（Aware）的均值为1.830，中位数为2.000，最小值为0.000，最大值为4.000，说明大部分重污染企业高管具有较好的环保责任意识。

表4-11 主要变量描述性统计

变量	样本量	均值	中位数	标准差	最小值	最大值
Innov	1674	0.018	0.013	0.037	0.000	0.546
Super	1674	0.378	0.000	0.493	0.000	1.000
Aware	1674	1.830	2.000	1.910	0.000	4.000

（2）中介机制检验。为进一步说明环保补贴是否会通过激励企业绿色技术创新、强化政府环境监管及助长企业环保意识来提升企业环境绩效，本书参考Baron & Kenny（1986）的中介效应检验法，考察企业绿色技术创新、政府环境监管及高管环保意识是否是环保补贴与企业环境绩效的传导路径。

1）绿色技术创新中介机制检验。表4-12报告了假设H4-2的检验结果。列（1）～列（3）为解释变量当期数据检验结果，列（4）～列（6）为解释变量滞后一期检验结果，之所以报告列（4）～列（6）的结果，是为缓解环保补贴与企业环境绩效可能产生的反向因果内生性问题，以使结果更加稳健，这也与前文用当期和滞后一期检验环保补贴与企业环境绩效关系保持一致。列（1）和列（4）中被解释变量为企业环境绩效（Envir），是模型（4.4）的检验结果，分别与表4-4列（2）及列（4）结果一致；列（2）与列（5）是模型（4.5）的结果，被解释变量为绿色技术创新（Innov）；列（3）、列（6）被解释变量为企业环境绩效（Envir），是模型（4.6）的检验结果。

从表4-12来看，首先，检验环保补贴对绿色技术创新的影响：列（2）和列（5）环保补贴（Subsid）系数均在1%水平下显著为正，说明环保补贴促进了绿色技术创新。其次，检验绿色技术创新（Innov）对企业环境绩效的影响：列（3）和列（6）绿色技术创新（Innov）系数均在1%水平下显著为正，说明绿色技术创新提升了企业环境绩效。最后，检验环保补贴对企业环境绩效影响系数的变化：列（1）和列（3）的环保补贴（Subsid）系数亦均在1%水平下显著为正，说明环保补贴对企业环境绩效具有显著的促进作用，且列（3）环保补贴（Subsid）系数0.057，小于列（1）环保补贴（Subsid）系数0.079；同理，解释变量滞后期回归结果中，列（4）和列（6）的环保补贴（Subsid）系数均在1%水平下显著为正，且列（6）的环保补贴系数0.031小于列（4）的环保补贴系数0.048。综合上述结果可知，绿色技术创新在环保补贴促进企业环境绩效关系中存在显著的部分中介效应，即假设H4-2成立。

表 4-12 绿色技术创新中介效应检验

变量	当期			滞后一期		
	（1） Envir	（2） Innov	（3） Envir	（4） Envir	（5） Innov	（6） Envir
Subsid	0.079*** （4.25）	0.024*** （2.86）	0.057*** （3.67）	0.048*** （3.19）	0.026*** （2.97）	0.031*** （3.07）
Innov			0.033*** （3.13）			0.037*** （3.24）
Size	-0.072** （-2.06）	0.036** （2.02）	-0.068** （-2.04）	-0.081** （-2.12）	0.035** （2.02）	-0.080** （-2.09）
Grow	0.001 （0.49）	0.004** （2.43）	0.001 （0.48）	0.001 （0.16）	0.004** （2.46）	0.001 （0.14）
Lev	-0.074 （-1.31）	-0.013** （-2.04）	-0.071 （-1.26）	-0.078 （-1.09）	-0.014** （-2.06）	-0.076 （-1.08）
Cf	-0.233* （-1.78）	-0.031* （-1.74）	-0.246* （-1.91）	-0.255** （-2.22）	-0.033* （-1.86）	-0.252** （-2.18）
ROA	-0.009 （-0.32）	0.056*** （3.01）	-0.009 （-0.37）	-0.006 （-0.17）	0.052*** （3.19）	-0.008 （-0.24）
Age	0.012*** （2.61）	0.008 （1.17）	0.013*** （2.69）	0.012*** （2.73）	0.008 （1.15）	0.012*** （2.75）
Capital	-0.324*** （-2.82）	0.001 （0.21）	-0.311*** （-2.77）	-0.357*** （-3.78）	0.001 （0.25）	-0.346*** （-3.62）
Share	-0.001 （-1.27）	-0.059 （-1.56）	-0.001 （-1.18）	-0.001 （-1.46）	-0.067* （-1.66）	-0.000 （-0.99）
ISO	0.439*** （4.17）	0.286*** （3.42）	0.435*** （4.15）	0.354*** （4.03）	0.277*** （3.23）	0.362*** （4.09）
常数项	1.565*** （9.42）	0.009** （2.52）	1.543*** （9.35）	1.549*** （8.23）	0.008** （2.47）	1.541*** （8.17）
行业/年度	控制	控制	控制	控制	控制	控制
样本量	1674	1674	1674	1382	1382	1382
调整后的 R²	0.173	0.119	0.175	0.164	0.116	0.166

注：***、**和*分别表示1%、5%和10%的显著性水平。

2）政府环境监管中介机制检验。表4-13报告了假设H4-3的检验结果，以探究政府环境监管是否在环保补贴与企业环境绩效之间起中介作用。其中，列（1）～列（3）是解释变量当期数据的回归结果，列（4）～列（6）是解释变量滞后一期的回归结果。列（1）和列（4）中的被解释变量为企业环境绩效（Envir），是模型（4.4）的检验结果，分别与表4-4的列（2）及列（4）结果一致；列（2）与列（5）中的被解释变量为政府环境监管（Super），是模型（4.5）的回归结果；列（3）和列（6）中的被解释变量为企业环境绩效（Envir），是模型（4.6）的检验结果。

从表4-13中列（1）～列（3）的解释变量当期数据来看，列（2）环保补贴（Subsid）系数在10%水平下显著为正，说明政府环保补贴强化了政府对企业的环境监管；列（3）环境监管（Super）系数在5%水平下显著为正，说明环境监管有利于提高企业环境绩效；列（1）和列（3）中，环保补贴（Subsid）系数均在1%水平下显著为正，且列（3）环保补贴（Subsid）系数为0.055，小于列（1）环保补贴（Subsid）系数0.079，解释变量当期数据的中介效应检验结果说明，政府环境监管在环保补贴对企业环境绩效的影响中存在显著的部分中介效应，假设H4-3得以印证。

同上文，为缓解环保补贴与企业环境绩效反向因果所产生的内生性问题，表4-13增加解释变量滞后一期的检验，结果报告于列（4）～列（6）中。列（4）和列（6）中，环保补贴（Subsid）系数均在1%水平下显著为正，说明环保补贴促进了企业环境绩效；列（5）中的环保补贴系数在5%水平下显著为正，说明环保补贴强化了政府环境监管；列（6）中的环境监管（Super）系数在5%水平下显著为正，说明环境监管有利于企业环境绩效的提高；且列（6）环保补贴系数（0.027）小于列（4）环保补贴系数（0.048），说明环境监管在环保补贴与企业环境绩效之间起部分中介作用，上述结果亦进一步支持了假设H4-3。

表 4-13 政府环境监管中介机制检验

变量	当期			滞后一期		
	(1) Envir	(2) Super	(3) Envir	(4) Envir	(5) Super	(6) Envir
Subsid	0.079*** (4.25)	0.094* (1.91)	0.055*** (2.97)	0.048*** (3.19)	0.103** (2.03)	0.027*** (2.74)
Super			0.028** (2.26)			0.023** (2.21)
Size	−0.072** (−2.06)	0.260*** (2.87)	−0.075** (−2.11)	−0.081** (−2.12)	0.262*** (2.88)	−0.084** (−2.19)
Grow	0.001 (0.49)	−0.001 (−0.64)	0.000 (0.11)	0.001 (0.16)	−0.002 (−0.97)	0.001 (0.37)
Lev	−0.074 (−1.31)	0.168* (1.71)	−0.079 (−1.42)	−0.078 (−1.09)	0.173* (1.78)	−0.079 (−1.08)
Cf	−0.233* (−1.78)	−0.607** (−2.11)	−0.237* (−1.86)	−0.255** (−2.22)	−0.594** (−2.09)	−0.258** (−2.23)
ROA	−0.009 (−0.32)	−0.192* (−1.89)	−0.010 (−0.46)	−0.006 (−0.17)	−0.203** (−1.99)	−0.007 (−0.28)
Age	0.012*** (2.61)	0.023 (1.57)	0.015*** (3.09)	0.012*** (2.73)	0.024 (1.56)	0.011*** (2.62)
Capital	−0.324*** (−2.82)	−0.458*** (−3.38)	−0.339*** (−2.94)	−0.357*** (−3.78)	−0.452*** (−3.33)	−0.348*** (−3.69)
Share	−0.001 (−1.27)	0.002 (0.79)	−0.001 (−1.29)	−0.001 (−1.46)	0.003 (0.58)	−0.001 (−1.33)
ISO	0.439*** (4.17)	0.105* (1.84)	0.441*** (4.23)	0.354*** (4.03)	0.112* (1.89)	0.358*** (4.05)
常数项	1.565*** (9.42)	1.125** (2.33)	1.541*** (9.38)	1.549*** (8.23)	1.131** (2.38)	1.522*** (7.94)
行业/年度	控制	控制	控制	控制	控制	控制
样本量	1674	1674	1674	1382	1382	1382
调整后的 R^2	0.173	0.159	0.178	0.164	0.152	0.168

注: ***、**和*分别表示1%、5%和10%的显著性水平。

3) 高管环保意识中介机制检验。表4-14报告了假设H4-4的检验结果，以探究高管环保意识是否在环保补贴与企业环境绩效关系中起中介作用。其中，列（1）～列（3）是解释变量当期数据的回归结果；列（4）～列（6）是解释变量滞后一期数据的检验结果。

从表4-14可知，在列（2）和列（5）中，环保补贴（Subsid）系数均在5%水平下显著为正，说明政府环保补贴增强了企业高管环保意识；在列（3）和列（6）中，高管环保意识（Aware）系数均在5%水平下显著为正，说明高管环保意识有利于提升企业环境绩效；列（1）和列（3）的当期数据以及列（4）和列（6）的滞后一期数据中，环保补贴（Subsid）系数均在1%水平下显著为正，且列（3）的环保补贴（Subsid）系数（0.068）小于列（1）的环保补贴（Subsid）系数（0.079），列（6）的环保补贴（Subsid）系数（0.033）小于列（4）的环保补贴系数（0.048），说明无论是解释变量的当期数据还是滞后一期数据，都验证了高管环保意识在政府环保补贴影响企业环境绩效关系中起部分中介作用，假设H4-4得到印证。

表4-14 企业高管环保意识中介机制检验

变量	当期			滞后一期		
	（1）Envir	（2）Aware	（3）Envir	（4）Envir	（5）Aware	（6）Envir
Subsid	0.079***	0.138**	0.068***	0.048***	0.125**	0.033***
	(4.25)	(2.29)	(3.59)	(3.19)	(2.06)	(3.04)
Aware			0.047**			0.041**
			(2.19)			(2.13)
Size	−0.072**	0.468**	−0.065**	−0.081**	0.462**	−0.078**
	(−2.06)	(2.49)	(−2.01)	(−2.12)	(2.48)	(−2.07)
Grow	0.001	0.013	0.001	0.001	0.012	0.000
	(0.49)	(0.34)	(0.68)	(0.16)	(0.37)	(0.12)
Lev	−0.074	−0.570*	−0.075	−0.078	−0.576*	−0.078
	(−1.31)	(−1.68)	(−1.33)	(−1.09)	(−1.79)	(−1.06)

续表

变量	当期			滞后一期		
	（1）Envir	（2）Aware	（3）Envir	（4）Envir	（5）Aware	（6）Envir
Cf	-0.233*	-0.085**	-0.234*	-0.255**	-0.094**	-0.249**
	(-1.78)	(-2.01)	(-1.83)	(-2.22)	(-2.09)	(-2.16)
ROA	-0.009	0.128	-0.009	-0.006	0.123	-0.007
	(-0.32)	(1.32)	(-0.31)	(-0.17)	(1.26)	(-0.21)
Age	0.012***	-0.157***	0.014***	0.012***	-0.144***	0.012***
	(2.61)	(-6.37)	(2.74)	(2.73)	(-6.16)	(2.76)
Capital	-0.324***	-0.133	-0.318***	-0.357***	-0.134	-0.354***
	(-2.82)	(-0.25)	(-2.72)	(-3.78)	(-0.25)	(-3.76)
Share	-0.001	0.002**	-0.000	-0.001	0.003**	-0.002
	(-1.27)	(2.23)	(-0.66)	(-1.46)	(2.38)	(-1.58)
ISO	0.439***	0.187***	0.434***	0.354***	0.189***	0.369***
	(4.17)	(4.21)	(4.08)	(4.03)	(4.28)	(4.10)
常数项	1.565***	-7.682*	1.537***	1 549***	-7 632*	1.520***
	(9.42)	(-1.90)	(9.18)	(8.23)	(-1.88)	(8.14)
行业/年度	控制	控制	控制	控制	控制	控制
样本量	1674	1674	1674	1382	1382	1382
调整后的 R^2	0.173	0.197	0.173	0.164	0.199	0.161

注：***、**和*分别表示1%、5%和10%的显著性水平。

4.3.4 稳健性检验

（1）内生性检验。稳健性检验采用前文倾向得分匹配（PSM）后的样本，重新对环保补贴与企业环境绩效关系的作用机制进行检验，以缓解选择性偏差和混合性偏差所产生的内生性问题。进行匹配样本回归之前的协变量平衡性检验结果见前文表4-7，表4-15是利用PSM样本的当期数据对环保补贴与企业环境绩效关系的作用机制进行检验。

表4-15的列（1）～列（3）报告了绿色技术创新这一中介机制的回归结果，具体为：首先，列（1）的环保补贴（Subsid）系数在1%水平下显著

为正，表明环保补贴促进了企业环境绩效。其次，列（2）中被解释变量为绿色技术创新时，环保补贴（Subsid）系数在1%水平下显著为正，表明环保补贴促进了企业绿色技术创新。最后，列（3）的绿色技术创新（Innov）系数在1%水平下显著为正，表明绿色技术创新提升了企业环境绩效，且列（3）的环保补贴（Subsid）系数（0.067）小于列（1）的环保补贴（Subsid）系数（0.081）。以上结果说明，绿色技术创新在环保补贴促进企业环境绩效关系上起部分中介作用，假设H4-2得到进一步印证。

表4-15的列（1）、列（4）及列（5）报告了政府环境监管这一中介机制检验结果。列（4）中被解释变量为政府环境监管时，环保补贴（Subsid）系数在5%水平下显著为正；列（5）中政府环境监管（Super）系数在5%水平下显著为正，且列（5）的环保补贴（Subsid）系数（0.052）小于列（1）的环保补贴（Subsid）系数（0.081）。上述结果说明，政府环境监管在环保补贴提升企业环境绩效关系上起部分中介作用，假设H4-4的结论依然稳健。

表4-15的列（1）、列（6）及列（7）报告了高管环保意识这一中介效应检验结果。列（6）的环保补贴系数在5%水平下显著为正，说明环保补贴促进了企业环保意识的增强；列（7）的高管环保意识（Aware）系数在5%水平下显著为正，表明高管环保意识有利于企业环境绩效的提高，且列（7）的环保补贴（Subsid）系数（0.060）小于列（1）的环保补贴（Subsid）系数（0.081）。以上结果表明，高管环保意识在环保补贴促进企业环境绩效过程中起部分中介作用，假设H4-5的结论依然稳健。

表4-15 环保补贴与环境绩效的中介机制稳健性检验：PSM 样本

变量	(1) Envir	(2) Innov	(3) Envir	(4) Super	(5) Envir	(6) Aware	(7) Envir
Subsid	0.081*** (4.31)	0.029*** (3.45)	0.067*** (3.67)	0.091** (2.12)	0.052*** (2.91)	0.128** (2.13)	0.060*** (3.58)

续表

变量	（1） Envir	（2） Innov	（3） Envir	（4） Super	（5） Envir	（6） Aware	（7） Envir
Innov			0.034*** （3.15）				
Super				0.029** （2.24）			
Aware							0.045** （2.18）
Size	−0.094*** （−3.02）	0.037** （2.08）	−0.091*** （−3.01）	0.264*** （2.89）	−0.087*** （−2.94）	0.467** （2.48）	−0.088*** （−2.86）
Grow	0.002* （1.73）	−0.004 （−0.45）	0.002* （1.74）	−0.001 （−0.66）	0.001 （1.61）	−0.014 （−0.37）	0.002* （1.72）
Lev	−0.092* （−1.84）	−0.014** （−2.07）	−0.091* （−1.81）	0.166* （1.70）	−0.087* （−1.78）	−0.573* （−1.72）	−0.089* （−1.81）
Cf	−0.268** （−2.09）	−0.032* （−1.76）	−0.263** （−1.98）	−0.605** （−2.07）	−0.265** （−2.04）	0.583 （0.80）	−0.261** （−2.02）
ROA	−0.008 （−0.64）	0.049*** （2.94）	−0.008 （−0.66）	−0.193* （−1.89）	−0.007 （−0.56）	0.127 （1.32）	−0.009 （−0.81）
Age	0.011*** （2.68）	0.008 （1.19）	0.011*** （2.69）	0.021 （1.54）	0.010*** （2.64）	−0.155*** （−6.32）	0.012*** （2.66）
Capital	−0.296*** （−2.77）	0.001 （0.20）	−0.294*** （−2.73）	−0.449*** （−3.27）	−0.288*** （−2.71）	−0.136 （−0.29）	−0.292*** （−2.72）
Share	−0.001 （−1.29）	−0.036 （−1.42）	−0.001 （−1.22）	0.003 （1.59）	−0.000 （−0.87）	0.002** （2.31）	−0.001 （−1.04）
ISO	0.452*** （4.87）	0.342*** （3.17）	0.455*** （4.89）	0.111* （1.86）	0.448*** （4.81）	−0.164 （−1.19）	0.446*** （4.76）
常数项	1.822*** （4.69）	0.008** （2.48）	1.828*** （4.71）	1.129** （2.36）	1.814*** （4.44）	−6.687* （−1.93）	1.825*** （4.72）
行业/年度	控制	控制	控制	控制	控制	控制	控制
样本量	992	992	992	992	992	992	992
调整后的 R^2	0.155	0.123	0.159	0.154	0.158	0.193	0.173

注：***、**和*分别表示1%、5%和10%的显著性水平。

（2）变量替换检验。

第一，环境绩效变量替换检验。为验证被解释变量用生态效益法衡量的环境绩效，所检验的中介效应结论是否有偏，以明确环保补贴影响企业环境绩效的作用机制是否稳健，进行稳健性测试时，本书借鉴卢洪友等（2017）的研究，使用环境责任评分（Envir_sc）衡量环境绩效进行稳健性测试，利用中介效应模型对解释变量当期数据进行回归分析，检验结果如表4-16所示。其中，列（1）同表4-9的列（2）结果相一致，报告了被解释变量为环境责任评分时，环保补贴对企业环境绩效影响的回归结果，环保补贴系数在1%水平下显著为正；列（2）被解释变量为绿色技术创新，同表4-12列（2）结果一致，环保补贴系数在1%水平下显著为正，说明环保补贴促进了企业绿色技术创新；列（3）是被解释变量用环境责任评分衡量企业环境绩效的模型（4.6）的回归分析，结果显示：列（3）的绿色技术创新在1%水平下显著为正，且列（3）的环保补贴系数（0.197）小于列（1）的环保补贴系数（0.226）。以上结果表明，以环境责任评分衡量环境绩效时，绿色技术创新亦同样在环保补贴促进企业环境绩效关系中起部分中介作用。同理，列（1）、列（4）和列（5）验证了政府环境监管在环保补贴促进企业环境绩效关系中起部分中介作用；列（1）、列（6）及列（7）验证了高管环保意识在环保补贴影响企业环境绩效关系上起部分中介作用。综上所述，被解释变量用环境责任评分衡量环境绩效的中介机制检验，依然支持了假设H4-2、假设H4-3及假设H4-4。

表4-16 环保补贴与环境绩效的中介机制稳健性检验：环境绩效指标替换

变量	（1） Envir	（2） Innov	（3） Envir	（4） Super	（5） Envir	（6） Aware	（7） Envir
Subsid	0.226*** （3.34）	0.024*** （2.86）	0.197*** （3.05）	0.094* （1.91）	0.192*** （3.01）	0.138** （2.29）	0.203*** （2.98）

续表

变量	（1）Envir	（2）Innov	（3）Envir	（4）Super	（5）Envir	（6）Aware	（7）Envir
Innov			0.474***(3.23)				
Super				0.315***(2.77)			
Aware							0.116***(4.78)
Size	−0.543***(−3.05)	0.036**(2.02)	−0.508***(−2.95)	0.260***(2.87)	−0.487***(−2.84)	0.468**(2.49)	−0.544***(−3.05)
Grow	−0.003(−0.39)	0.004**(2.43)	−0.001(−0.21)	−0.016*(−1.74)	−0.001(−0.22)	0.013(0.34)	−0.003(−0.38)
Lev	−0.513(−1.52)	−0.013**(−2.04)	−0.537*(−1.73)	0.168*(1.71)	−0.524*(−1.67)	−0.051**(−2.28)	−0.528*(−1.69)
Cf	0.107*(1.78)	−0.031*(−1.74)	0.103*(1.72)	−0.607**(−2.11)	0.106*(1.78)	−0.085**(−2.01)	0.105*(1.74)
ROA	−0.214*(−1.83)	0.056***(3.01)	−0.216*(−1.89)	−0.192*(−1.89)	−0.214*(−1.81)	0.128(1.32)	−0.213*(−1.79)
Age	0.018**(2.12)	0.008(1.17)	0.017**(2.09)	0.023(1.57)	0.018**(2.11)	−0.157***(−6.37)	0.018**(2.11)
Capital	−0.216**(−2.42)	0.001(0.21)	−0.218**(−2.47)	−0.458***(−3.38)	−0.218**(−2.47)	−0.133(−0.25)	−0.212**(−2.33)
Share	0.001(1.32)	−0.059(−1.56)	0.000(1.11)	0.002(0.79)	0.001(1.48)	0.002**(2.23)	0.002(1.57)
ISO	0.039**(2.16)	0.286***(3.42)	0.044**(2.25)	0.105*(1.84)	0.038**(2.16)	0.187***(4.21)	0.036**(2.12)
常数项	1.261***(3.75)	0.009**(2.52)	1.253***(3.68)	1.125**(2.33)	1.258***(3.72)	−7.682*(−1.90)	1.275***(3.82)
行业/年度	控制	控制	控制	控制	控制	控制	控制
样本量	1674	1674	1674	1674	1674	1674	1674
调整后的 R^2	0.214	0.119	0.223	0.159	0.208	0.197	0.211

注：***、**和*分别表示1%、5%和10%的显著性水平。

第二，环保补贴变量替换检验。为更加稳健地验证环保补贴影响企业环境绩效作用机制的结论，在进行中介机制的稳健性测试时，用当年环保补贴之和与总资产之比对环保补贴进行标准化处理作为环保补贴的替换变量。被解释变量仍用生态效益法衡量，重新对模型（4.4）、模型（4.5）和模型（4.6）进行中介效应检验，其检验结果如表4-17所示：列（1）同表4-10列（2）结果相一致，表明环保补贴有利于提高企业环境绩效；列（2）的环保补贴系数在1%水平下显著为正，说明环保补贴促进了企业绿色技术创新；列（3）的绿色技术创新系数在1%水平下显著为正，环保补贴系数在5%水平下显著为正，且列（3）的环保补贴系数（0.016）小于列（1）的环保补贴系数（0.022）。上述结果进一步验证了绿色技术创新在环保补贴与企业环境绩效关系上起中介作用的结论是稳健的，假设H4-2得到进一步印证。同理，列（1）、列（4）及列（5）验证了环境监管在环保补贴与企业环境绩效关系上发挥中介作用的结论具有稳健性，假设H4-3得到进一步印证；列（1）、列（6）及列（7）也同样验证了高管环保意识的中介机制具有稳健性，假设H4-4得到进一步印证。

表4-17　环保补贴与环境绩效的中介机制稳健性检验：环保补贴变量替换

变量	（1） Envir	（2） Innov	（3） Envir	（4） Super	（5） Envir	（6） Aware	（7） Envir
Subsid	0.022** （2.42）	0.041*** （2.83）	0.016** （2.17）	0.038* （1.92）	0.013* （1.84）	0.274* （1.86）	0.015** （2.14）
Innov			0.036*** （3.18）				
Super					0.024** （2.21）		
Aware							0.043** （2.11）

续表

变量	（1） Envir	（2） Innov	（3） Envir	（4） Super	（5） Envir	（6） Aware	（7） Envir
Size	−0.074** （−2.03）	0.034** （2.01）	−0.076** （−2.08）	0.261*** （2.85）	−0.072** （−2.02）	0.464** （2.42）	−0.075** （−2.03）
Grow	0.000 （0.64）	0.008** （2.46）	0.000 （0.62）	−0.001 （−0.65）	0.000 （0.59）	−0.011 （−0.32）	0.000 （0.66）
Lev	−0.074** （−2.43）	−0.012** （−2.04）	−0.076** （−2.48）	0.169* （1.74）	−0.075** （−2.46）	−0.573* （−1.72）	−0.075** （−2.49）
Cf	−0.312** （−2.03）	−0.031* （−1.75）	−0.311** （−2.03）	−0.607** （−2.13）	−0.317** （−2.06）	0.584 （0.83）	−0.314** （−2.07）
ROA	0.010 （0.86）	0.046*** （2.93）	0.012 （0.93）	−0.190* （−1.85）	0.009 （0.77）	0.127 （1.36）	0.011 （0.88）
Age	0.016*** （3.31）	0.008 （1.15）	0.017*** （3.34）	0.022 （1.55）	0.015*** （3.29）	−0.154*** （−6.33）	0.016*** （3.33）
Capital	−0.288*** （−2.64）	0.001 （0.22）	−0.291*** （−2.65）	−0.457*** （−3.38）	−0.289*** （−2.63）	−0.134 （−0.27）	−0.291*** （−2.66）
Share	−0.000 （−1.16）	−0.013*** （−2.72）	−0.001 （−1.26）	0.008 （0.84）	−0.000 （−1.14）	0.004** （2.15）	−0.000 （−1.19）
ISO	0.285*** （3.13）	0.352*** （3.27）	0.290*** （3.21）	0.092* （1.73）	0.281*** （3.09）	−0.178 （−1.16）	0.283*** （3.12）
常数项	1.539*** （5.72）	0.011** （2.51）	1.644*** （5.79）	1.127** （2.36）	1.641*** （5.83）	−3.674* （−1.86）	1.537*** （5.71）
行业/ 年度	控制	控制	控制	控制	控制	控制	控制
样本量	1674	1674	1674	1674	1674	1674	1674
调整后的 R^2	0.176	0.121	0.173	0.154	0.172	0.192	0.174

注：***、**和*分别表示1%、5%和10%的显著性水平。

4.4 进一步分析：企业异质性检验

综上所述，本书分析了环保补贴对企业环境绩效的影响，以及从政府环境监管、企业绿色技术创新行为以及高管环保意识三个方面深入探讨了环保补贴对企业环境绩效的作用机制。研究发现，环保补贴对企业环境绩效的改善具有积极的影响，主要原因是，环保补贴加大了政府环境监管、激励了企业绿色技术创新行为以及强化了高管环保意识，从而显著地提升了企业环境绩效。然而，不同产权性质下企业所获得的环保补贴差距较大，环保补贴资金使用效率也大相径庭；与此同时，不同融资约束的企业，环保补贴资金的使用价值不同，其对环境绩效的影响也不同；另外，不同风险承担水平的企业，环保补贴对绿色技术创新或环境治理投资的意愿不同，其对环境绩效的影响亦存在差异。因此，继续探讨不同产权性质、不同融资约束及不同风险承担水平这些企业异质性特征对环保补贴与企业环境绩效之间关系的影响具有一定的必要性。

根据资源依赖理论，国有企业比非国有企业享有更多的政策性资源、更多的融资渠道（刘志远和高佳旭，2019），从而会削弱环保补贴提升企业环境绩效的激励作用，主要是因为：中国政府在资源配置中拥有主导地位，通常在融资渠道和融资条件等方面给国有企业提供便利；同时，由于国有银行在中国金融体系中具有支配地位，国有银行亦会在政府授意下向国有企业提供信贷扶持，从而国有企业往往更容易以更便利的方式从国有银行获得更优惠的信贷资源（谢德仁和陈运森，2009）。国有企业由于与政府之间存在特殊的关系，因而其外部融资能力更强，能够更容易地以较低成本从外部资本市场获取资金，并且当市场不景气或者因其自身原因而陷入财务困境时，更容易获得政府提供的再融资或债务重组等方式的"救援"。环保补贴是特定的专用性补贴，其用途是帮助企业进行绿色技术改造等以提高其环境绩效。根据饥饿效应假说（Cuzon et al.，2010），在非国有企业与国有企业获得相同的环保补贴情况下，由于非国有企业融资约束较强、资源禀赋更差，因而同等的环保补贴对非国有企业的使用价值更大。由于国有企业的资源禀赋较强，环保补贴对其环境绩效的激励作用并没有非国有企业强。因此，不同所有权性质和不同融资约束下，政府环保补贴对企业环境绩效的影响存在差异。

另外，相对风险承担水平低的公司，绿色技术创新有助于风险承担水平高的公司在面临未来现金流不确定性或受到财务困境冲击时，有更强的抵御风险能力。从而，企业的风险承担水平会影响企业的环境治理投资意愿，风险承担水平高的公司比风险承担水平低的公司有更高的环境治理投资意愿，政府环保补贴是政府给予企业的环境治理补贴，一定程度上可以补偿企业绿色技术创新或环境治理投资所带来的风险，强化其环保投资意愿。也就是说风险承担水平越高，环保补贴被企业挤出他用的可能性越小，而用作环保治理投资的可能性越强，从而使环保补贴资金的环境治理使用效率越高。因此，不同风险承担水平下，政府环保补贴对企业环境绩效的影响具有显著的差异性。

基于以上分析，探究不同产权性质、不同融资约束以及不同风险承担水平这些企业异质性特征对环保补贴与企业环境绩效之间关系的影响是否存在显著差异，从而为政府相关部门实施定向调控、精准施策提供参考价值。其检验是通过分组回归形式，检验结果如表4-18所示。

第一，产权性质异质性对环保补贴与企业环境绩效关系的影响检验。表4-18列（1）为国有企业组，列（2）为非国有企业组。列（1）的环保补贴系数为0.041，在10%水平下显著为正；列（2）的环保补贴系数为0.107，在1%水平下显著为正；此外，组间系数比较结果显示二者存在显著差异，相对于国有企业，环保补贴对企业环境绩效的促进作用在非国有企业更明显。

第二，融资约束异质性对环保补贴与企业环境绩效关系的影响检验。关于融资约束度量，吴秋生和黄贤环（2017）的研究表明，SA 指数法能较为综合、全面地反映企业融资约束程度，借鉴 Hadlock & Pierce（2010）、吴秋生和黄贤环（2017）的做法，构建融资约束 SA 指数来衡量融资约束指标，其公式为：

$$SA_{it} = |-0.737Size_{it} + 0.043Size_{it}^2 - 0.040 * Age_{it}| \qquad (4.7)$$

式（4.7）中，SA 的绝对值越大，企业融资约束程度越低；在检验融资约束异质性时，按 SA 指数中位数进行分组，大于等于中位数的定为低融资约束组，小于中位数的定为高融资约束组。其检验结果如表 4-18 的列（3）和列（4）所示。列（3）的高融资约束组中，环保补贴对企业环境绩效的回归系数为 0.084，且在 1% 水平下显著为正；列（4）的低融资约束组中，环保补贴对企业环境绩效的回归系数为 0.023，未通过显著性检验。以上结果表明，环保补贴对低融资约束企业环境绩效的促进作用不如高融资约束企业显著。此外，组间系数的比较结果表明，二者存在显著差异性。综合上述结果可知，环保补贴对高融资约束企业的环境绩效促进作用更强，从而说明政府环保补贴对高融资约束企业的环境治理效果更好。

第三，风险承担水平异质性对环保补贴与企业环境绩效关系的影响检验；关于风险承担水平的衡量，参考 John et al.（2008）的做法，用盈利波动性指标（SDROA）衡量，以上市公司在观测期内经行业调整的资产收益率的三年期标准差来估算，具体计算公式如下：

$$SDROA_{it} = \sqrt{\frac{1}{N-1}\sum_{n=1}^{N}\left(Adj\_ROA_{in} - \frac{1}{N}\sum_{n=1}^{N}Adj\_ROA_{in}\right)^2 | 3} \qquad (4.8)$$

$$Adj\_ROA_{in} = \frac{EBIT_{in}}{ASSETS_{in}} - \frac{1}{X_n}\sum_{k=1}^{X}\frac{EBIT_{kn}}{ASSETS_{kn}} \qquad (4.9)$$

模型（4.8）和模型（4.9）中，i 为企业，n 取值 1~3，表示观测时段的年度，X_n 代表行业内企业总数量，k 为某行业第 k 家企业，EBIT 为相应年度的息税前利润，ASSETS 为年末资产总额，SDROA 值越大，表示风险承担水平越高。在进行风险承担水平异质性检验时，同样按中位数分组，大于等于中位数的归为高风险承担水平组，小于中位数的归为低风险承担水平组。其检验结果如表 4-18 的列（5）~列（6）所示，列（5）为风险承担水平高组，其环保补贴系数为 0.093，在 1% 水平下显著为正；列（6）为风险承担水平低组，其环保补贴系数为 0.052，在 10% 水平下显著为正，且组间系数比较结果显示二者存在显著差异性。因此，上述结果说明，相对于风险承担水平低的企业，风险承担水平高的企业环保补贴对环境绩效的促进作用更明显。

表 4-18 公司异质性下环保补贴与环境绩效关系的检验

被解释变量 Envir	产权异质性		融资约束异质性		风险承担异质性	
	（1）国企	（2）非国企	（3）高融资约束	（4）低融资约束	（5）风险承担高	（6）风险承担低
Subsid	0.041 *	0.107 ***	0.084 ***	0.023	0.093 ***	0.052 *
	（1.71）	（4.16）	（3.79）	（1.44）	（4.05）	（1.92）
Size	-0.026 *	-0.094 **	-0.017	-0.082 **	-0.088 **	-0.051 *
	（-1.84）	（-2.28）	（-1.57）	（-2.14）	（-2.17）	（-1.91）
Grow	-0.000	0.001	0.002	0.001	0.000	-0.001
	（-0.16）	（0.54）	（1.29）	（0.39）	（0.22）	（-0.78）
Lev	-0.057	-0.114	-0.095	-0.071	-0.068	0.006
	（-1.36）	（-0.97）	（-0.76）	（-1.56）	（-0.55）	（0.04）
Cf	-0.251 **	-0.164	-0.167	-0.234 *	-0.228 *	-0.206 *
	（-2.13）	（-1.53）	（-1.61）	（-1.81）	（-1.76）	（-1.69）
ROA	0.005	-0.002	0.006	0.004	-0.013	0.008
	（0.59）	（-0.14）	（0.33）	（0.21）	（-1.07）	（0.72）
Age	0.013 ***	0.009 **	0.008 **	0.012 ***	0.010 **	0.005
	（2.86）	（2.44）	（2.15）	（2.79）	（2.47）	（1.15）

续表

被解释变量 Envir	产权异质性		融资约束异质性		风险承担异质性	
	(1) 国企	(2) 非国企	(3) 高融资约束	(4) 低融资约束	(5) 风险承担高	(6) 风险承担低
Capital	−0.338 *** (−3.22)	−0.261 ** (−2.43)	−0.315 *** (−2.73)	−0.296 *** (−2.81)	−0.163 ** (−2.24)	−0.324 *** (−2.90)
Share	0.048 *** (4.60)	−0.003 (−0.31)	−0.001 (−0.58)	0.027 *** (2.74)	−0.001 (−1.05)	−0.001 (−0.94)
ISO	0.264 *** (2.92)	0.311 *** (3.24)	0.278 *** (3.09)	0.245 *** (2.89)	0.392 *** (3.31)	0.363 *** (3.15)
常数项	1.670 *** (5.95)	2.331 *** (8.72)	3.169 *** (9.33)	2.454 *** (6.71)	5.048 *** (6.33)	3.732 *** (4.97)
行业/年度	控制	控制	控制	控制	控制	控制
组间系数比较	8.26 ***		10.42 ***		7.57 ***	
样本量	924	750	782	892	818	856
调整后的 R^2	0.194	0.278	0.213	0.202	0.189	0.163

注：***、**和*分别表示1%、5%和10%的显著性水平。

4.5 本章小结与政策启示

本章以2010~2017年我国沪深两市257家重污染上市公司为研究对象，采用普通最小二乘法（OLS）、系统广义矩（GMM）、倾向得分匹配（PSM）及工具变量等多种方法，实证检验了政府环保补贴对企业环境绩效的影响效应及作用机制，并进一步探讨了不同产权性质、不同融资约束及不同风险承担水平这些企业异质性特征对环保补贴与企业环境绩效之间关系的影响，得到如下主要研究结论：①政府环保补贴对企业环境绩效存在正向的促进作用。②中介机制分析及检验结果表明，环保补贴会通过激励企业进行绿色技术创新、强化政府环境监管力度及增强企业环保意识渠道来提升企业环境绩效。③企业异质性特征对环保补贴与企业环境绩效之间关系的影响存在显著差异，相比于国有企业，非国有企业的环保补贴对环境绩效的促进作用更明显；相对于低融资约束企业而言，环保补贴对环境绩效的促进作用在高融资约束企业更明显；相对于风险承担水平低的企业而言，环保补贴对环境绩效的促进作用在风险承担水平高的企业更明显。

以上研究结果说明，政府环保补贴会通过企业绿色技术创新、政府环境监管及高管环保意识来提升重污染企业的环境绩效，这有助于洞悉政府环保补贴影响企业环境绩效的客观表现和深层次原因，从而为政府实施环保补贴政策的微观效应提供了支撑证据；另外，进一步分析表明，不同特征企业的环保补贴对环境绩效的激励作用存在显著差异，因此，要提高宏观经济政策的效果，必须实施定向调控，精准施策，为政府完善环保补贴政策的动态调整机制提供了直接证据。

基于以上研究，得到如下政策启示：

（1）充分发挥政府环保补贴的信号传递功能，积极引导和培养企业高管的环保责任意识。政府应该强化重污染企业的环保补贴政策，并形成制度性安排，充分发挥环保补贴的信号传递功能，积极引导和培养企业高管的环保责任意识，从而提高企业环境治理效率。

（2）加大对企业绿色技术创新活动的政策支持力度。为了实现"减排"和"增效"的双重效益，政府应加大对企业绿色技术创新活动的政策支持力度，切实推进重污染企业的绿色创新转型，而非局限于通过直接环保投资方式予以扶持。环保补贴对企业绿色技术创新有激励作用，有利于增强企业独特的绿色竞争优势，环境治理的长期效应才能得以体现。

（3）构建环境信息监管平台以完善环境信息披露机制。在当前中国企业高管环保意识普遍不强的情况下，应强化政府的激励引导功能，构建环境信息监管平台，进一步健全环境信息披露机制，完善监督和奖惩制度，将企业的环境行为置于公众"阳光监督"之下，使其接受媒体和群众的监督。为此，政府应搭建一个科学、透明的环保补贴信息管理平台，该平台包括两个子信息系统：其一是将环境保护信息、环境绩效等信息纳入基本信息系统；其二是将绿色技术创新投入信息、寻租行贿"黑名单"、企业生产责任履行情况等信息纳入信用信息系统，以此作为重污染企业获取环保补贴的参考依据。

（4）针对不同特征的企业出台不同的环保政策。非国有企业的环保补贴对环境治理的使用效率比国有企业更高，融资约束强的企业比融资约束弱的企业环保补贴资金使用效率更高，风险承担水平高的企业环保补贴使用效率比风险承担水平低的企业更高，因此，政府在出台环保补贴政策时应充分考虑不同特征企业的异质性，针对不同特征的企业，实施不同的补贴政策。如果政府宏观的环保补贴政策采取"一刀切"式的激励模式，则补贴政策的实施效果不理想，甚至会起到与政策的设计意图相违背的抑制作用，这不但可能会导致巨大的政策浪费，而且更有可能贻误政府相机调控的时机。要提高宏观环保补贴政策效果，必须实施宏观调控，在激励异质性特征企业时，应针对不同特征企业的特殊性实施差异化的政策，从而提高政策的精准性。

5 环保补贴对企业经济绩效的
影响效应及作用机制

5.1 引言

自 1979 年以来，我国经济迅猛发展，其势态较其他国家而言，俨然是一种奇迹，而这种奇迹更是受益于我国政府所推出的各项促进发展的政策（韩乾和洪永淼，2014）。作为优化产业结构的手段，环保补贴政策之所以被各国政府广泛采用，主要是因为生态环境具有公共物品的特性，易于出现过度消费从而导致环保市场失灵，因此政府在资源配置中具有不可或缺的地位。正如新结构经济学所强调的那样，经济发展既要有有效市场，又不能缺少有为政府（林毅夫，2012）。而环保补贴政策的颁布及实施，便是政府干预企业的主要形式。政府的环保补贴激励在实现降污减排的同时，能否实现经济效益的提升，已成为世界各国衡量环保产业政策成功与否的"双赢"标准。应该注意到，环保产业政策能否实施，关键在于政府宏观政策的设计意图能否在微观企业层面有效实施。在前文考察环保补贴对企业环境绩效影响的基础上，本章着重考察环保补贴激励能否提升重污染企业的短期经济绩效与长期经济绩效，其可能的影响渠道是什么，并进一步区分在不同企业异质性下，环保补贴与企业经济绩效的关系如何，以探讨环保补贴政策影响企业经济绩效的客观表现和深层次原因。

本章的逻辑框架如图5-1所示。

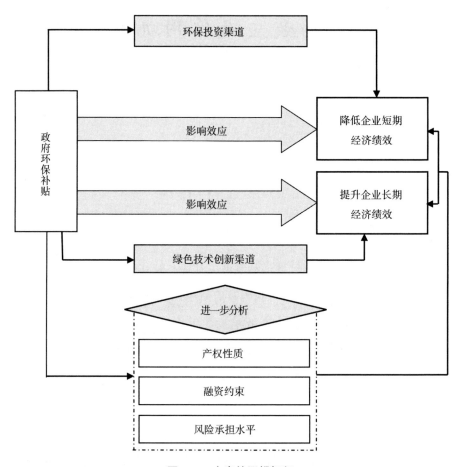

图5-1 本章的逻辑框架

5.2 理论分析与假设提出

5.2.1 环保补贴对企业经济绩效的影响

企业环境治理具有专用设备投入资金较大、投资周期跨度较长、风险高、见效慢等自身特征（Rabêlo & Melo，2019），这无疑离不开充足现金流的支撑。而政府实施的环保补贴激励政策，缓解了企业环境治理所需资金匮乏的窘况，有助于企业扩大再生产形成规模经济，以降低企业环境治理成本，减少其环境治理投资面临的不确定性及其不可逆性造成的损失（Hamamoto，2006），弥补环境治理活动的正外部性给企业造成的利润损失（Walley & Whitehead，1994）。同时，在政府环保补贴的激励约束下，污染较重的企业为了谋求自身收益最大化，在日常生产运营中具有强烈的意愿采用绿色环保技术和新能源技术，以淘汰污染落后产能，从而提升企业配置资源的效率，最终实现"减排"和"增效"的双重效益（于斌斌等，2019）。姜英兵和崔广慧（2019）的经验证据表明，获得环保政策扶持的企业更易获得政府环保补贴等好处，从而有利于改善企业经营状况，提升企业价值。然而，作为一种专项财政补助，环保补贴是政府干预经济运行的一种重要政策工具。企业受到政府环保补贴后，须迎合政府环境政策的意图进行环境治理投资。显然，企业迎合政府意图的环境治理投资，在一定程度上"挤出"了当期的生产性投资，从而对企业当期生产经营绩效产生负面影响。

另外，在政府环保补贴扶持的激励下，重污染企业更有可能加大绿色技术创新投入，主要是因为：企业是否进行绿色技术创新取决于其能否达到创新的门槛条件，特别是要有持续的现金流做支撑，而政府的环保补贴，有助于重污染企业跨越绿色技术创新的门槛，减少其绿色技术创新投资面临的不确定性及其不可逆性造成的损失，从而有助于其做出绿色技术创新决策（Hamamoto，2006），而企业通过绿色技术创新链条，生产绿色差异化产品，以此创造新的市场需求，增强绿色竞争力（李青原和肖泽华，2020）。这有利于企业保持已有市场甚至拓展新市场。由此推知，政府环保补贴在缓解企业创新资源约束的前提下，能够激发企业加大绿色技术创新投入。然而绿色技术创新对企业经济绩效的促进效应往往不是立竿见影的，短期内通常难以见到成效。但从长期来看，绿色技术创新会培养企业独特的绿色竞争优势（Barney，1991），因而有利于提升企业的长期经济绩效。基于以上分析，提出如下假设：

H5-1：政府环保补贴与企业短期经济绩效负相关。

H5-2：政府环保补贴与企业长期经济绩效正相关。

5.2.2 环保补贴影响企业经济绩效的作用机制分析

作为政府扶持企业的一种专项补助，环保补贴资金的使用应当符合《关于加强环境保护补助资金管理的若干规定》，依据此规定，环保补贴应当用于"环境综合治理、重点污染源治理"方面，专款专用，不得挪作他用。显然，政府环保补贴扶持的直接对象是企业环境治理投资（李青原和肖泽华，2020），而非专门用于生产性投资。

环保补贴是政府出于环境保护的目的，为激励企业开展节能减排，积极参与绿色环境治理而对企业进行的资金扶持（张琦等，2019），是政府干预经济运行的一种重要政策工具。企业得到政府环保补贴后，须迎合政府环境政策的意图进行环境治理投资。显然，企业迎合政府意图的环境治理投资，在一定程度上"挤出"了当期的生产性投资，从而对企业当期生产经营绩效产生负面影响。因此，享受政府环保补贴的企业，为了迎合政府意图而进行消极的环保投资，虽然降低了污染排放，但却抑制了其短期生产经营绩效（Boyd & Mccell，1999）。基于以上分析，提出如下假设：

H5-3：环保补贴会通过企业环保投资而降低企业短期经济绩效。

环保补贴是政府出于环境保护的目的，以激励企业进行环境治理投资而给予财政补助的一种政策制度，从而促使企业积极改进产品及加工工艺，开展节能减排，提高资源利用效率，进而实现降低环境污染的政策意图（Xie et al.，2016；张琦等，2019）。随着环保法规的愈加完善以及环保意识的不断提高，企业面临的环境压力亦会增大（Hu et al.，2017）。在这样的情况下，企业就需要采取措施来缓解环境压力，而实施绿色技术创新便是一种重要措施。然而企业开展绿色技术创新需要引进专用绿色环保设备以及绿色技术创新人才，这都需要大量资金的长期投入，从而给企业造成资金不足的压力。更重要的是，生态环境具有公共产品特性，私人企业通过绿色技术创新参与环境治理的动机不强（Grossman & Helpman，2018）。因此，政府实施环保补贴激励，能够帮助企业缓解技术创新中资金不足的压力，减少了创新活动的高风险性和不确定性（Stiglitz，2015），降低了企业绿色技术创新的成本，从而能够提升企业绿色技术创新的积极性。

同时，在环境规制日趋严格、消费者环保呼声日渐高涨的趋势下，政府实施环保补贴激励政策，会促使企业进行积极的绿色技术创新投资，而企业将绿色创新技术、绿色智能装备等用于生产过程，不仅能够克服企业环境污染痼疾，提升其资源生产效率（Liao，2018），更能开发出比竞争对手更具吸引力的绿色差异化产品，以此创造新的市场需求，增强企业可持续的绿色竞争优势，树立绿色良好形象（Hojnik & Ruzzier，2016），从而能够为企业创造长期、可持续的绿色价值（Chen et al.，2006），进而能够提升企业的长期经济绩效。基于以上分析，提出如下假设：

H5-4：环保补贴会通过企业绿色技术创新投资提升企业长期经济绩效。

5.3 研究设计

5.3.1 数据来源与样本选择

本书的研究对象和第 4 章一致，以环保部 2008 年 6 月颁布的《上市公司环保 核查行业分类管理名录》划定的 16 类重污染行业为研究对象①。同样为了明确本书与前文研究时间的一致性，本部分的样本区间同样为 2010~2017 年，即本章同第 4 章以 2010~2017 年我国 A 股市场中 16 类重污染行业的上市公司为研究样本。

本书的被解释变量企业经济绩效等变量数据来源于 CSMAR 数据库。

解释变量环保补贴数据来自 CSMAR 数据库和巨潮资讯网。其查找方法是在公司财务报表附注中政府补贴金额中，通过检索"节能""减排""污染治理""环保""绿色""清洁"等关键词，进行手工筛选、整理出与环保有关的补贴项目及金额。

中介变量企业绿色技术创新的数据来自 CSMAR 数据库的企业研发投入项目的金额，并通过检索"环保""绿色""节能减排""清洁""污染治理""垃圾""废水""废气""三废""循环利用"等关键词，手工筛选、整理以确定具体的含绿色性质的有关研发投入作为企业绿色技术创新变量；环保投资的数据来源于企业年度报告中的在建工程，通过手工整理出与环境资本支出相关的项目，称之为资本化的环保投资，主要包括废水、废气治理、脱硫

---

① 16 类重污染行业具体为：钢铁、冶金、煤炭、水泥、火电、采矿业、化工、石化、纺织、制革、建材、造纸、发酵、酿造、制药以及电解铝。

脱硝治理、固废、噪声和垃圾治理、节能节水改造支出、环保工程支出等。

本书的控制变量等其他财务数据来自 CSMAR 数据库。按以上 16 类重污染行业筛选的 A 股上市公司，剔除 ST、*ST 公司，并剔除财务数据异常的公司，为消除异常值的影响，对主要连续变量进行 1%的双侧 Winsorize 处理，最后得到 532 家重污染上市公司样本，共计样本量为 3583 个观测值。需要说明的是，由于第 4 章手工查找的排污费数据缺失，造成第 4 章样本量只有 257 家重污染上市公司 1674 个观测值，从而第 4 章与本章样本量不一致。

5.3.2 变量选取及定义

（1）被解释变量。因变量为企业经济绩效（CP）。分别从企业短期经济绩效和长期经济绩效来反映。公司绩效度量目前有会计绩效指标和市场绩效指标，会计指标如营业利润、总资产报酬率（ROA）等通常反映公司客观的历史绩效，而市场指标如企业价值（Tobin's Q）一般反映公司的未来绩效趋势。薛有志和周杰（2007）指出，会计绩效反映企业短期经营状况，而公司市场价值一定程度上代表公司长期绩效。因此，本书的企业短期经济绩效指标借鉴郭剑花和杜兴强（2011）的方法，用营业利润与总资产之比反映会计绩效指标来衡量企业短期经济绩效；同时，参考王雪莉等（2013）、孙海法等（2006）的衡量方法，用反映市场绩效的指标企业价值表征长期经济绩效，其计算公式为：企业价值（Tobin's Q）＝（股权市值+债权账面价值）/总资产的账面价值。此外，本章的稳健性检验中，短期经济绩效以总资产报酬率（ROA）来度量；长期经济绩效以企业价值的另一种度量方法来估算，即用国泰安托宾 Q 值 D 表征长期经济绩效（Tobinq_ D），具体估算公式为：企业价值（Tobinq_ D）＝市值 B/（资产总值–无形资产净值–商誉净值）。

（2）解释变量。解释变量为环保补贴（Subsid）。本章的环保补贴和第 4 章的环保补贴定义一致，即环保补贴是政府出于环境保护的目的，为激励企业开展节能减排，积极参与绿色环境治理而对企业进行的资金扶持，以帮助企业进行环保设备更新、环保工艺改进以及环保技术改造等政府行为。环保补贴数据来自公司财务报表附注中的政府补贴金额，并通过检索"节能""减排""污染治理""环保""绿色""清洁"等关键词，手工筛选、整理，得以确定具体的环保补贴项目及金额。

借鉴邵敏和包群（2012）、毛其淋和许家云（2016）、余明桂等（2010）的关于政府补贴的度量方法，政府环保补贴（Subsid）用企业当年所收到的环保补贴之和与营业收入之比衡量。同时，在稳健性检验中，借鉴黎文靖和郑曼妮（2016）衡量政府补贴的方法，用当年环保补贴之和与总资产之比衡量。

（3）中介变量。绿色技术创新（Innov）。Innov 用企业绿色研发支出与营业收入之比衡量。

环保投资（Envir_ inv）。借鉴胡珺等（2017）的度量方法，用资本化的环境资本支出与总资产之比衡量。环境资本支出来源于企业年度报告中的在建工程，通过手工整理出与环境资本支出相关的项目，又称之为资本化的环保投资。

（4）控制变量。公司规模（Size），用总资产取对数衡量。不同规模的公司，资源禀赋存在较大差异，对企业财务绩效的影响存在差异；财务杠杆（Lev），用资产负债率表征。由于资产负债率一定程度上可以衡量公司的风险状况，因此，对经营风险有一定的影响，从而影响企业的绩效；企业成长性（Grow），用营业收入增长率衡量。由于企业成长能力较好的企业对企业技术创新有一定的促进作用（Jaisinghani，2016；汤二子，2012），其竞争力较强；企业经营能力（Oper），用总资产周转率表征。企业的经营能力可能影响企业财务绩效和市场绩效，参考申慧慧和吴联生（2012）的做法，以总资产周转率衡量企业经营能力；企业年龄（Age），用企业上市年限取对数反映。公司成立年限不同，其创新能力和市场占有率不一样（周亚虹，2007；

张玉明，2016），市场占有率及经营绩效也存在差异；资本密集度（Capital），以固定资产净值与企业总资产之比度量。由于不同资本密集度企业，其环保投资决策、技术创新和生产规模方面存在较大差异，因而借鉴 Ortgiese（2016）、欧阳峣（2012）等的研究，将资本密集度纳入控制变量；经营现金流（Cf），以经营现金净流量与总资产之比衡量。企业的现金流直接影响企业的日常经营活动，从而影响企业的经营绩效；股权集中度（Share）和独董比例（Outdir）是公司治理变量。股权集中度和独董比例都会对企业高管决策产生影响（Mikkelson & Partch，1997），进而对公司的经济利益产生影响，所以，将股权集中度和独董比例纳入控制变量；股权集中度用前五大股东持股比例衡量，独董比例用独立董事占总董事会总人数的比例衡量。具体变量定义见表5-1。

表 5-1　变量名称及定义

变量类型	变量名称	变量符号	变量定义环境绩效
被解释变量	短期经济绩效	Perf	用会计绩效指标营业利润与期末总资产之比表示，其公式为：营业利润/总资产
	长期经济绩效	Tobin's Q	企业价值（Tobin's Q）表征长期经济绩效，其公式为：（股权市值+债权账面价值）/总资产的账面价值
解释变量	环保补贴	subsid	环保补贴与营业收入之比
中介变量	绿色技术创新	Innov	企业绿色研发支出与营业收入之比衡量
	环保投资	Envir_ inv	资本化的环境支出与总资产之比
控制变量	公司规模	Size	取年末总资产的自然对数
	资产负债率	Lev	用期末的总负债与总资产表示
	成长性	Grow	t-1 期与 t 期营业收入增长率
	经营能力	Oper	企业总资产周转率
	企业年龄	Age	企业上市年限取对数
	资本密集度	Capital	固定资产净值/企业总资产

变量类型	变量名称	变量符号	变量定义环境绩效
控制变量	经营现金流	Cf	以经营现金净流量与总资产之比衡量
	股权集中度	Share	前五大股东持股比例
	独董比例	Outdir	独立董事占总董事会总人数的比例
	年度	u	年度虚拟变量
	行业	v	行业虚拟变量

5.3.3 实证模型设定

（1）环保补贴对企业经济绩效关系的检验。为检验环保补贴对企业经济绩效的影响，以验证假设 H5-1、H5-2 是否成立，本章参照柳光强（2016）的研究，构建了回归模型（5.1），并控制了行业和年度效应，并使用稳健标准误克服异方差和序列相关问题。模型构建如下：

$$CP_{it} = a_0 + a_1 Subsid_{it} + \beta X_{it} + u_k + v_j + e_{it} \tag{5.1}$$

模型（5.1）中，CP 为被解释变量，表示企业经济绩效，分别用短期经济绩效（Perf）和长期经济绩效（Tobin's Q）反映；X_{it} 为系列控制变量，u_k 与 v_j 分别为年度和行业哑变量，具体控制变量见表 5-1，i 代表企业个体，t 代表年份。

Subsid 为解释变量，表示环保补贴，以环保补贴与营业收入之比来度量。

实证回归使用解释变量的当期数据进行检验，考虑到环保补贴与企业经济绩效可能存在反向因果问题，本书同时增加了解释变量的滞后一期数据进行估计。

（2）环保补贴影响企业经济绩效的中介效应检验。本章利用 Baron & Kenny（1986）中介效应检验原理进行中介机制检验，以验证假设 H5-3、假设 H5-4 是否成立，中介机制检验模型为：

$$CP_{it} = a_0 + a_1 Subsid_{it} + \beta X_{it} + u_k + v_j + e_{it} \tag{5.2}$$

$$\mathrm{Innov_{it}/Envir\_\ inv_{it}} = a_0 + a_1\mathrm{Subsid_{it}} + \beta X_{it} + u_k + v_j + e_{it} \tag{5.3}$$

$$\mathrm{CP_{it}} = a_0 + a_1\mathrm{Subsid_{it}} + a_2\mathrm{Innov_{it}/Envir\_\ inv_{it}} + \beta X_{it} + u_k + v_j + e_{it} \tag{5.4}$$

中介效应检验原理：第一步，检验模型（5.2）中自变量对因变量的回归系数 a_1 是否显著；若显著，则进行第二步，检验模型（5.3）中自变量对中介变量的回归系数 a_1 是否显著；若模型（5.3）的回归系数 a_1 显著，则进行第三步，检验模型（5.4）中中介变量对因变量的回归系数 a_2 是否显著，及自变量对因变量系数 a_1 是否显著，若第三步 a_2 显著，a_1 不显著，则完全中介效应成立；若在满足第二步自变量系数 a_1 显著条件下，且模型（5.4）中自变量系数 a_1 显著，然而 a_1 绝对值显著小于模型（5.2）中的系数 a_1 绝对值，那么部分中介效应成立。但若第二步自变量系数 a_1 不显著，还要进行 Sobel 检验，若 Sobel 检验在统计上显著，则上述中介效应依然成立，若 a_1 不显著，Sobel 检验也不显著，则中介效应不成立。

5.4 实证结果与分析

5.4.1 描述性统计

表 5-2 为主要变量的统计结果，描述了重污染企业长期经济绩效、短期经济绩效、环保补贴和其他变量的统计特征。企业价值（Tobin's Q）均值为 2.048，中位数为 1.613，最小值为 0.941，最大值为 7.229，说明样本内企业价值创造力较强，但 50% 以上的企业价值未达到均值，且个体价值创造力具有较强的异质性。企业短期绩效（Perf）均值是 0.043，中位数为 0.038，最小值与最大值分别为 -0.202 和 0.360，表明样本内大部分企业短期经济绩效

没有达到均值，重污染企业短期经济绩效普遍不高，且个体差异也较大。环保补贴（Subsid）均值为 0.017，说明近年来政府给予重污染企业的环境治理扶持力度较大；环保补贴的最小值和最大值分别为 0.000 和 0.216，说明政府给重污染企业环保补贴的个体差异较大。关于企业特征方面的变量：资产规模、成长性、经营能力、资产负债率、经营现金流、资本密集度以及企业上市年限等变量指标也均在合理范围之内，但资产规模（Size）均值为 22.529，中位数为 22.411，表明相对一般制造企业来说，样本内的重污染企业资产规模普遍较大。公司治理方面的变量：股权集中度（Share）均值为 0.547，中位数为 0.589，最小值为 0.191，最大值为 0.920，说明样本内的重污染企业股权较集中，样本内企业股权集中度差异也较大；独董比例（Outdir）均值为 0.378，中位数为 0.349，说明样本内大部分企业独立董事比例未达到均值水平。

表5-2 主要变量描述性统计

变量	样本量	均值	中位数	标准差	最小值	最大值
Tobin's Q	3583	2.048	1.613	1.274	0.941	7.229
Perf	3583	0.043	0.038	0.072	−0.202	0.360
Subsid	3583	0.017	0.011	0.035	0.000	0.216
Innov	3583	0.018	0.015	0.042	0.000	0.607
Envir_inv	3583	0.028	0.013	0.079	0.000	0.151
Size	3583	22.529	22.411	1.194	19.863	26.365
Lev	3583	0.393	0.382	0.218	0.012	0.978
Grow	3583	0.167	0.107	0.385	−0.488	2.591
Cf	3583	0.056	0.047	0.078	−2.442	1.199
Age	3583	2.922	2.944	0.235	0.694	3.465
Capital	3583	0.383	0.374	0.161	0.300	0.808
Oper	3583	0.742	0.659	0.617	0.022	7.946
Share	3583	0.547	0.589	0.141	0.191	0.920
Outdir	3583	0.378	0.349	0.056	0.287	0.594

5.4.2 相关性分析

为检验环保补贴对企业环境绩效的影响，对主要变量进行 Pearson 相关性检验，检验结果如表 5-3 所示。从表 5-3 中可以看出，政府环保补贴（Subsid）与企业长期经济绩效（Tobin's Q）的相关系数显著为正，环保补贴与短期经济绩效（Perf）相关系数显著为负，这初步说明环保补贴对企业长期经济绩效产生正面影响，对企业短期经济绩效产生负面影响，但两者之间的确切关系需要实证回归结果进行检验；绿色技术创新（Innov）、环保投资（Envir_ inv）与长期经济绩效（Tobin's Q）的相关系数均显著为正，但与短期经济绩效相关系数均显著为负，初步说明绿色技术创新水平高及环保投资多的企业，长期经济绩效表现较好，但对企业短期经济绩效有负面影响；另外，资产负债率及资本密集度均与短期经济绩效（Perf）显著负相关，说明样本内重污染企业过高的负债率及较高的资本密集度均不利于企业短期经济绩效的提高；资产规模（Size）、企业成长性（Grow）、经营能力（Oper）及上市年限（Age）均与短期经济绩效（Perf）显著正相关，说明重污染企业较大的资产规模、较好的成长性、较好的经营能力以及较长的上市年限，均能对短期经济绩效产生积极作用；资产规模（Size）、公司成长性（Grow）均与企业价值（Tobin's Q）显著正相关，说明资产规模对企业长期经济绩效也有显著的正面影响，企业成长性越高，其长期经济绩效也越好；公司治理变量股权集中度（Share）和独董比例（Outdir）分别与企业价值（Tobin's Q）显著正相关，说明股权集中有利于企业长期经济绩效，独董比例较高也有助于重污染企业长期经济绩效的增长。通过表 5-3 发现，自变量和控制变量及控制变量之间的相关系数均小于 0.5，说明自变量与控制变量及控制变量之间不存在严重多重共线性问题。

表 5-3 主要变量相关性分析

变量	Tobin's Q	Perf	Subsid	Innov	Envir_inv	Size	Grow	Lev	Cf	Capital	Oper	Age	Share	Outdir
Tobin's Q	1													
Perf	0.085**	1												
Subsid	0.092***	-0.082**	1											
Innov	0.146***	-0.084**	0.089***	1										
Envir_inv	0.081**	-0.102***	0.253***	0.374***	1									
Size	0.187***	0.083**	-0.019	-0.202***	0.115***	1								
Grow	0.106***	0.074**	-0.003	-0.002	-0.052*	0.082**	1							
Lev	-0.222***	-0.071**	0.059***	-0.094***	-0.019	0.422***	0.033	1						
Cf	0.031	0.113***	-0.016	-0.046**	0.123***	0.082**	0.009	-0.121***	1					
Capital	-0.261***	-0.159***	0.020	-0.062**	0.018	0.250***	0.013	0.196***	0.148***	1				
Oper	0.074**	0.137***	-0.086**	-0.095***	0.099***	-0.043	0.016	0.046*	0.093***	0.012	1			
Age	0.068**	0.045*	-0.011	0.013	0.004	-0.158***	-0.013	0.185***	0.002	0.194***	0.016	1		
Share	0.080**	0.024	0.018	-0.017	-0.022	0.198***	0.078**	-0.102***	0.118***	0.022	0.056*	-0.071**	1	
Outdir	0.102***	0.012	0.021	0.043*	0.083**	-0.070**	0.146***	-0.066**	-0.015	-0.057*	0.003	0.007	0.097***	1

注：***、**和*分别表示1%、5%和10%的显著性水平。

5.4.3 基本回归分析

表5-4报告了环保补贴对企业经济绩效影响的回归结果。其中经济绩效分短期经济绩效和长期经济绩效。为保证研究结果的有效性，本章同第4章检验方法一致，模型分别进行了解释变量的当期及滞后一期回归。因考虑异方差、残差序列相关问题，模型回归时亦进行了 Robust 与 Cluster 处理。其中，列（1）~列（2）是模型（5.1）中被解释变量为企业短期经济绩效的回归结果；列（3）~列（4）是模型（5.1）中被解释变量为长期经济绩效的回归结果；列（1）和列（3）是解释变量当期数据的回归结果，列（2）和列（4）是解释变量滞后一期的回归结果。

由表5-4易知，列（1）和列（2）的环保补贴（Subsid）系数分别为−0.133和−0.128，均在5%水平下显著为负，也就是说，无论当期数据还是滞后一期数据的回归结果，环保补贴均与营业利润（Perf）所衡量的短期经济绩效显著负相关，这表明环保补贴对短期经济绩效具有显著的抑制作用。导致环保补贴与企业短期经济绩效之间负相关的原因可能是：政府环保补贴扶持的直接对象是企业环境治理投资（李青原和肖泽华，2020），而非专门用于生产性投资，并且企业受到政府环保补贴后，须迎合政府环境政策的意图进行环境治理投资，而企业迎合政府意图的环境治理投资，在一定程度上"挤出"了短期的生产性投资，从而对企业短期生产经营绩效产生负面影响。因此，上述实证结果与假设 H5-1 的预期相一致。

列（3）的环保补贴（Subsid）系数为0.213，且在1%水平下显著为正；列（4）的环保补贴（Subsid）系数为0.225，也在1%水平下显著为正。这一结果表明，解释变量当期数据和滞后一期数据均验证了环保补贴与企业价值所衡量的长期经济绩效显著正相关，这表明环保补贴提升了重污染企业的长期经济绩效。环保补贴与企业长期经济绩效之间正相关的原因可能是：在环境规制日趋严格、消费者环保呼声日渐高涨的趋势下，政府实施环保补贴激励政策，会促使企业进行积极的绿色技术创新投资，而企业将绿色创新技术、绿色智能装备等运用于生产过程，不仅能够克服企业的环境污染痼疾，提升其资源生产效率，更能开发出比竞争对手更具吸引力的绿色差异化产品，以此创造新的市场需求，增强企业可持续的绿色竞争优势，树立绿色良好形象，从而能够为企业创造长期、可持续的绿色价值。因此，上述实证结果与假设 H5-2 的预期相一致。总之，无论是解释变量当期数据，还是解释变量滞后一期数据，均表明环保补贴对企业短期经济绩效（Perf）具有显著的抑制作用，然而，环保补贴对企业长期经济绩效（Tobin's Q）具有显著的促进作用。因此，表 5-4 的估计结果支持了假设 H5-1 和假设 H5-2。

另外，表 5-4 中相关控制变量的结果为：以短期经济绩效（Perf）为被解释变量时，列（1）及列（2）的资产规模（Size）在 5% 水平下显著为正，企业成长性（Grow）系数在 1% 水平下显著为正，说明重污染企业资产规模和企业成长性有助于提高重污染企业短期经济绩效。列（1）及列（2）的资产负债率（Lev）、资本密集度（Capital）、股权集中度（Share）的系数均显著为负，说明较重的债务比例抑制了重污染企业短期经济绩效，固定资本较密集的重污染企业也不利于提高短期经济绩效，股权太过集中也降低了企业短期经济绩效。以长期经济绩效（Tobin's Q）为被解释变量时，列（3）和列（4）中，成长性（Grow）的系数均在 5% 水平下显著为正，说明成长性较好的重污染企业也有助于提升其长期经济绩效；资产规模（Size）的系数均在 1% 水平下显著为正，说明企业资产规模的增长能够为企业带来规模经济，从而有助于提升其长期经济绩效；资产负债率（Lev）系数均在 5% 水平下显著为负，表明重污染企业的财务杠杆越大，越不利于其长期经济绩效增长；公司治理变量的股权集中度（Share）系数在 5% 水平下显著为正，反映了一定的股权集中有助于提高重污染企业的长期经济绩效。

表5-4 环保补贴与企业经济绩效关系的检验

变量	短期经济绩效（Perf）		长期经济绩效（Tobin's Q）	
	（1）当期	（2）滞后一期	（3）当期	（4）滞后一期
Subsid	-0.133**	-0.128**	0.213***	0.225***
	(-2.45)	(-2.32)	(6.35)	(6.67)
Size	0.013**	0.011**	0.441***	0.392***
	(2.31)	(2.19)	(4.64)	(2.81)
Grow	0.033***	0.029***	0.022***	0.020***
	(2.69)	(2.74)	(3.12)	(3.07)
Lev	-0.058***	-0.044***	-0.402**	-0.415**
	(-6.43)	(-5.11)	(-2.43)	(-2.49)
Cf	-0.028*	-0.016	0.984***	0.991***
	(-1.90)	(-1.61)	(3.85)	(3.92)
Age	0.037***	0.048***	0.019***	0.022***
	(2.72)	(2.93)	(4.08)	(4.17)
Capital	-0.021***	-0.019***	-0.919***	-0.907***
	(-3.28)	(-3.21)	(-5.22)	(-5.14)
Oper	0.010***	0.011***	0.089	0.104
	(3.78)	(3.86)	(0.96)	(1.13)
Share	-0.001**	-0.002**	0.005**	0.005**
	(-2.02)	(-2.33)	(2.37)	(2.39)
Outdir	0.014	0.016	0.518	0.499
	(0.86)	(0.79)	(1.17)	(1.22)
常数项	-0.073***	-0.085***	8.556***	8.618***
	(-3.19)	(-3.44)	(12.15)	(12.49)
行业/年度	控制	控制	控制	控制
样本量	3583	2887	3583	2887
调整后的 R^2	0.254	0.242	0.336	0.331

注：***、**和*分别表示1%、5%和10%的显著性水平，（ ）内为t值，下同。

5.4.4 中介机制检验

前文已验证环保补贴对重污染企业短期经济绩效（Perf）具有显著的抑

制作用，但环保补贴显著地促进了重污染企业长期经济绩效（Tobin's Q）。那么环保补贴是通过何种路径抑制企业短期经济绩效的呢？又是通过何种路径促进企业长期经济绩效的呢？为进一步验证环保补贴是否会通过增加企业环保投资而抑制企业短期经济绩效，以及环保补贴是否会通过促进企业绿色技术创新而提升企业长期经济绩效。本章参考 Baron & Kenny（1986）的中介效应检验法，以验证环境治理投资在环保补贴与企业短期经济绩效之间所发挥的中介效应，以及绿色技术创新在环保补贴与企业长期经济绩效之间所发挥的中介效应。

（1）环保补贴影响企业短期经济绩效的中介机制检验。表5-5 报告了假设 H5-3 的检验结果。为了使结果更加稳健，本检验同时报告了解释变量当期和滞后一期的回归结果。列（1）~列（3）为解释变量当期数据检验结果，列（4）~列（6）为解释变量滞后一期检验结果；列（1）和列（4）中，被解释变量为企业短期经济绩效模型（5.1）的结果，列（2）和列（5）中，被解释变量为环保投资模型（5.2）的结果，列（3）和列（6）中，被解释变量为企业短期经济绩效模型（5.3）的结果，其中列（1）和列（4）分别同表5-4 中的列（1）和列（2）一致。中介机制检验顺序为，首先检验模型（5.1）的解释变量环保补贴对企业短期经济绩效的影响。其次检验模型（5.2）的解释变量环保补贴对中介变量环保投资的影响。最后检验模型（5.3）的中介变量环保投资对企业短期经济绩效的影响；并比较模型（5.1）与模型（5.3）中解释变量环保补贴系数绝对值的大小。

从表5-5 的回归结果来看，解释变量当期数据的列（1）~列（3）显示：列（1）的环保补贴（Subsid）系数在5%水平下显著为负，说明环保补贴抑制了企业短期经济绩效；列（2）的环保补贴（Subsid）系数在1%水平下显著为正，说明环保补贴促进了企业环保投资；列（3）的环保投资（Envir_inv）系数在5%水平下显著为负，说明环保投资抑制了企业短期经济绩效；列（3）的环保补贴（Subsid）系数在5%水平下显著为负，且该环保补贴系数绝对值（0.117）小于列（1）的环保补贴系数绝对值（0.133），说明企业环保投资在政府环保补贴与企业短期经济绩效关系中起显著的中介作用；上述当期数据的中介效应检验支持了假设 H5-3。列（4）～列（6）是解释变量滞后一期的结果，从该结果来看，与上述当期数据的回归结果相一致，从而滞后期数据的中介效应检验再次支持了前文假设 H5-3。总之，无论是解释变量的当期数据还是滞后一期数据，均表明企业环保投资在环保补贴抑制企业短期经济绩效过程中发挥了显著的中介作用。因此，表 5-5 的估计结果支持了假设 H5-3。

表 5-5　环保补贴影响企业短期经济绩效的中介机制：环保投资中介

变量	当期			滞后一期		
	（1）Perf	（2）Envir_inv	（3）Perf	（4）Perf	（5）Envir_inv	（6）Perf
Subsid	-0.133**（-2.45）	0.098***（3.16）	-0.117**（-2.16）	-0.128**（-2.32）	0.121***（3.08）	-0.104**（-2.08）
Envir_inv			-0.042**（-2.39）			-0.038**（-2.32）
Size	0.013**（2.31）	0.433***（8.75）	0.012**（2.31）	0.011**（2.19）	0.451***（8.63）	0.011**（2.17）
Grow	0.033***（2.69）	-0.005*（-1.86）	0.035***（2.68）	0.029***（2.74）	-0.004*（-1.78）	0.028***（2.79）
Lev	-0.058***（-6.43）	-0.228（-0.96）	-0.056***（-6.39）	-0.044***（-5.11）	-0.232（-1.01）	-0.047***（-5.17）
Cf	-0.028*（-1.90）	0.064**（2.05）	-0.027*（-1.88）	-0.016（-1.61）	0.059**（2.01）	-0.019*（-1.72）
Age	0.037***（2.72）	0.008（0.82）	0.034***（2.66）	0.048***（2.93）	0.008（0.95）	0.051***（2.99）
Capital	-0.021***（-3.28）	0.802（0.49）	-0.023***（-3.29）	-0.019***（-3.21）	0.799（0.83）	-0.021***（-3.28）

续表

变量	当期			滞后一期		
	（1） Perf	（2） Envir_ inv	（3） Perf	（4） Perf	（5） Envir_ inv	（6） Perf
Oper	0.010 *** （3.78）	0.135 ** （1.99）	0.009 *** （3.72）	0.011 *** （3.86）	0.139 ** （2.07）	0.011 *** （3.84）
Share	−0.001 ** （−2.02）	0.002 （0.54）	−0.001 ** （−2.03）	−0.002 ** （−2.33）	0.002 （0.49）	−0.003 ** （−2.37）
Outdir	0.014 （0.86）	−0.488 ** （−2.46）	0.016 （1.02）	0.016 （0.79）	−0.462 ** （−2.49）	0.017 （0.91）
常数项	−0.073 *** （−3.19）	−5.418 * （−1.88）	−0.076 *** （−3.21）	−0.083 *** （−3.43）	−5.383 * （−1.91）	−0.085 *** （−3.44）
行业/年度	控制	控制	控制	控制	控制	控制
样本量	3583	3583	3583	2887	2887	2887
调整后的 R^2	0.254	0.266	0.251	0.242	0.269	0.245

注：***、**和*分别表示1%、5%和10%的显著性水平。

（2）环保补贴影响企业长期经济绩效的中介机制检验。表5-6呈现了假设 H5-4 的检验结果。同上文一致，本检验同时报告了解释变量当期和滞后一期的结果，以考虑环保补贴与企业长期经济绩效可能存在的反向因果问题，从而使结果更加稳健。列（1）～列（3）为解释变量当期数据的检验结果，列（4）～列（6）为解释变量滞后一期数据的检验结果；列（1）和列（4）的被解释变量为企业长期经济绩效（Tobin's Q），是模型（5.1）的检验结果，分别与表5-4的列（3）及列（4）结果相一致；列（2）与列（5）是模型（5.2）的结果，被解释变量均为绿色技术创新（Innov）；列（3）和列（6）的被解释变量为企业长期经济绩效（Tobin's Q），是模型（5.3）的检验结果。

1）检验环保补贴对企业绿色技术创新的影响。列（2）为当期数据的回归分析，结果显示，环保补贴（Subsid）系数在1%水平下显著为正；

列（5）为滞后期的回归分析，结果显示，环保补贴（Subsid）系数亦在1%水平下显著为正。以上两列回归结果均说明环保补贴促进了重污染企业的绿色技术创新。

2）检验企业绿色技术创新（Innov）对其长期经济绩效的影响。列（3）的当期数据以及列（6）的滞后期数据显示，绿色技术创新（Innov）系数均在5%水平下显著为正，这说明无论解释变量是当期还是滞后期，回归结果都表明，企业绿色技术创新显著提升了其长期经济绩效。

3）检验环保补贴（Subsid）对企业长期经济绩效影响系数的变化。当期数据的回归结果显示，列（1）和列（3）的环保补贴（Subsid）系数均在1%水平下显著为正，且列（3）的环保补贴系数（0.197）小于列（1）环保补贴系数（0.213）。当期数据的回归结果表明，环保补贴对企业长期经济绩效具有显著的促进作用，且模型加入中介变量后，环保补贴（Subsid）系数的显著性下降了。同理，滞后一期列（4）和列（6）的环保补贴（Subsid）系数均在1%水平下显著为正，且列（6）的环保补贴系数（0.207）小于列（4）的环保补贴系数（0.225）。显然，滞后一期数据的回归结果也表明，环保补贴对企业长期经济绩效具有显著的促进作用，且模型加入中介变量后，环保补贴（Subsid）系数的显著性下降了。综合上述结果可知，当期数据和滞后期数据均验证了环保补贴促进企业长期经济绩效过程中，绿色技术创新发挥了显著的中介效应，假设H5-4得以验证。

表5-6 环保补贴影响企业长期经济绩效的中介机制：绿色技术创新中介

变量	当期			滞后一期		
	（1） Tobin's Q	（2） Innov	（3） Tobin's Q	（4） Tobin's Q	（5） Innov	（6） Tobin's Q
Subsid	0.213 *** (6.35)	0.014 *** (2.87)	0.197 *** (6.18)	0.225 *** (6.67)	0.019 *** (3.11)	0.207 *** (6.39)

续表

变量	当期			滞后一期		
	（1） Tobin's Q	（2） Innov	（3） Tobin's Q	（4） Tobin's Q	（5） Innov	（6） Tobin's Q
Innov			0.016** (2.37)			0.021** (2.49)
Size	-0.441*** (-4.64)	0.045** (2.26)	-0.432*** (-4.53)	-0.392*** (-2.81)	0.051** (2.37)	-0.401*** (-2.97)
Grow	0.022*** (3.12)	-0.003 (-0.27)	0.023*** (3.14)	0.020*** (3.07)	-0.003 (-0.31)	0.016*** (2.88)
Lev	-0.402** (-2.43)	-0.014** (-2.09)	-0.397** (-2.36)	-0.415** (-2.49)	-0.016** (-2.14)	-0.413** (-2.44)
Cf	0.984*** (3.85)	-0.028* (-1.73)	0.976*** (3.77)	0.991*** (3.92)	-0.032* (-1.74)	0.898*** (3.91)
Age	0.019*** (4.08)	0.007 (1.12)	0.017*** (4.02)	0.022*** (4.17)	0.008 (1.35)	0.024*** (4.22)
Capital	-0.919*** (-5.22)	0.002 (0.49)	-0.913*** (-5.09)	-0.907*** (-5.14)	0.001 (0.25)	-0.905*** (-5.10)
Oper	0.089 (0.96)	0.244 (0.98)	0.121 (1.37)	0.104 (1.13)	0.237 (0.87)	0.139 (1.06)
Share	0.005** (2.37)	-0.064 (-1.59)	0.006** (2.41)	0.005** (2.39)	-0.058 (-1.54)	0.005** (2.37)
Outdir	0.518 (1.17)	0.213 (0.89)	0.513 (1.08)	0.499 (1.22)	0.236 (1.17)	0.497 (1.19)
常数项	8.556*** (12.15)	0.009** (2.43)	8.473*** (11.86)	8.618*** (12.49)	0.011** (2.49)	8.566*** (11.45)
行业/年度	控制	控制	控制	控制	控制	控制
样本量	3583	3583	3583	2887	2887	2887
调整后的 R^2	0.336	0.124	0.334	0.331	0.119	0.341

注：***、**和*分别表示1%、5%和10%的显著性水平。

5.5 稳健性检验

（1）内生性检验。

表5-4检验了环保补贴对企业短期经济绩效和长期经济绩效的影响，因考虑反向因果的内生性问题，检验时利用OLS模型进行了解释变量当期及滞后一期数据回归检验，结果表明，无论是当期数据还是滞后一期检验，都验证了环保补贴与重污染企业短期经济绩效（Perf）显著负相关，环保补贴与重污染企业长期经济绩效存在显著的正相关关系，揭示了政府环保补贴对重污染企业短期经济绩效具有显著的抑制作用，对重污染企业长期经济绩效具有显著的促进作用。然而，为保证研究结果更加稳健，还需要通过多方面的稳健性测试来进一步验证。本章稳健性检验同第4章一致，内生性检验亦使用了工具变量、公司固定效应模型（FE）、系统广义矩（GMM）以及倾向得分匹配（PSM）等方法。除此之外，为使结果更为稳健，还进行了替换解释变量与被解释变量的检验。

第一，工具变量法。本书环保补贴与企业经济绩效的研究可能存在遗漏变量或互为因果等产生的内生性问题，而解决此类内生性问题最合理的方法就是寻找有效的工具变量。参考刘春和孙亮（2010）的做法，本章以解释变量滞后二期作为一个工具变量，并用Sub_lag2表示。环保补贴滞后二期做工具变量存在一定的合理性，当期环保补贴与滞后二期环保补贴高度相关，但滞后二期环保补贴与企业当期经济绩效存在一定的外生性。借鉴Fisman & Svensson（2007）的工具变量构造方法，采用环保补贴的行业年度均值（Subave）作为另一个工具变量，之所以选择环保补贴的行业年度均值作为工具变量，是因为对于行业相同的企业而言，其面临的外部环境较为相似，进而导致环保补贴行为存在一定的趋同性。而整个行业的环保补贴行为一般不会影响单个企业的经济绩效。因此，从单个企业层面讲，本书选择环保补贴的年度行业均值作为工具变量也满足外生性的相关要求。

表5-7中工具变量2SLS估计分别验证了环保补贴对短期经济绩效和长期经济绩效的影响。从第一阶段的估计结果来看，两个工具变量Sub_ lag2和Subave与环保补贴的回归系数都在1%水平下显著为正，第一阶段的F统计量大于10，说明本书构造的工具变量均符合相关性要求，用于过度识别检验的Sargen检验结果拒绝了原假设，表明不存在过度识别问题；从第二阶段的估计结果来看，列（2）的被解释变量为短期经济绩效（Perf）时，环保补贴拟合值系数在5%水平下显著为负，说明环保补贴抑制了企业短期经济绩效；列（3）的被解释变量为长期经济绩效（Tobin's Q）时，环保补贴系数在1%水平下显著为正，表明环保补贴对企业长期经济绩效具有显著的促进作用，以上工具变量2SLS估计结果进一步验证了假设H5-1和假设H5-2的稳健性。

表5-7 环保补贴与企业经济绩效关系：工具变量2SLS估计

变量	第一阶段	第二阶段	
	（1） Subsid	（2） Perf	（3） Tobin's Q
Sub_ lag2	0.436*** （9.28）		
Subave	1.094*** （6.95）		
Subsid		-0.114** （-2.06）	0.137*** （3.07）
Size	-0.012* （-1.81）	0.021** （2.01）	-0.337*** （-5.11）

续表

变量	第一阶段	第二阶段	
	（1） Subsid	（2） Perf	（3） Tobin's Q
Grow	-0.015 （-1.22）	0.022 ** （2.37）	0.009 * （1.84）
Lev	0.036 ** （2.42）	-0.087 *** （-6.97）	-0.226 ** （-2.11）
Cf	0.009 （1.53）	-0.063 * （-1.84）	1.488 *** （2.91）
Age	0.001 （0.50）	0.015 *** （3.37）	0.011 ** （2.03）
Capital	-0.002 （-0.63）	-0.043 ** （-2.13）	-0.535 *** （-3.18）
Oper	-0.074 *** （-2.98）	0.008 ** （2.46）	0.138 （1.57）
Share	0.015 *** （3.08）	0.003 （1.28）	0.004 * （1.85）
Outdir	0.014 （1.19）	0.093 * （1.88）	1.769 *** （2.80）
常数项	0.016 * （1.86）	-0.143 ** （-2.13）	9.551 *** （6.49）
行业/年度	控制	控制	控制
样本量	2301	2301	2301
调整后的 R^2	0.423	0.206	0.312
F-statistic	480.36 ***		
Sargan-test		0.382	0.475

注：***、**和 * 分别表示1%、5%和10%的显著性水平，（ ）内为 t 值；Sargan 反映的是统计量 P 值。

第二，公司固定效应模型检验。本章主检验用 OLS 模型虽然控制了行业与年度效应，但为了缓解不随时间推移而变化的公司遗漏变量问题，以使结果更加稳健，在前文模型（5.1）的基础上，采用公司固定效应模型（FE）测试，其结果如表5-8所示：列（1）~列（2）以短期经济绩效（Perf）为被解释变量时，环保补贴系数分别在5%和10%水平下显著为负，表明环保补贴显著抑制了重污染企业短期经济绩效的增长；列（3）~列（4）以长期经济绩效（Tobin's Q）为被解释变量时，环保补贴系数都在1%水平下显著为正，说明环保补贴显著地提升了重污染企业的长期经济绩效。因此，公司固定效应模型的回归结果也验证了环保补贴对重污染企业的短期经济绩效具有显著的抑制效应，而对重污染企业的长期经济绩效具有显著的促进效应，公司固定效应模型检验结果进一步支持了假设H5-1和假设H5-2。

表5-8　环保补贴与企业经济绩效关系：公司固定效应模型测试

变量	短期经济绩效（Perf）		长期经济绩效（Tobin's Q）	
	（1） 当期	（3） 滞后一期	（2） 当期	（4） 滞后一期
Subsid	−0.118** （−2.03）	−0.106* （−1.91）	0.204*** （5.12）	0.215*** （5.26）
Size	0.012** （2.11）	0.035** （2.26）	−0.293*** （−2.81）	−0.392*** （−3.79）
Grow	0.044*** （2.83）	0.038*** （2.64）	0.025*** （3.12）	0.028*** （2.87）
Lev	−0.133*** （−8.25）	−0.124*** （−7.97）	−0.238* （−1.76）	−0.329** （−2.17）
Cf	−0.016 （−1.53）	−0.012 （−1.38）	1.017*** （4.35）	1.125*** （4.42）
Age	0.046*** （2.71）	0.052*** （2.83）	0.032*** （3.84）	0.047*** （3.97）
Capital	−0.036*** （−3.12）	−0.032*** （−3.07）	−0.906*** （−5.03）	−0.892*** （−4.87）
Oper	0.013*** （2.96）	0.009*** （2.75）	0.089 （0.96）	0.104 （1.13）

变量	短期经济绩效（Perf）		长期经济绩效（Tobin's Q）	
	（1） 当期	（3） 滞后一期	（2） 当期	（4） 滞后一期
Share	−0.001* （−1.79）	−0.002** （−2.18）	0.002 （1.14）	0.001 （0.94）
Outdir	−0.004 （−0.18）	−0.006 （−0.68）	0.429 （1.04）	0.374 （1.17）
常数项	−0.036** （−2.44）	−0.052*** （−2.67）	6.721*** （10.42）	7.364*** （10.64）
行业/年度	控制	控制	控制	控制
样本量	3583	2887	3583	2887
调整后的 R^2	0.196	0.228	0.297	0.319

注：***、**和*分别表示1%、5%和10%的显著性水平。

第三，系统 GMM 检验。因企业经济绩效具有趋势性特征，为更好地缓解环保补贴与企业经济绩效产生的遗漏变量或反向因果的内生性问题，本章检验同第4章一致，仍在前文模型（5.1）的基础上引入被解释变量的滞后一期，构建动态面板模型进行实证检验，以反映环保补贴对企业经济绩效的动态影响，因此，我们运用系统 GMM 进行估计。由于系统 GMM 两步法可能会使参数的标准差发生偏差而影响估计结果，所以，本章采用一步系统 GMM 估计法，估计结果如表5-9所示。从表5-9可知，企业短期经济绩效（Perf）和企业长期经济绩效（Tobin's Q）的滞后一项系数均在1%水平下显著为正，说明企业短期经济绩效（Perf）和长期经济绩效（Tobin's Q）均有一定的持续性。列（1）被解释变量为短期经济绩效（Perf）时，环保补贴系数为−0.096，在5%水平下显著为负，说明环保补贴对短期经济绩效具有显著的抑制作用；列（2）以长期经济绩效为被解释变量时，环保补贴系数为0.172，且在1%水平下显著为正，说明环保补贴对以企业价值衡量的长期经济绩效具有显著的促进作用。系统 GMM 的估计结果进一步支持了假设 H5-1

和假设 H5-2。

表5-9　环保补贴与企业经济绩效的关系：系统 GMM 检验

变量	(1) Perf		(2) Tobin's Q	
	回归系数	t 值	回归系数	t 值
$Perf_{it-1}$	0.161***	(9.29)		
Tobin's Q_{it-1}			0.482***	(11.54)
Subsid	−0.096**	(−2.08)	0.172***	(3.87)
Size	0.005*	(1.91)	−0.324***	(−3.92)
Grow	0.007*	(1.82)	0.018**	(2.29)
Lev	−0.024***	(−4.16)	−0.263**	(−2.25)
Cf	0.014*	(1.85)	0.352***	(2.74)
Age	0.081**	(2.44)	0.039***	(3.62)
Capital	−0.015***	(−3.35)	−0.746***	(−4.14)
Oper	0.006*	(1.77)	−0.093	(−1.15)
Share	−0.000	(−1.42)	0.007***	(2.78)
Outdir	−0.009	(−0.23)	0.584*	(1.76)
常数项	−0.158***	(−4.54)	6.728***	(9.36)
行业/年度	控制		控制	
样本量	2962		2962	
AR (1) P	0.005		0.004	
AR (2) P	0.205		0.263	
Sargan P	0.396		0.422	

注：***、**和*分别表示1%、5%和10%的显著性水平，（　）内为 t 值；另外，AR 和 Sargan 反映的是统计量 P 值。

第四，倾向得分匹配法（PSM）。本章旨在评估政府环保补贴对企业经济绩效的影响，即揭示政府环保补贴与企业经济绩效之间是否存在实际因果关系。由于现实中企业是否获得环保补贴可能是非随机的，如果采用普通最小二乘法（OLS）或者固定效应方法（FE）进行识别有可能会产生选择性偏差和混合性偏差问题，本书最理想的识别方法是通过比较一家受到补贴的重污染企业在"补贴"与"非补贴"情况下，其经济绩效之间存在的差异，以便排除其他企业特征因素的影响，进而揭示政府环保补贴对企业经济绩效的实际效应。基于此，本书稳健性检验选择了 Heckman et al.（1997）提出的倾向得分匹配方法（PSM）。

采用倾向得分匹配方法（PSM），首先需要进行匹配变量选取，本书的匹配协变量为前文模型的全部控制变量，包括公司规模、财务杠杆、成长性、经营现金流、资本密集度、公司年龄、经营能力、股权结构、独立董事比例。

其次利用 Logit 方法对二元变量进行估计，计算各企业的倾向得分值，计算过程如下：

$$P(X_{it}) = P(Dsub_{it} = 1 \mid X_{it}) = \frac{\exp(\alpha X_{it})}{1 + \exp(\alpha X_{it})} \tag{5.5}$$

式（5.5）中，二元虚拟变量 DSub = {0，1}，当 DSub 取 1 时表示享受政府环保补贴，DSub 取 0 时表示未享受政府环保补贴，X 为匹配变量。上述得分反映出某企业享受政府环保补贴的概率，对式（5.4）进行估计可得概率预测值，$\hat{P}_i$ 表示处理组的概率预测值，$\hat{P}_j$ 表示控制组的概率预测值。采用最常用的"一对四有放回近邻匹配"，并进行平衡性检验，其表达式如下：

$$\prod(i) = \min_j \parallel \hat{P}_i - \hat{P}_j \parallel, \ j \in (Dsub = 0) \tag{5.6}$$

式（5.6）中，$\prod(i)$ 表征与处理组企业相对应的来自控制组企业的匹配集合。

继而，进行平衡性检验。检验结果见表 5-10，从平衡性检验易知，匹配之后相关控制变量的标准化偏差小于 10%，控制变量 t 检验结果接受了处理组和控制组没有显著差异的原假设，这说明环保补贴与非环保补贴的特征差异得到较大程度的消除。

表5-10 匹配变量的平衡性检验

变量	匹配	均值		标准偏差	t-test
		处理组	对照组	幅度（%）	
Size	Unmatched	22.021	22.298	−23.6	−7.12***
	Matched	22.296	22.284	0.6	0.54
Lev	Unmatched	0.379	0.419	−18.3	−5.57***
	Matched	0.374	0.371	1.6	1.04
Grow	Unmatched	0.142	0.282	−19.6	−4.96***
	Matched	0.144	0.139	2.7	1.38
Cf	Unmatched	0.059	0.064	−7.3	−2.71***
	Matched	0.061	0.060	1.4	0.98
Age	Unmatched	2.952	2.964	−7.1	−2.68***
	Matched	2.949	2.947	0.9	0.77
Capital	Unmatched	0.386	0.375	7.9	2.74***
	Matched	0.389	0.386	1.8	1.09
Oper	Unmatched	0.738	0.719	12.5	4.13***
	Matched	0.740	0.737	1.3	0.94
Share	Unmatched	0.543	0.556	−10.6	−3.15***
	Matched	0.545	0.544	1.2	0.81
Outdir	Unmatched	0.373	0.359	9.8	3.02***
	Matched	0.373	0.378	−3.6	−1.47

注：***、**和*分别表示1%、5%和10%的显著性水平。

最后利用匹配样本重新对环保补贴与企业经济绩效关系进行检验。本书基于PSM得到的样本对模型（5.1）重新进行回归，并再次检验环保补贴与企业经济绩效之间的关系，结果如表5-11所示。列（1）~列（2）是利用匹配后的样本重新对环保补贴与短期经济绩效关系进行回归的结果，其中：列（1）是以解释变量当期数据进行回归的结果；列（2）是解释变量滞后一期数据的回归结果；列（3）~列（4）是利用匹配后的样本重新考察环保补贴与企业长期经济绩效关系的回归结果。其中：列（3）为解释变量当期数据检验，列（4）为解释变量滞后一期数据检验。从回归结果来看，列（1）～列（2）中，被解释变量为营业利润衡量的短期经济绩效时，环保补贴系数均在5%水平下显著为负，表明环保补贴抑制了重污染企业的短期经济绩效；列（3）～列（4）中，被解释变量为企业价值衡量的长期经济绩效时，环保补贴系数均在1%水平下显著为正，表明环保补贴提升了重污染企业的长期经济绩效。以上PSM样本的回归结果也支持了前文假设H5-1和假设H5-2，即环保补贴降低了重污染企业的短期经济绩效，却提升了重污染企业的长期经济绩效，这一发现进一步印证了前文结论是稳健的。

表5-11 环保补贴与企业经济绩效的关系：PSM样本检验

变量	短期经济绩效（Perf）		长期经济绩效（Tobin's Q）	
	（1）当期	（2）滞后一期	（3）当期	（4）滞后一期
Subsid	−0.148 **	−0.142 **	0.196 ***	0.214 ***
	(−2.44)	(−2.36)	(5.84)	(5.92)
Size	0.015 **	0.014 **	−0.382 ***	−0.395 ***
	(2.39)	(2.18)	(−3.15)	(−2.88)
Grow	0.019 **	0.032 ***	0.021 ***	0.019 ***
	(2.46)	(2.83)	(3.05)	(2.92)
Lev	−0.069 ***	−0.041 ***	−0.414 **	−0.409 **
	(−5.89)	(−5.06)	(−2.49)	(−2.38)
Cf	−0.012	−0.015	0.976 ***	0.994 ***
	(−0.94)	(−1.58)	(3.73)	(3.96)
Age	0.040 ***	0.043 ***	0.021 ***	0.028 ***
	(2.66)	(2.72)	(4.16)	(4.23)
Capital	−0.018 ***	−0.019 ***	−0.896 ***	−0.905 ***
	(−3.17)	(−3.20)	(−5.04)	(−5.11)
Oper	0.012 ***	0.013 ***	0.126	0.132
	(3.74)	(3.83)	(1.49)	(1.12)
Share	−0.001 **	−0.003 **	0.005 **	0.006 **
	(−2.19)	(−2.38)	(2.33)	(2.41)

变量	短期经济绩效（Perf）		长期经济绩效（Tobin's Q）	
	（1）当期	（2）滞后一期	（3）当期	（4）滞后一期
Outdir	-0.014	0.018	0.496	0.503
	(-0.24)	(0.89)	(1.05)	(1.31)
常数项	-0.071***	-0.079***	8.542***	8.462***
	(-2.86)	(-3.28)	(11.09)	(10.77)
行业/年度	控制	控制	控制	控制
样本量	2619	2107	2619	2107
调整后的 R^2	0.252	0.248	0.333	0.329

注：***、**和*分别表示1%、5%和10%的显著性水平。

（2）变量替换检验。

第一，企业经济绩效指标的变量替换检验。为验证用营业利润与总资产之比（Perf）表征的短期经济绩效，以及用企业价值（Tobin's Q）衡量的长期经济绩效所得研究结论是否稳健，本书在稳健性检验中用总资产报酬率（ROA）度量短期经济绩效，用国泰安托宾Q值D表征长期经济绩效，即用市值B/（资产总值-无形资产净值-商誉净值）衡量企业价值（Tobin's Q_ D），重新利用上文模型（5.1）进行回归分析，同样分别用解释变量当期数据及滞后期数据重新检验，回归结果见表5-12。列（1）和列（2）中，被解释变量为总资产报酬率（ROA），无论是当期数据还是滞后期数据的回归结果均显示，环保补贴（Subsid）系数分别在5%和10%水平下显著为负，表明环保补贴降低了企业短期经济绩效，这一结果与前文的发现基本一致，再次印证了前文假设H5-1的稳健性；列（3）和列（4）中，被解释变量用托宾Q值D（Tobin's Q_ D）表征企业长期经济绩效的回归结果，列（3）中，解释变量的当期数据显示环保补贴系数在1%水平下显著为正，列（4）中，解释变量的滞后期数据显示环保补贴系数也在1%水平下显著为正，说明环保补贴有效地提升了重污染企业的长期经济绩效，进一步支持了假设H5-2。

表 5-12 环保补贴与企业经济绩效的关系：经济绩效变量替换检验

变量	短期经济绩效（ROA)		长期经济绩效（Tobin's Q_ D)	
	(1) 当期	(3) 滞后一期	(2) 当期	(4) 滞后一期
Subsid	-0.097**	-0.089*	0.176***	0.183***
	(-1.98)	(-1.85)	(4.13)	(4.46)
Size	0.004*	0.003	-0.116**	-0.121**
	(1.69)	(1.46)	(-2.42)	(-2.50)
Grow	0.053***	0.047***	0.033***	0.035***
	(3.17)	(3.22)	(2.84)	(2.77)
Lev	-0.037**	-0.035**	-0.238**	-0.243**
	(-2.51)	(-2.48)	(-2.34)	(-2.36)
Cf	-0.029	-0.032	0.544***	0.539***
	(-0.78)	(-0.85)	(3.65)	(3.63)
Age	0.074***	0.069***	0.013***	0.012***
	(2.92)	(2.94)	(3.88)	(3.84)
Capital	-0.056***	-0.058***	-0.473***	-0.468***
	(-3.04)	(-3.10)	(-5.45)	(-5.39)
Oper	0.004**	0.003**	0.086	0.093
	(2.25)	(2.12)	(1.21)	(1.27)
Share	0.000	0.001	-0.008	-0.006
	(0.54)	(0.76)	(-1.04)	(-0.95)
Outdir	-0.063**	-0.055**	0.121**	0.118**
	(-2.05)	(-1.99)	(2.03)	(2.01)
常数项	-0.149***	-0.144***	3.726***	3.732***
	(-3.25)	(-3.13)	(5.37)	(5.44)
行业/年度	控制	控制	控制	控制
样本量	3583	2887	3583	2887
调整后的 R²	0.196	0.203	0.262	0.255

注：***、**和*分别表示1%、5%和10%的显著性水平，（　）中为t值，下同。

第二，环保补贴指标的变量替换检验。本章主检验解释变量环保补贴用营业收入进行标准化处理后衡量环保补贴，即用各年度环保补贴收入之和与营业收入之比衡量环保补贴。为验证环保补贴衡量指标是否合理，以更加稳健地检验环保补贴与经济绩效的关系。本书进行稳健性测试时，借鉴黎文靖和郑曼妮（2016）衡量政府补贴的方法，用当年环保补贴之和与总资产之比对环保补贴进行标准化处理来度量环保补贴（Subsid_s）。被解释变量短期经济绩效仍用营业利润与总资产之比（Perf）衡量，长期经济绩效用 Tobin's Q 来反映，依然利用前文模型（5.1）进行回归检验，相应的结果如表 5-13 所示。列（1）～列（2）的环保补贴（Subsid）系数均在 5% 水平下显著为负；列（3）～列（4）的环保补贴（Subsid）系数均在 1% 水平下显著为正。因此，解释变量用环保补贴与总资产之比衡量的环保补贴所得到的结论同上文主检验一致，假设 H5-1 和假设 H5-2 得到进一步印证。

表 5-13　环保补贴与企业经济绩效的关系检验：环保补贴变量替换

变量	短期经济绩效（Perf）		长期经济绩效（Tobin's Q）	
	（1）当期	（2）滞后一期	（3）当期	（4）滞后一期
Subsid_s	-0.076 **	-0.081 **	0.107 ***	0.114 ***
	(-2.16)	(-2.24)	(3.51)	(3.56)
Size	0.011 **	0.009 **	-0.438 ***	-0.395 ***
	(2.28)	(2.13)	(-4.58)	(-2.88)
Grow	0.034 ***	0.027 ***	0.026 ***	0.018 ***
	(2.67)	(2.74)	(3.19)	(2.92)
Lev	-0.056 ***	-0.045 ***	-0.398 **	-0.413 **
	(-6.41)	(-5.09)	(-2.39)	(-2.44)
Cf	-0.025 *	-0.015	0.981 ***	0.898 ***
	(-1.85)	(-1.58)	(3.78)	(3.89)
Age	0.036 ***	0.038 ***	0.020 ***	0.019 ***
	(2.72)	(2.68)	(4.11)	(4.12)
Capital	-0.018 ***	-0.021 ***	-0.916 ***	-0.908 ***
	(-3.24)	(-3.22)	(-5.17)	(-5.14)

变量	短期经济绩效 （Perf）		长期经济绩效 （Tobin's Q）	
	（1）当期	（2）滞后一期	（3）当期	（4）滞后一期
Oper	0.009 ***	0.010 ***	0.124	0.134
	（2.75）	（2.82）	（1.41）	（1.07）
Share	−0.001 **	−0.003 **	0.004 **	0.005 **
	（−2.08）	（−2.39）	（2.30）	（2.42）
Outdir	0.015	0.018	0.515	0.502
	（0.92）	（0.78）	（1.12）	（1.20）
常数项	−0.075 ***	−0.072 ***	8.549 ***	8.571 ***
	（−3.17）	（−3.20）	（12.12）	（11.46）
行业/年度	控制	控制	控制	控制
样本量	3583	2887	3583	2887
调整后的 R^2	0.252	0.249	0.334	0.328

注：***、**和 * 分别表示 1%、5%和 10%的显著性水平。

5.6　进一步分析：企业异质性检验

　　本章分别从重污染企业短期经济绩效和长期经济绩效两个视角来考察环保补贴对企业经济绩效的影响，并深入探讨了环保补贴影响企业经济绩效的作用路径，得出如下研究结论：首先，环保补贴抑制了重污染企业短期经济绩效，但却能显著提升其长期经济绩效。其次，环保补贴通过环保投资渠道抑制了企业短期经济绩效，通过绿色技术创新渠道促进了企业长期经济绩效。由于不同特征的企业，其产权属性不同，自身资源禀赋、融资约束以及风险承担水平方面迥然相异，导致环保补贴对不同特征企业经济绩效的激励作用存在差异。值得注意的是，政府环保补贴通常受产业政策支配，独立于受助单位，而企业异质性特征内生于企业，内嵌于组织架构和企业文化之中。在协调环境保护和经济效率上，如果政府在制定相关环保补贴政策时，将企业异质性特征与政策性资源进行协调配合，针对不同特征的企业采取差异化的环保补贴政策，从而能够精准有效地实施定向调控和相机调控，这样将会大大提高环保补贴资金的环境绩效和生产效率。为了探究不同公司异质性下环保补贴与企业经济绩效的关系，本章进一步从产权异质性、融资约束异质性及风险承担水平异质性三个方面进一步考察企业异质性特征对环保补贴与企业经济绩效之间关系的影响是否存在显著性差异。

（1）不同产权性质下环保补贴对企业经济绩效的影响。不同产权性质下环保补贴与企业经济绩效关系的检验如表5-14所示，列（1）和列（2）为企业短期经济绩效。其中，列（1）为国有企业组，列（2）为非国有企业组。列（1）中，国有企业组环保补贴系数不显著；列（2）中，非国有企业组环保补贴系数在1%水平下显著为负；同时，组间系数比较结果显示二者在1%水平下存在显著差异，表明相对于国有企业，环保补贴对企业短期经济绩效的抑制作用在非国有企业更明显。这可能是由于环保补贴是治理环境的专项补贴，重污染企业一旦接受政府环保补贴，就有责任进行环保治理投资，这必然会挤出企业自身的生产性资源，然而相对于国有企业，非国有企业资源禀赋较差，因此，这种挤出自身资源的负面效应对企业短期经济绩效的影响在非国有企业表现得更明显，从而使非国有企业环保补贴对企业短期经济绩效的抑制作用也更明显。

表5-14的列（3）~列（4）为企业长期经济绩效，且列（3）国有企业组环保补贴系数在5%水平下显著为正，列（4）非国有企业组环保补贴系数在1%水平下显著为正，并且组间系数比较检验是显著的。以上结果表明，环保补贴对企业长期经济绩效的影响在非国有企业更明显。这可能是因为企业环保补贴是用来进行环境治理和绿色技术创新，而非国有企业资源禀赋较差，受到的融资约束比国有企业更强，因而同等金额的环保补贴对非国有企

业的使用价值更大，由于国有企业的资源禀赋较强，环保补贴对其环境绩效的激励作用并没有非国有企业强。因此政府环保补贴政策的扶持对企业长期经济绩效的激励效果在非国有企业更为明显。

表5-14　不同产权性质下环保补贴对企业经济绩效关系的检验

被解释变量	短期绩效（Perf）		长期绩效（Tobin's Q）	
	（1） 国企	（2） 非国企	（3） 国企	（4） 非国企
Subsid	-0.124 （-1.33）	-0.178** （-2.51）	0.169** （2.32）	0.248*** （5.93）
Size	0.018** （2.15）	0.011** （2.04）	-0.429*** （-4.72）	-0.416*** （-3.83）
Grow	0.029*** （2.66）	0.041*** （2.75）	0.018*** （2.96）	0.034*** （3.03）
Lev	-0.024*** （-2.98）	-0.069*** （-5.76）	-0.339* （-1.92）	-0.427** （-2.48）
Cf	-0.024 （-1.43）	-0.031 （-1.57）	0.993*** （3.76）	0.752*** （2.94）
Age	0.056*** （2.72）	0.037*** （2.68）	0.027*** （4.39）	0.013*** （3.16）
Capital	-0.014 （-1.28）	-0.038*** （-3.41）	-0.896*** （-5.36）	-0.915*** （-5.15）
Oper	0.014*** （4.36）	-0.002 （-0.97）	0.104 （1.37）	0.136 （1.52）
Share	-0.001 （-1.26）	-0.002** （-2.14）	0.004* （1.87）	0.006** （2.49）
Outdir	-0.009 （-0.93）	0.016 （1.22）	-0.003 （-0.39）	0.425 （1.38）
常数项	-0.089*** （-3.37）	-0.057*** （-3.04）	8.661*** （13.23）	8.384*** （11.79）

被解释变量	短期绩效（Perf）		长期绩效（Tobin's Q）	
	（1） 国企	（2） 非国企	（3） 国企	（4） 非国企
行业/年度	控制	控制	控制	控制
组间系数比较	7.75***		4.64**	
样本量	1981	1602	1981	1602
调整后的 R^2	0.226	0.287	0.348	0.313

注：***、**和*分别表示1%、5%和10%的显著性水平。

（2）不同融资约束下环保补贴对企业经济绩效的影响。关于融资约束度量，吴秋生和黄贤环（2017）指出 SA 指数法能较为综合、全面地反映企业融资约束程度，本书借鉴 Hadlock & Pierce（2010）构建融资约束 SA 指数来表征融资约束程度，其公式为：

$$SA_{it} = | -0.737Size_{it} + 0.043Size_{it} - 0.040 * Age_{it} |$$ (5.7)

SA 的绝对值越大，企业融资约束程度越低；在检验融资约束异质性时，按 SA 指数中位数进行分组，大于或等于中位数时定为低融资约束组，小于中位数的定为高融资约束组。其检验结果如表5-15所示。列（1）～列（2）中，被解释变量为企业短期经济绩效，列（3）～列（4）中，被解释变量为企业长期经济绩效。其中，列（1）与列（3）为高融资约束组，列（2）与列（4）为低融资约束组。

列（1）环保补贴系数在1%水平下显著为负，列（2）环保补贴系数不显著；同时，组间系数比较结果显示二者存在显著差异。上述结果说明，相对于低融资约束企业而言，高融资约束企业的环保补贴对其短期经济绩效的抑制作用更明显。造成这一结果的原因可能是：重污染企业接受政府环保补贴之后，就必然会受到政府部门的环境监管，导致企业环境治理投资必然加大，这在一定程度上会挤出企业自身的生产性资源，从而抑制企业的短期经济绩效，由于环保补贴资金对高融资约束企业生产经营的影响更敏感，因而上述抑制作用在高融资约束企业更明显。

列（3）中高融资约束组的环保补贴系数在1%水平下显著为正，列（4）中低融资约束组的环保补贴系数在5%水平下显著为正，并且组间系数结果比较显示二者存在显著的差异。以上结果表明，相对于低融资约束组，高融资约束组环保补贴对企业长期经济绩效的促进作用更明显。这可能是由于融资约束较高的重污染企业对环保补贴的绿色技术创新作用更敏感，同等金额的环保补贴对高融资约束企业的绿色技术创新的激励作用更大，从而导致环保补贴对高融资约束企业的长期经济绩效的促进作用也更明显。

表5-15　不同融资约束下环保补贴对企业经济绩效关系的检验

被解释变量	短期绩效（Perf）		长期绩效（Tobin's Q）	
	（1） 高融资约束	（2） 低融资约束	（3） 高融资约束	（4） 低融资约束
Subsid	−0.148 ** （−2.21）	−0.093 （−1.16）	0.236 *** （6.58）	0.124 ** （2.49）
Size	0.009 ** （2.05）	0.014 ** （2.28）	−0.414 *** （−4.72）	−0.387 *** （−4.29）
Grow	0.028 *** （2.71）	0.014 * （1.69）	0.019 *** （3.24）	0.036 *** （4.05）
Lev	−0.039 *** （−3.52）	−0.094 *** （−7.26）	−0.438 ** （−2.49）	−0.374 ** （−2.16）
Cf	−0.025 * （−1.83）	−0.031 * （−1.87）	1.043 *** （3.94）	0.962 *** （3.65）
Age	0.042 *** （2.79）	0.019 （1.54）	0.023 *** （4.14）	0.015 *** （3.43）
Capital	−0.018 *** （−2.84）	−0.024 *** （−3.17）	−0.885 *** （−3.95）	−0.937 *** （−4.26）
Oper	0.005 （1.57）	−0.000 （−0.38）	0.119 （1.35）	0.148 （1.58）

被解释变量	短期绩效 (Perf)		长期绩效 (Tobin's Q)	
	（1） 高融资约束	（2） 低融资约束	（3） 高融资约束	（4） 低融资约束
Share	-0.001* (-1.89)	-0.000 (-0.74)	0.003* (1.91)	0.004** (2.31)
Outdir	0.026 (1.04)	0.016 (0.91)	-0.004 (-0.97)	0.543 (1.49)
常数项	-0.069*** (-2.98)	-0.094*** (-3.86)	8.574*** (12.58)	7.692*** (10.67)
行业/年度	控制	控制	控制	控制
组间系数比	8.93***		6.87***	
样本量	1577	2006	1577	2006
调整后的 R^2	0.253	0.285	0.293	0.341

注：***、**和*分别表示 1%、5%和 10%的显著性水平。

（3）不同风险承担水平下环保补贴对企业经济绩效的影响。关于风险承担水平的估计，承袭 John & Yeung（2008）的做法，用盈利波动性指标（SDROA）来表征企业风险承担水平，具体地，以上市公司在观测期内经行业调整的资产收益率的三年期标准差作为 SDROA 的替代变量。具体计算公式如下：

$$\text{SDROA}_{it} = \sqrt{\frac{1}{N-1}\sum_{n=1}^{N}\left(\text{Adj\_ROA}_{in} - \frac{1}{N}\sum_{n=1}^{N}\text{Adj\_ROA}_{in}\right)^2 \mid 3} \tag{5.8}$$

$$\text{Adj\_ROA}_{in} = \frac{\text{EBIT}_{in}}{\text{ASSETS}_{in}} - \frac{1}{X_n}\sum_{k=1}^{X}\frac{\text{EBIT}_{kn}}{\text{ASSETS}_{kn}} \tag{5.9}$$

模型（5.8）和模型（5.9）中，i 为企业，n 取值 1～3，表示观测时段的年度，X_n 代表行业内企业总数量，k 为某行业第 k 家企业，EBIT 为相应年度息税前利润，ASSETS 为年末总资产，SDROA 值越大，表示风险承担水平越高。在进行风险承担水平异质性检验时，按中位数分组，大于或等于中位数的归为高风险承担水平组，小于中位数的归为低风险承担水平组。

其检验结果如表 5-16 所示，列（1）~列（2）中，被解释变量为企业短期经济绩效，列（3）~列（4）中，被解释变量为企业长期经济绩效。从回归结果来看，列（1）为风险承担水平高组，其环保补贴系数在 5% 水平下显著为负，列（2）为风险承担水平低组，其环保补贴系数不显著，且组间系数比较结果显示二者存在显著差异。因此，上述结果表明，相对于风险承担水平低的企业，环保补贴对企业短期经济绩效的抑制作用在风险承担水平高的企业更明显。这可能的原因是，作为一种专项财政补贴，企业一旦接受政府环保补贴，就有责任进行环境治理投资，这必然会挤出企业自身的生产性资源，而在风险承担水平高的企业，环保补贴的挤出效应更明显，从而对短期经济绩效的抑制作用更明显。列（3）为风险承担水平高组，其环保补贴系数为 0.376，且在 1% 水平下显著为正，列（4）为风险承担水平低组，其环保补贴系数为 0.208，且在 10% 水平下显著为正，同时，列（3）和列（4）这两组进行组间系数比较检验，结果显示存在显著差异，说明相对于风险承担低的重污染企业，环保补贴对企业长期经济绩效的促进作用在风险承担水平高的重污染企业更明显。可能的原因是，环保补贴对绿色技术创新的激励效应在风险承担水平较高的重污染企业更显著，从而对企业长期经济绩效的促进作用也更明显。

表 5-16 不同风险承担水平下环保补贴对企业经济绩效关系的检验

被解释变量	短期绩效（Perf）		长期绩效（Tobin's Q）	
	（1）风险承担水平高	（2）风险承担水平低	（3）风险承担水平高	（4）风险承担水平低
Subsid	-0.139** (-2.49)	-0.104 (-1.55)	0.376*** (6.49)	0.208* (1.92)

续表

被解释变量	短期绩效（Perf）		长期绩效（Tobin's Q）	
	（1）风险承担水平高	（2）风险承担水平低	（3）风险承担水平高	（4）风险承担水平低
Size	0.015 **	0.007	−0.539 ***	−0.396 ***
	(2.32)	(1.14)	(−5.15)	(−4.27)
Grow	0.057 ***	0.030 ***	0.027 ***	0.035 ***
	(2.78)	(2.65)	(3.10)	(3.38)
Lev	−0.043 ***	−0.051 ***	−0.464 ***	−0.418 **
	(−5.46)	(−6.58)	(−2.62)	(−2.36)
Cf	−0.017 *	−0.032 **	0.766 ***	1.131 ***
	(−1.74)	(−2.06)	(2.95)	(4.24)
Age	0.046 ***	0.028 ***	0.014 ***	0.021 ***
	(2.81)	(2.68)	(3.83)	(4.17)
Capital	−0.034 ***	−0.020 ***	−0.904 ***	−0.945 ***
	(−3.59)	(−3.31)	(−5.19)	(−5.38)
Oper	0.004	0.002	−0.117	0.138
	(1.33)	(1.19)	(−0.58)	(1.53)
Share	−0.003 **	−0.002 **	0.007 **	0.006 **
	(−2.37)	(−2.18)	(2.49)	(2.32)
Outdir	−0.010	0.015	0.486	0.535
	(−0.39)	(1.06)	(1.15)	(1.38)
常数项	−0.054 ***	−0.079 ***	8.431 ***	8.584 ***
	(−2.96)	(−3.25)	(11.74)	(12.23)
行业/年度	控制	控制	控制	控制
组间系数比较	7.25 ***		4.87 **	
样本量	1744	1839	1744	1839
调整后的 R^2	0.267	0.274	0.339	0.327

注：***、**和*分别表示1%、5%和10%的显著性水平。

5.7 本章小结与政策启示

本章以 2010~2017 年我国沪深两市 532 家重污染上市公司为研究对象，采用普通最小二乘法（OLS）、系统广义矩（GMM）、倾向得分匹配（PSM）及工具变量等多种方法，实证检验了政府环保补贴对重污染企业经济绩效的影响及传导路径，并进一步分析了不同产权性质、不同融资约束及不同风险承担水平这些企业异质性特征对环保补贴与企业经济绩效之间关系的影响，得到如下主要研究结论：

第一，政府环保补贴对重污染企业短期经济绩效具有抑制作用，但对长期经济绩效具有促进作用，即环保补贴虽降低了重污染企业的短期经济绩效，但却提升了重污染企业的长期经济绩效。

第二，中介机制分析表明，享受政府环保补贴的企业，为了迎合政府意图而进行消极的环保投资，从而对企业短期经济绩效产生负面影响；同时环保补贴会激励企业进行积极的绿色技术创新投资，而企业的绿色技术创新有利于增强企业可持续的绿色竞争优势，从而提升企业的长期经济绩效。

第三，不同异质性特征企业的环保补贴对企业经济绩效的影响存在显著差异。相对于国有企业，非国有企业的环保补贴对企业短期经济绩效的抑制作用更明显；同时环保补贴对非国有企业长期经济绩效的促进作用也更明显；相对于低融资约束企业，环保补贴对企业短期绩效的抑制作用及其对企业长期绩效的促进作用在高融资约束企业更明显；相对于风险承担水平低的企业，环保补贴对企业短期绩效的抑制作用及其对企业长期绩效的促进作用在风险承担水平高的企业更明显。

基于以上研究，得到如下政策启示：

第一，因政府环保补贴对重污染企业长期经济绩效具有显著的促进作用，因此，政府环保补贴可以提高企业长期竞争优势和可持续发展能力，这说明政府环保补贴政策具有合理性和推广价值。

第二，环保补贴对环保投资和绿色技术创新都有积极的促进作用，而环保投资对重污染企业短期经济绩效具有一定的负面影响，但绿色技术创新对重污染企业长期经济绩效具有积极的促进作用。因此，政府在实施环保补贴时应加强对企业绿色技术创新方面的扶持，而不应仅对环保投资扶持。

第三，政府设计环保补贴政策时应充分考虑公司异质性。在进行环保补贴时不应该存在产权性质等歧视，鉴于非国有企业、融资约束较高的企业及风险承担水平较高的企业，政府环保补贴对企业长期经济绩效的促进作用更明显。因此，政府在实施环保补贴时应重视这类企业，以帮助企业提高其长期竞争优势和可持续发展能力。如果政府宏观的环保补贴政策采取"一刀切"式的激励模式，则补贴政策的实施效果不理想，甚至会出现与政策的设计意图相违背的抑制作用，这不但可能会导致巨大的政策浪费，而且更有可能贻误政府相机调控的时机。要提高宏观环保补贴政策效果，必须实施宏观调控，在激励异质性特征企业时，应针对不同特征企业的特殊性实施差异化的政策，从而提高政策的精准性。

6 制度环境对环保补贴与企业双重绩效之间关系的影响

6.1 引言

随着中国经济发展步入"新常态",生态环境问题愈加凸显,并逐渐成为制约中国经济发展的瓶颈,为了缓解"降污"与"增效"的双重压力,政府投入大量环保补贴来促进重污染行业进行环境治理,补贴效果备受关注。那么,政府环保补贴政策能否引导企业积极践行绿色环保行为,并最终实现政府宏观政策的设计意图——实现环境保护与经济效益的"双赢",这是亟待深入研究的重大现实问题。我国经济正处于"新常态"时期,行政环境、法制环境、金融环境等制度环境也在不断完善过程中,制度环境对企业的环境治理及经营决策发挥着越来越重要的作用。夏立军和方轶强(2005)指出,制度环境一般是指企业所处的外部治理环境,通常包括行政环境、法制环境、涉及信用体系的金融环境、市场竞争、产权保护以及契约文化等方面。然而,由于主观和客观原因,市场竞争、产权保护以及契约文化等治理环境在我国当前"新兴加转轨"的市场化条件下还不能发挥作用,或者说作用是有限的(譬如市场竞争),对投资者的产权保护水平总体不高,或者由于数据难以获取抑或计量方面的困难（譬如契约文化）。正因如此，本书选择了从法制环境、行政环境和金融环境三个子环境来表征制度环境。那么，这些制度环境的优劣是否会对企业环保补贴的"降污"与"增效"属性产生重要影响呢？

在第4章、第5章分别研究环保补贴与企业环境绩效以及环保补贴与企业经济绩效制的基础上，本章将进一步深入探讨制度环境与环保补贴的交互效应对企业"双重"绩效的影响，以考察制度环境是否以及如何影响环保补贴与企业"双重"绩效之间的关系。良好的制度环境能够抑制环保补贴资金被滥用的行为，降低信息不对称水平，进而影响环保补贴的使用效率、企业环境治理和经营决策行为，因而，研究法制环境、行政环境以及金融环境等制度环境差异对环保补贴与企业"双重"绩效之间关系的异质性影响具有重要的理论价值和实际意义。显而易见，剖析制度环境与环保补贴的交互效应，其重要性不言而喻，因为环保补贴政策的有效性受法制环境、行政环境以及金融环境等制度环境的影响，环保补贴政策与这些制度环境因素的协调配合是实现最优政策效果的前提（Ades & Tella，1997；Lazzarini，2015）。这使得我们能够观察环保补贴与企业环境绩效，以及环保补贴与企业经济绩效之间的基本关系如何随着制度环境质量的不同而变化，从而为政府实施相机调控、精准施策提供参考价值。

一般来说，制度环境质量的改善，一方面会使政府环保补贴切实用作环境治理，抑制环保补贴被挪作他用的风险；另一方面可以减缓信息不对称问题，减少高管进行寻租的可能性。因此，环保补贴与环境绩效的关系信赖于制度环境质量。把制度环境纳入环保补贴与环境绩效关系中进行研究，也能深刻把握制度环境在环境治理过程中的作用机理。企业一旦接受了环保补贴，必然要进行环保投资和绿色技术创新等环境专项治理，这可能会挤出企业生产性资源，对融资较困难的企业，这种挤出效应可能给企业短期经济绩效带来负面影响，而较好的制度环境有利于企业融资，因而，良好的制度环境可能有利于缓解环保补贴对企业短期经济绩效的不利影响。已有文献表明，制度环境的改善有利于提升企业技术创新环境,那么,绿色技术创新作为重污染企业重要的创新活动必然亦会受制度环境的影响。因此,良好的制度环境有利于绿色技术创新水平,从而能提升企业长期经济绩效。由于在制度环境较差的地区,重污染企业的绿色技术创新被侵权、模仿的风险很大,导致其难以获得正常创新的经济报酬,这样会抑制企业通过绿色技术创新的方式来改善生产效率与获取超额收益的动力;而较好的制度环境有助于增强环保技术可专有性,使得重污染企业的绿色技术创新被侵权、模仿的风险更小,从而使企业绿色技术创新投入的预期收益得以保障。由此可见,在制度环境越好的地区,重污染企业利用环保补贴进行绿色技术创新投入的意愿会更强。而绿色技术创新有利于增强企业可持续的绿色竞争优势(Hojnik & Ruzzier,2016),

中国的特殊制度背景为我们研究环保补贴与企业环境绩效和经济绩效的双重绩效问题提供了较好的机会,本章的理论和实证研究制度环境和环保补贴对企业环境绩效的交互影响,以及制度环境对环保补贴与企业经济绩效的交互影响。本章主要从政府行政环境、法律保护、金融化水平等制度环境与环保补贴的交互项是否以及如何影响企业环境绩效和经济绩效,探索制度环境影响环保补贴与企业双重绩效之间关系的机理。具体地,本章以沪深两市532家重污染企业2010~2017年的数据为样本,深入探讨了以下三方面的问题:①制度环境(包括法制环境、行政环境和金融环境)是否以及如何影响环保补贴与企业环境绩效之间的关系?②制度环境是否以及如何影响环保补贴与企业短期经济绩效之间的关系?③制度环境是否以及如何影响环保补贴与企业长期经济绩效之间的关系?对上述问题的回答,不仅丰富了重污染企业环境绩效和经济绩效的相关研究,而且有助于理解导致环保补贴效率差异的原因。本章的贡献在于:以制度环境为切入点,研究了制度环境与环保补贴的交互效应对企业环境绩效及经济绩效的影响,以剖析政府环保补贴的有效性及其条件,进而揭示制度环境影响环保补贴与企业双重绩效的作用机理,并将制度环境这一重要的外部治理机制纳入环保补贴有效性的分析框架中，拓展了政府环保补贴政策研究框架，为制度环境影响企业环境行为提供了直接的经验证据。

本章的逻辑框架如图6-1所示。

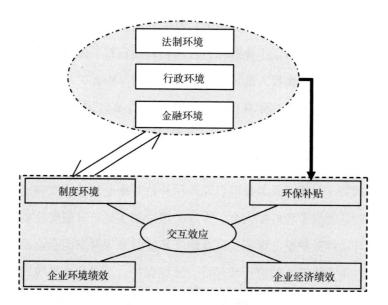

图6-1 本章的逻辑框架

6.2 理论分析与研究假设

6.2.1 制度环境对环保补贴与企业环境绩效之间关系的影响

企业的环境治理行为一般会受到法制环境、行政环境以及金融环境等外部制度环境的影响。良好的制度环境是促进企业绿色技术创新、提升运营效率的重要条件（Menguc et al.，2010；Lazzarini，2015；周晖和邓舒，2017）。首先，法制环境的健全能够减少企业创新活动被模仿的风险，有利于提高企业创新的经济回报（Kanwar & Evenson，2003），从而激励企业进行绿色技术创新。其次，优良的行政环境有利于减少制度交易成本，提升公司的资本配置效率与运营效率（刘贯春等，2018；许和连和王海成，2018），而公司效率的提升有助于降低单位产品能耗，提高环保补贴资金的使用效益，进而有助于企业环境绩效的改善。最后，良好的金融环境能够有效减少信息的非对称性、增加融资渠道，使得优质企业更容易被"识别"，从而获得融资支持，以有利于缓解企业绿色技术创新投入面临的融资约束（唐清泉和巫岑，2015），而企业的绿色技术创新有助于环境绩效的改善。

如前文所述，重污染企业的环保投资与环境治理具有一次性资金投入大、风险高，而且环境治理具有私人成本大于社会成本、私人收益小于社会收益的正外部性特征，导致企业参与环保投资的意愿不强，这些特征导致重污染企业不可避免地面临环保创新投入不足的困境。而较好的制度环境提高了重污染企业环保创新技术的可专有性（Technology Appropriability），即增强了其将环保创新外部收益内部化的能力（Liang & Wang，2017）。而技术可专有性的提升，会提高环保企业创新投入的预期收益，强化其环保创新的事前激励，促进环保创新投入的增长，从而有利于实现"减排"与"增效"的双重效益（Jorge et al.，2015）。重污染企业受到环保补贴后，是否愿意将这些补贴投入到绿色技术创新中去，关键取决于该创新投入给重污染企业带来经济收益的多寡。由于在制度环境较差的地区，知识产权保护往往亦较差，重污染企业的绿色技术创新被侵权、模仿的风险很大，导致其可能难以获得正常创新的经济报酬，这样会抑制企业通过绿色技术创新的方式来改善生产效率与获取超额收益的动力；而较好的制度环境有助于增强环保技术可专有性，使环保创新投入的预期收益得以保障。由此可见，在制度环境越好的地区，重污染企业利用环保补贴进行绿色技术创新投入的意愿越强。而绿色技术创新有利于企业环境绩效的改善（Porter & Linde，1995；胡珺等，2020）。同时，制度环境较差的地区，法制通常也不健全，政府的行政服务质量也较差，企业为获取政策性资源而贿赂政府官员的寻租行为亦更盛行，而这种非生产性的寻租行为会弱化重污染公司通过绿色技术创新的方式来改善环境治理效率的动力，从而会损害其环境绩效；而在制度环境较好的地区，由于法律制度较为健全，政府的行政服务质量较高，官员腐败程度更轻，地方政府的服务质量较高，政府在决定向哪些重污染公司提供环保补贴、提供多大额度的补贴时，主要取决于公司的环保技术改造规划及其实际环境绩效。另外，政府行政环境越健全，对企业环保补贴资金使用的监管则会越到位，这会制约企业的生产排污行为，从而有利于企业环境绩效的改善（Shapiro & Walker，2018）。同时，法制环境越好，行政环境越健全，享受环保补贴扶持力度越大的企业，受到政府的监管越严，越能促使企业高管意识到环境问题对企业自身发展的重要性，更加积极乐观地解读环保补贴的政策导向对企业绿色生产行为的引导功能（Gholami et al.，2013），进而更有可能实施积极的环境战略来响应政府的环保补贴政策以达到环境保护的目的（Zhang et al.，2015），从而有利于企业环境绩效的改善。

此外，制度环境较好的地区，其金融化水平通常也更高，而良好的金融环境能够有效减少信息的非对称性、增加融资渠道，使得优质企业更容易被"识别"，从而获得融资支持，以有利于缓解企业绿色技术创新投入面临的融资约束（唐清泉和巫岑，2015）。因此，获得政府环保补贴的企业，在金融环境较好的地区，企业进行绿色技术创新所面临的融资约束会更少，从而更有利于激发企业进行环保创新投入。而企业的绿色技术创新有助于其淘汰污染落后产能、改善生产效率和环境绩效（Porter & Linde，1995；胡珺等，2020）。基于上述分析，提出如下假设：

H6-1：制度环境的改善强化了环保补贴对企业环境绩效的正面影响。

6.2.2　制度环境对环保补贴与企业经济绩效之间关系的影响

钱雪松等（2018）指出，良好的制度环境是提升企业生产效率的重要条件。习近平总书记强调"绿色青山就是金山银山"，"必须把生态文明建设摆在全局工作的突出地位"，切实践行绿色发展理念，改善生态环境质量。重要的是，中央的绿色发展理念能否转化为各地各部门切实的环境自觉行动，取决于地方政府（监管主体）和企业（污染主体）面对中央的生态环境政策时如何响应（李青原和肖泽华，2020）。

众所周知，企业工业活动在驱动经济高速发展的同时，也为牺牲生态环境付出了惨重代价，使人们在得到"金山银山"的同时，却让"绿水青山"从人们的视野中逐渐消逝。尽管依据波特假说（Porter Hypothesis），企业实施绿色环保投资和技术创新投入，并将绿色技术创新成果应用于生产过程，以淘汰污染落后产能，并抵消企业部分乃至全部环保成本，由此不仅降低了污染排放，还提升了企业生产效率（Porter & Linde，1995；于斌斌等，2019）。然而就短期来看，一方面，环保投资的私人成本高于私人收益，企业的短期经济绩效会受影响，因此环境治理投资的受益方往往是社会而非环保投资企业。另一方面，这些企业将有限的财务资源用于污染治理方面的环保投资支出，会挤占生产性投资，增加企业成本负担，减少利润（Clarkson et al.，2004），导致环境绩效与经济绩效在短期内呈现出负相关关系（Sueyoshi et al.，2010）。偏好短期既定利润与回报的理性企业家，往往不可能自愿把有限的财力投入短期经济绩效差且未来收益极具不确定性的环境治理投资上（Wang & Wheeler，2003；Orsato，2006），从而不利于企业短期经济绩效的改善。

在制度环境较好的地区，优质企业更容易被"识别"并易获得融资支持（唐清泉和巫岑，2015），从而可以缓解环保补贴对企业生产性投资的"挤出效应"给其短期经营绩效所带来的负面影响。由此可以推测，制度环境的改善，能够缓解环保补贴对企业短期经济绩效的负面影响。

由于在制度环境较差的地区，重污染企业的绿色技术创新被侵权、模仿的风险很大，导致其可能难以获得正常创新的经济报酬，这样会抑制企业通过绿色技术创新的方式来改善生产效率与获取超额收益的动力；而较好的制度环境有助于增强环保技术可专有性，使绿色创新投入的预期收益得以保障。由此可见，在制度环境越好的地区，重污染企业利用环保补贴进行绿色技术创新投入的意愿会越强。而绿色技术创新有利于增强企业可持续的绿色竞争优势（Hojnik & Ruzzier，2016），从而有利于提升企业的长期经济绩效。由此可以推测，制度环境的改善，能够促进环保补贴对企业长期经济绩效的正面影响。基于上述分析，提出如下假设：

H6-2：良好的制度环境能够缓解环保补贴对企业短期经济绩效的负面影响。

H6-3：良好的制度环境能够促进环保补贴对企业长期经济绩效的正面影响。

6.3 研究设计

6.3.1 数据来源与样本选择

本章以第4章、第5章为基础，分别研究制度环境在环保补贴与企业环境绩效之间关系的调节效应、制度环境在环保补贴与企业经济绩效之间关系的调节效应。本章研究对象和第4章、第5章一致，以环保部2008年6月颁布的《上市公司环保核查行业分类管理名录》划定的 16 类重污染行业为研究对象，具体为：钢铁、冶金、煤炭、水泥、火电、采矿业、化工、石化、纺织、制革、建材、造纸、发酵、酿造、制药以及电解铝。同样为了明确第 4 章、第 5 章与本书研究的一致性，本部分的样本区间为 2010~2017 年，并以我国 A 股市场中 16 类重污染行业的上市公司为研究样本。需要说明的是，本章研究制度环境对环保补贴与企业环境绩效之间关系部分，样本量同第 4 章一致，为 257 家重污染上市公司样本，共计 1674 个观测值，关于制度环境对环保补贴与企业经济绩效之间关系部分，样本量同第 5 章一致，为 532 家重污染上市公司样本，共计 3583 个观测值。

本书被解释变量（企业环境绩效与经济绩效）、解释变量（环保补贴）和控制变量等指标的数据来源已在第 4 章、第 5 章详细介绍，这里不再赘述。下面详细介绍一下制度环境变量的数据来源。

制度环境（Insti）的数据来源。本书借鉴刘慧龙和吴联生（2014）、甄红线等（2015）的做法，从行政环境、法制环境和金融环境三个角度来衡量制度环境，行政环境数据来源于王小鲁等（2018）编制的《中国分省份市场化指数报告》"减少政府对企业的干预指数"部分，金融环境数据来源于王小鲁等（2018）编制的《中国分省份市场化指数报告》"市场化指数中信贷资金分配指数"部分，法制环境数据来源于王小鲁等（2018）编制的《中国分省份市场化指数报告》"维护市场的法制环境指数"部分。

6.3.2　变量选取及定义

（1）被解释变量。模型中因变量分别为企业环境绩效和企业经济绩效（CP）。环境绩效同第 4 章一致，借鉴张兆国等（2019）、张艳磊等（2015）、李平和王玉乾（2015）、周晖和邓舒（2017）及于连超等（2020）的做法，用生态效益法衡量企业环境绩效，计算公式为：Ln（营业收入）/Ln（排污费）。经济绩效包括短期经济绩效和长期经济绩效。具体变量定义和第 5 章一致，短期经济绩效参考郭剑花和杜兴强（2011）的方法，用营业利润指标表示，具体为：用营业利润与总资产之比反映的会计绩效指标来衡量企业短期经济绩效（Perf）；同时，借鉴李维安等（2019）、王雪莉等（2013）、孙海法等（2006）的衡量方法，用反映市场绩效的指标企业价值（Tobin's Q）表征企业长期经济绩效。

（2）解释变量。解释变量（Subsid）表示环保补贴。环保补贴金额是在政府补助数据中按关键词"节能""减排""污染治理""环保""绿色""清洁"等进行手工筛选整理出与环保有关的数据。承袭邵敏和包群（2012）、毛其淋和许家云（2016）关于政府补贴的度量方法，环保补贴（Subsid）以企业当年收到的环保补贴之和与营业收入之比衡量。

（3）调节变量。制度环境（Insti）。本书制度环境衡量指标参考刘慧龙和吴联生（2014）、甄红线等（2015）的做法，分别从行政环境（Admin）、法制环境（Legal）和金融环境（Finan）三个方面来刻画制度环境。

（4）控制变量。本书控制变量同第 4 章、第 5 章一致，分析制度环境对环保补贴与企业环境绩效之间关系的影响时，控制变量同第 4 章一致，分别为：企业规模（Size）、财务杠杆（Lev）、成长性（Grow）、资本密集度（Capital）、盈利水平（Roa）、经营现金流（Cf）、企业年龄（Age）、股权集中度（Share）、环境认证（ISO）。研究制度环境对环保补贴与企业经济绩效之间关系的影响时，控制变量同第 5 章一致，分别为企业规模（Size）、财务杠杆（Lev）、企业成长性（Grow）、企业经营能力（Oper）、企业年龄（Age）、资本密集度（Capital）、经营现金流（Cf）、股权集中度（Share）和独董比例（Outdir）。

具体变量定义见表 6-1。

表 6-1 变量名称及定义

变量类型	变量名称	变量符号	变量定义环境绩效
被解释变量	环境绩效	Envir	生态效益法：对数化主营业务收入除以对数化的企业排污费
	短期经济绩效	Perf	用会计绩效指标营业利润与期末总资产之比表示，其公式为：营业利润/总资产
	长期经济绩效	Tobinq	企业价值（Tobin's Q）表示长期经济绩效，其公式为：（股权市值+债权账面价值）/总资产的账面价值
解释变量	环保补贴	Subsid	环保补贴与营业收入之比
调节变量	制度环境	Admin	行政环境：市场化指数中减少政府对企业的干预指数
		Legal	法制环境：市场化指数中维护市场的法制环境指数
		Finan	金融环境：市场化指数中信贷资金分配的市场化指数
控制变量	公司规模	Size	取年末总资产的自然对数
	资产负债率	Lev	用期末的总负债与总资产表示
	成长性	Grow	t-1 期与 t 期营业收入增长率
	盈利水平	ROA	净利润除以总资产额
	经营能力	Oper	企业总资产周转率
	企业年龄	Age	企业上市年限取对数
	资本密集度	Capital	固定资产净值/企业总资产
	环境认证	ISO	企业通过 ISO14001 赋值 1，否则赋值 0
	经营现金流	Cf	经营现金净流量与总资产之比衡量
	股权集中度	Share	前五大股东持股比例
	独董比例	Outdir	独立董事占总董事会总人数的比例
	年度	u	年度虚拟变量
	行业	v	行业虚拟变量

6.3.3 实证模型设定

（1）制度环境对环保补贴与企业环境绩效关系影响的检验。为检验制度环境对环保补贴与企业环境绩效之间关系的影响，以验证假设 H6-1 是否成立，本章构建了回归模型（6.1），并控制了行业和年度效应，并使用稳健标准误克服异方差和序列相关问题。模型构建如下：

$$Envir_{it} = a_0 + a_1 Subsid_{it} + a_2 Insti_{it} * Subsid_{it} + a_3 Insti_{it} + \beta X_{it} + u_k + v_j + e_i \qquad (6.1)$$

模型（6.1）中，Subsid 为解释变量，表示环保补贴；Enivr 为被解释变量，表示企业环境绩效；Insti 为调节变量，表示制度环境，分别用行政环境（Admin）、法制环境（Legal）和金融环境（Finan）衡量制度环境，X_{it} 为系列控制变量，u_k 和 v_j 分别为年度和行业哑变量，具体控制变量见上文变量定义，i 代表企业个体，t 代表年份。依据前文假设 H6-1，预计模型（6.1）中 a_2 系数显著为正，表明制度环境的改善强化了环保补贴对企业环境绩效的正面影响。

在模型回归时，同第 4 章一致，使用了解释变量的当期数据进行检验，为了使结果更加稳健，本书同时增加了解释变量滞后一期数据进行估计。

（2）制度环境对环保补贴与企业经济绩效关系的检验。同理，为检验制度环境对环保补贴与企业经济绩效之间关系的影响，以验证假设 H6-2 和假设H6-3 是否成立，本章构建了回归模型（6.2），并控制了行业和年度效应，还使用稳健标准误克服异方差和序列相关问题。模型构建如下：

$$CP_{it} = a_0 + a_1 Subsid_{it} + a_2 Insti_{it} * Subsid_{it} + a_3 Insti_{it} + \beta X_{it} + u_k + v_j + e_i \qquad (6.2)$$

模型（6.2）中，Subsid 为解释变量，表示环保补贴；CP 为被解释变量，表示企业经济绩效，分别用短期经济绩效（Perf）和长期经济绩效（Tobin's Q）来反映；制度环境（Insti）为调节变量，分别用行政环境（Admin）、法制环境（Legal）和金融环境（Finan）来衡量，X_{it} 为系列控制变量，u_k 与 v_j 分别为年度和行业哑变量，具体控制变量见上文变量定义，i 代表企业个体，t 代表年份。

当被解释变量为短期经济绩效时，依据前文假设 H6-2，预计模型（6.2）中 a_2 系数也显著为正，表明制度环境的改善弱化了环保补贴对企业短期经济绩效的负面影响；当被解释变量为长期经济绩效时，依据前文假设H6-3，预计模型（6.2）中 a_2 系数显著为正，表明制度环境的改善强化了环保补贴对企业长期经济绩效的正面影响。

实证回归时同第 4 章、第 5 章一致，模型使用解释变量的当期数据进行检验，同时增加了解释变量的滞后一期数据进行估计。

6.4　实证结果与分析

6.4.1　制度环境对环保补贴与企业环境绩效关系影响的回归分析

表 6-2 报告了制度环境对环保补贴与企业环境绩效之间关系影响的回归结果，即模型（6.1）的回归结果，被解释变量为企业环境绩效（Enivr），解释变量为环保补贴（Subsid），调节变量是制度环境（Insti），包括行政环境、法制环境和金融环境。为保证结果的有效性，本章同第 5 章检验方法一致，模型分别进行了解释变量的当期及滞后一期回归，因考虑异方差、残差序列相关问题，模型回归时亦进行了 Robust 与 Cluster 处理。表 6-1 的列（1）~列（3）是解释变量当期数据的回归结果，列（4）~列（6）是解释变量滞后一期的回归结果。其中，列（1）和列（4）是行政环境对环保补贴与企业环境绩效之间关系的影响结果，列（2）和列（5）是法制环境对环保补贴与企业环境绩效之间关系的影响结果，列（3）和列（6）为金融环境对环保补贴与企业环境绩效之间关系的影响结果。

表 6-2 的回归结果显示：列（1）和列（4）中，环保补贴和行政环境的交互项（Subsid * Admin）系数分别为 0.022 和 0.017，分别在 5% 和 10% 水

平下显著为正,也就是说,当期数据和滞后一期数据的回归结果显示,环保补贴和行政环境交互项(Subsid * Admin)系数均显著为正,表明行政环境的改善强化了环保补贴对企业环境绩效的正面影响;列(2)和列(5)中,环保补贴和法制环境的交互项(Subsid * Legal)系数分别为0.035和0.028,且均在1%水平下显著为正,表明法制环境的改善强化了环保补贴对企业环境绩效的正面影响;列(3)当期数据和列(6)滞后一期数据中,环保补贴和金融环境的交互项(Subsid * Finan)系数分别为0.028和0.021,且均在5%水平下显著为正。以上结果表明,行政环境、法制环境和金融环境所表征的制度环境的改善,强化了环保补贴对企业环境绩效的正面影响,假设H6-1得以印证。

表 6-2　制度环境对环保补贴与企业环境绩效之间关系的影响

变量 Envir	当期			滞后一期		
	（1）	（2）	（3）	（4）	（5）	（6）
Subsid	0.049 ** （2.48）	0.061 *** （2.76）	0.056 *** （2.69）	0.038 ** （2.26）	0.052 ** （2.41）	0.044 ** （2.37）
Subsid * Admin	0.022 ** （2.15）			0.017 * （1.92）		
Admin	0.004 * （1.83）			0.003 * （1.79）		
Subsid * Legal		0.035 *** （3.09）			0.028 *** （3.02）	
Legal		0.007 * （1.89）			0.006 * （1.84）	
Subsid * Finan			0.028 ** （2.43）			0.021 ** （2.35）

变量 Envir	当期			滞后一期		
	（1）	（2）	（3）	（4）	（5）	（6）
Finan			0.001			0.001
			(1.32)			(1.26)
Size	−0.072**	−0.069**	−0.076**	−0.086*	−0.084*	−0.078*
	(−2.24)	(−2.03)	(−2.13)	(−1.88)	(−1.85)	(−1.80)
Grow	0.000	0.002	0.001	0.001	0.000	0.001
	(0.22)	(0.94)	(0.68)	(0.19)	(0.13)	(0.21)
Lev	−0.078	−0.074	−0.076	−0.072	−0.068	−0.071
	(−1.41)	(−1.29)	(−1.38)	(−1.03)	(−0.98)	(−1.05)
Cf	−0.228*	−0.241*	−0.236*	−0.263**	−0.259**	−0.256**
	(−1.72)	(−1.91)	(−1.78)	(−2.34)	(−2.25)	(−2.21)
ROA	−0.011	−0.009	−0.013	−0.005	−0.006	−0.005
	(−0.85)	(−0.74)	(−0.97)	(−0.13)	(−0.18)	(−0.17)
Age	0.012***	0.013***	0.011***	0.010***	0.011***	0.009***
	(2.64)	(2.67)	(2.62)	(2.74)	(2.76)	(2.72)
Capital	−0.319***	−0.332***	−0.328***	−0.361***	−0.354***	−0.352***
	(−2.78)	(−2.94)	(−2.86)	(−3.77)	(−3.73)	(−3.69)
Share	−0.000	−0.001	−0.001	−0.001	−0.000	−0.001
	(−1.14)	(−1.32)	(−1.26)	(−1.42)	(−1.28)	(−1.46)
ISO	0.441***	0.437***	0.432***	0.349***	0.356***	0.347***
	(4.24)	(4.12)	(4.08)	(4.03)	(4.07)	(3.98)
常数项	1.546***	1.528***	1.534***	1.513***	1.497***	1.506***
	(9.21)	(8.93)	(9.39)	(8.34)	(8.18)	(8.25)
行业/年度	控制	控制	控制	控制	控制	控制
样本量	1674	1674	1674	1382	1382	1382
调整后的 R^2	0.182	0.176	0.179	0.157	0.169	0.152

注：***、**和*分别表示1%、5%和10%的显著性水平，（ ）内为 t 值，下同。

6.4.2　制度环境对环保补贴与企业经济绩效关系影响的回归分析

（1）制度环境对环保补贴与企业短期经济绩效关系的影响。表6-3是模型（6.1）中被解释变量为企业短期经济绩效的回归结果，检验了以行政环境、法制环境和金融环境表征的制度环境对环保补贴与企业短期经济绩效之间关系影响的回归结果。为保证结果的有效性，本章同第5章检验方法一致，模型分别进行了解释变量的当期及滞后一期回归，因考虑异方差、残差序列相关问题，模型回归时亦进行了 Robust 与 Cluster 处理。列（1）～列（3）是当期数据回归结果，列（4）～列（6）是滞后一期数据的回归结果。其中，列（1）和列（4）是行政环境对环保补贴与企业短期经济绩效之间关系影响的回归结果，列（2）和列（5）是法制环境对环保补贴与企业短期经济绩效之间关系影响的回归结果，列（3）和列（6）是金融环境对环保补贴与企业短期经济绩效之间关系影响的回归结果。

表6-3的回归结果显示：列（1）的当期数据及列（4）的滞后一期数据中，环保补贴和行政环境的交互项（Subsid * Admin）系数分别为0.051和0.047，且均在5%水平下显著为正，这表明行政环境的改善缓解了环保补贴对企业短期经济绩效的负面影响；列（2）的当期数据和列（5）的滞后一期数据中，环保补贴和法制环境的交互项（Subsid * Legal）系数分别为0.048和0.035，且均在5%水平下显著为正，这表明无论当期数据还是滞后一期数据的回归结果，均显示法制环境的改善有利于缓解环保补贴对企业短期经济绩效的负面影响；列（3）的当期数据和列（6）的滞后一期数据中，环保补贴和金融环境的交乘项（Subsid * Finan）系数分别为0.065和0.058，且均在1%水平下显著为正，这表明金融环境的改善弱化了环保补贴对企业短期经济绩效的负面影响。综合上述结果可知，以行政环境、法制环境和金融环

境所表征的制度环境作为调节变量，正向调节了环保补贴与企业短期经济绩效之间的关系，即制度环境的改善缓解了环保补贴对企业短期经济绩效的负面影响，假设 H6-2 得以验证。

表6-3　制度环境对环保补贴与企业短期经济绩效关系的影响

变量 Perf	当期			滞后一期		
	（1）	（2）	（3）	（4）	（5）	（6）
Subsid	-0.113** (-2.12)	-0.109** (-2.06)	-0.115** (-2.17)	-0.098* (-1.91)	-0.094* (-1.86)	-0.103** (-2.02)
Subsid * Admin	0.051** (2.18)			0.047** (1.99)		
Admin	0.029*** (3.19)			0.028*** (3.13)		
Subsid * Legal		0.048** (2.16)			0.035** (2.07)	
Legal		0.014*** (2.95)			0.011*** (2.86)	
Subsid * Finan			0.065*** (2.79)			0.058*** (2.66)
Finan			0.033*** (3.46)			0.030*** (3.52)
Size	0.012** (2.24)	0.014** (2.37)	0.013** (2.34)	0.010** (2.18)	0.009** (2.12)	0.010** (2.19)
Grow	0.040*** (2.78)	0.041*** (2.78)	0.044*** (2.83)	0.031*** (2.67)	0.034*** (2.69)	0.036*** (2.74)
Lev	-0.068*** (-6.46)	-0.059*** (-6.39)	-0.072*** (-6.53)	-0.043*** (-5.37)	-0.041*** (-5.12)	-0.046*** (-5.43)
Cf	-0.032* (-1.91)	-0.025* (-1.87)	-0.021* (-1.84)	-0.019* (-1.69)	-0.018* (-1.65)	-0.016 (-1.59)
Age	0.045*** (2.83)	0.048*** (2.89)	0.042*** (2.79)	0.033*** (2.68)	0.036*** (2.65)	0.037*** (2.73)

变量 Perf	当期			滞后一期		
	（1）	（2）	（3）	（4）	（5）	（6）
Capital	−0.020 ***	−0.024 ***	−0.021 ***	−0.018 ***	−0.021 ***	−0.019 ***
	（−3.23）	（−3.34）	（−3.26）	（−3.19）	（−3.22）	（−3.20）
Oper	0.009 ***	0.010 ***	0.010 ***	0.011 ***	0.012 ***	0.011 ***
	（3.67）	（3.71）	（3.69）	（3.83）	（3.89）	（3.85）
Share	−0.000 *	−0.001 **	−0.001 **	−0.002 **	−0.002 **	−0.002 **
	（−1.92）	（−2.13）	（−2.09）	（−2.29）	（−2.31）	（−2.31）
Outdir	0.012	0.009	0.013	0.015	0.015	0.016
	（0.78）	（0.49）	（0.82）	（0.67）	（0.69）	（0.72）
常数项	−0.081 ***	−0.077 ***	−0.074 ***	−0.091 ***	−0.085 ***	−0.089 ***
	（−3.35）	（−3.26）	（−3.21）	（−3.48）	（−3.41）	（−3.42）
行业/年度	控制	控制	控制	控制	控制	控制
样本量	3583	3583	3583	2887	2887	2887
调整后的 R^2	0.256	0.253	0.259	0.238	0.244	0.241

注：***、**和*分别表示 1%、5% 和 10% 的显著性水平，（ ）内为 t 值，下同。

（2）制度环境对环保补贴与企业长期经济绩效关系影响的检验。表 6-4 报告了行政环境、法制环境和金融环境表征的制度环境对环保补贴与企业长期经济绩效之间关系的调节效应。其中，列（1）~列（3）是解释变量当期数据的回归结果，列（4）~列（6）是其滞后一期数据的回归结果。具体为，列（1）和列（4）报告了行政环境对环保补贴与企业长期经济绩效关系的调节效应，列（2）和列（5）报告了法制环境对环保补贴与企业长期经济绩效关系的调节效应，列（3）和列（6）报告了金融环境对环保补贴与企业长期经济绩效关系的调节效应。因考虑异方差、残差序列相关问题，模型回归时亦进行了 Robust 与 Cluster 处理，并控制了行业和年度效应。

从表 6-4 的结果来看：列（1）和列（4）中，环保补贴和行政环境的交互项（Subsid * Admin）系数分别为 0.128 和 0.136，均在 1% 水平下显著为正，表明行政环境的改善强化了环保补贴对企业长期经济绩效的正面影响；列（2）和列（5）中，环保补贴和法制环境的交互项（Subsid * Legal）系数分别为 0.107 和 0.118，均在 1% 水平下显著为正，表明法制环境的改善强化了环保补贴对企业长期经济绩效的正面影响；列（3）和列（6）中，环保补贴和金融环境的交互项（Subsid * Finan）系数分别为 0.145 和 0.153，也都在 1% 水平下显著为正，说明以金融环境的优化强化了环保补贴对企业长期经济绩效的正面影响。综合上述结果表明，行政环境、法制环境和金融环境所表征的制度环境正向调节了环保补贴与企业长期经济绩效之间的关系，即制度环境的改善强化了环保补贴对企业长期经济绩效的正面影响，假设 H6-3 得以验证。

表 6-4 制度环境对环保补贴与企业长期经济绩效关系的影响

变量	当期			滞后一期		
Tobin's Q	（1）	（2）	（3）	（4）	（5）	（6）
Subsid	0.172 ***	0.169 ***	0.174 ***	0.191 ***	0.187 ***	0.196 ***
	(4.44)	(4.15)	(4.49)	(4.25)	(4.12)	(4.29)
Subsid * Admin	0.128 ***			0.136 ***		
	(3.14)			(3.31)		
Admin	0.013 *			0.014 *		
	(1.82)			(1.86)		
Subsid * Legal		0.107 ***			0.118 ***	
		(3.12)			(3.28)	
Legal		0.012 *			0.012 *	
		(1.74)			(1.72)	
Subsid * Finan			0.145 ***			0.153 ***
			(3.57)			(3.61)
Finan			0016 **			0.017 **
			(2.17)			(2.24)

续表

变量	当期			滞后一期		
Tobin's Q	(1)	(2)	(3)	(4)	(5)	(6)
Size	−0.425***	−0.419***	−0.432***	−0.387***	−0.384***	−0.389***
	(−4.23)	(−4.21)	(−4.36)	(−2.79)	(−2.77)	(−2.80)
Grow	0.025***	0.028***	0.024***	0.017***	0.018***	0.020***
	(3.17)	(3.18)	(3.14)	(3.02)	(3.07)	(3.09)
Lev	−0.395**	−0.399**	−0.392**	−0.423**	−0.414**	−0.419**
	(−2.38)	(−2.41)	(−2.37)	(−2.52)	(−2.39)	(−2.46)
Cf	0.976***	0.982***	0.978***	1.004***	1.013***	1.008***
	(3.77)	(3.83)	(3.81)	(4.01)	(3.98)	(3.94)
Age	0.017***	0.019***	0.018***	0.024***	0.023***	0.020***
	(3.96)	(4.04)	(3.99)	(4.21)	(4.18)	(4.12)
Capital	−0.924***	−0.916***	−0.921***	−0.896***	−0.902***	−0.898***
	(−5.16)	(−5.13)	(−5.23)	(−4.97)	(−5.03)	(−4.99)
Oper	0.120	0.126	0.123	0.137	0.143	0.141
	(1.37)	(1.44)	(1.41)	(0.98)	(1.05)	(1.02)
Share	0.004**	0.004**	0.003**	0.005**	0.005**	0.004**
	(2.32)	(2.31)	(2.29)	(2.41)	(2.38)	(2.30)
Outdir	0.521	0.514	0.523	0.496	0.499	0.497
	(1.19)	(1.14)	(1.24)	(1.15)	(1.19)	(1.17)
常数项	8.493***	8.521***	8.514***	8.570***	8.569***	8.566***
	(11.86)	(12.02)	(11.94)	(12.53)	(12.46)	(12.44)
行业/年度	控制	控制	控制	控制	控制	控制
样本量	3583	3583	3583	2887	2887	2887
调整后的 R^2	0.338	0.339	0.341	0.333	0.335	0.332

注：***、**和*分别表示1%、5%和10%的显著性水平，（ ）内为t值，下同。

6.5　稳健性检验

6.5.1　制度环境分组检验

表 6-1~表 6-3 是按模型（6.1）及模型（6.2）进行回归所得的结果，即在模型中纳入解释变量、调节变量及两者交乘项，以考察交乘项的系数而验证相关假设。在此处的稳健性检验中，将调节变量行政环境、法制环境和金融环境所表征的制度环境进行分组，具体参考余明桂等（2013）的做法，如果企业所在地区的制度环境取值大于或等于同年度的制度环境样本均值，定义为制度环境好组；反之，则定义为制度环境差组。再用模型（4.1）和模型（5.1）对划分的制度环境好组和制度环境差组进行多元回归，并进行组间系数差异检验，以检验不同制度环境下环保补贴对企业环境绩效与经济绩效的影响。

表 6-5 报告了行政环境、法制环境和金融环境所表征的制度环境分组下，利用第 4 章模型（4.1）进行分组回归检验，以考察不同制度环境下环保补贴对企业环境绩效的影响。列（1）~列（2）反映不同行政环境下，环保补贴对企业环境绩效影响的回归结果，列（3）~列（4）反映不同法制环境下，环保补贴对企业环境绩效影响的回归结果，列（5）~列（6）反映环保补贴与企业环境绩效在不同金融环境下的回归结果。其中，列（1）、列（3）及列（5）为行政环境、法制环境及金融环境较差组，列（2）、列（4）及列（6）为行政环境、法制环境及金融环境较好组。

从表 6-5 的回归结果显示，列（1）的行政环境较差组中，环保补贴系数为 0.029，在 10%水平下显著为正；列（2）的行政环境较好组中，环保补贴系数为 0.079，在 1%水平下显著为正；列（2）的环保补贴系数大于列（1）的环保补贴系数，且组间系数比较检验显示二者存在显著差异。以上结果表明，相对于行政环境较差组，环保补贴对企业环境绩效的促进作用在行政环境较好组更明显。同理，列（3）的法制环境较差组中，环保补贴系数 0.021，在 10%水平下显著为正；列（4）的法制环境较好组中，环保补贴系数为 0.084，在 1%水平下显著为正，且组间系数差异比较显示二者存在显著差异，这表明相对于法制环境较差组，环保补贴对企业环境绩效的促进作用在法制环境较好组更明显；列（5）的金融环境较差组中，环保补贴系数为 0.037，在 5%水平下显著为正；列（6）的金融环境较好组中，环保补贴系数为 0.096，在 1%水平下显著为正；可见，金融环境较好组的环保补贴系数大于金融环境较差组的环保补贴系数，且组间系数差异比较显示二者存在显著差异，这表明相对于金融环境较差组，环保补贴对企业环境绩效的促进作用在金融环境较好组更明显。总之，以上制度环境分组检验结果表明，制度环境的改善强化了环保补贴对企业环境绩效的正面影响，进一步支持了假设 H6-1。

表 6-5　制度环境对环保补贴与企业环境绩效关系的影响：分组检验

变量 Envir	行政环境		法制环境		金融环境	
	（1）较差组	（2）较好组	（3）较差组	（4）较好组	（5）较差组	（6）较好组
Subsid	0.029*	0.079***	0.021*	0.084***	0.037**	0.096***
	（1.91）	（4.72）	（1.89）	（4.57）	（2.48）	（4.86）
Size	−0.063**	−0.061**	−0.074**	−0.048*	−0.081**	−0.072*
	（−2.11）	（−1.99）	（−2.08）	（−1.87）	（−2.14）	（−1.88）
Grow	0.000	0.001	0.003	0.001	0.002	0.001
	（0.25）	（0.64）	（1.16）	（0.75）	（1.08）	（0.82）

续表

变量 Envir	行政环境		法制环境		金融环境	
	（1）较差组	（2）较好组	（3）较差组	（4）较好组	（5）较差组	（6）较好组
Lev	−0.085*	−0.073	−0.074	−0.094*	−0.079	−0.083*
	(−1.79)	(−1.36)	(−1.32)	(−1.91)	(−1.42)	(−1.88)
Cf	−0.256*	−0.184	−0.247*	−0.292**	−0.236**	−0.218*
	(−1.89)	(−1.61)	(−1.78)	(−2.13)	(−2.04)	(−1.85)
ROA	−0.007	−0.004	−0.007	−0.006	−0.005	−0.005
	(−0.68)	(−0.17)	(−0.36)	(−0.27)	(−0.19)	(−0.21)
Age	0.011***	0.016***	0.018***	0.009**	0.014***	0.009**
	(2.62)	(2.83)	(2.98)	(2.26)	(2.73)	(2.42)
Capital	−0.469***	−0.278***	−0.319***	−0.365***	−0.338***	−0.354***
	(−2.95)	(−2.87)	(−2.79)	(−3.04)	(−2.93)	(−3.16)
Share	−0.001	0.001***	−0.001	−0.000	−0.001	−0.001
	(−1.18)	(3.04)	(−1.36)	(−1.05)	(−1.19)	(−1.07)
ISO	0.462***	0.384***	0.474***	0.258***	0.348***	0.321***
	(4.43)	(4.06)	(4.09)	(3.54)	(3.84)	(3.61)
常数项	1.273***	1.036***	1.628***	1.494***	1.523***	1.518***
	(7.58)	(5.69)	(10.17)	(9.63)	(8.43)	(8.29)
行业/年度	控制	控制	控制	控制	控制	控制
组间系数比较	7.69***		8.17***		7.45***	
样本量	953	721	1052	622	985	689
调整后的 R^2	0.154	0.129	0.176	0.157	0.166	0.143

注：***、**和*分别表示1%、5%和10%的显著性水平。

表6-6利用第5章模型（5.1）对制度环境较差和较好的各组样本分别进行多元回归，以检验不同行政环境、法制环境和金融环境下环保补贴对企业短期经济绩效的影响。列（1）、列（3）及列（5）反映行政环境、法制环境及金融环境较差时，环保补贴对企业短期经济绩效的影响；列（2）、列（4）及列（6）反映行政环境、法制环境及金融环境较好时，环保补贴对

企业短期经济绩效的影响。列（1）~列（2）是以行政环境所表征的制度环境分组回归结果，列（3）~列（4）是以法制环境所表征的制度环境分组回归结果，列（5）~列（6）是以金融环境所表征的制度环境分组回归结果。

表6-6　制度环境对环保补贴与企业短期经济绩效关系的影响：分组检验

变量 Perf	行政环境		法制环境		金融环境	
	（1）较差组	（2）较好组	（3）较差组	（4）较好组	（5）较差组	（6）较好组
Subsid	−0.148**	−0.074	−0.139**	−0.086	−0.154***	−0.078
	（−2.51）	（−0.98）	（−2.48）	（−1.04）	（−2.62）	（−1.13）
Size	0.008*	0.015**	0.009*	0.013**	0.012**	0.010**
	（1.87）	（2.44）	（1.91）	（2.26）	（2.20）	（2.16）
Grow	0.029***	0.035***	0.033***	0.023**	0.056***	0.047***
	（2.68）	（2.84）	（2.64）	（2.44）	（2.98）	（2.84）
Lev	−0.063***	−0.058***	−0.054***	−0.048***	−0.039***	−0.052***
	（−6.39）	（−6.16）	（−6.11）	（−6.05）	（−4.74）	（−6.12）
Cf	−0.027*	−0.034**	−0.038**	−0.027*	−0.028*	−0.045**
	（−1.92）	（−2.06）	（−2.17）	（−1.90）	（−1.85）	（−2.04）
Age	0.039***	0.042***	0.032***	0.028***	0.042***	0.026***
	（2.68）	（2.75）	（2.74）	（2.66）	（2.85）	（2.65）
Capital	−0.018***	−0.025***	−0.016***	−0.014***	−0.020***	−0.034***
	（−3.16）	（−3.36）	（−3.04）	（−2.96）	（−3.16）	（−3.45）
Oper	0.005	0.008**	0.004	0.006*	0.005	0.011**
	（1.60）	（2.09）	（1.53）	（1.72）	（1.53）	（2.24）
Share	−0.001**	−0.000*	−0.001**	−0.002**	−0.002**	−0.003**
	（−2.05）	（−1.84）	（−2.08）	（−2.23）	（−2.31）	（−2.42）
Outdir	0.016	0.013	0.014	0.015	0.006	0.017
	（1.06）	（0.38）	（0.88）	（0.94）	（0.59）	（1.53）
常数项	−0.054***	−0.062***	−0.077***	−0.082***	−0.071***	−0.075***
	（−2.78）	（−2.93）	（−3.15）	（−3.26）	（−3.07）	（−3.16）
行业/年度	控制	控制	控制	控制	控制	控制
组间系数比较	10.28***		9.96***		10.35***	

变量 Perf	行政环境		法制环境		金融环境	
	(1) 较差组	(2) 较好组	(3) 较差组	(4) 较好组	(5) 较差组	(6) 较好组
样本量	2002	1581	1937	1646	1859	1724
调整后的 R²	0.246	0.239	0.235	0.227	0.258	0.252

注：***、**和*分别表示1%、5%和10%的显著性水平。

表6-6的回归结果显示，列（1）的行政环境较差组中，环保补贴系数为-0.148，在5%水平下显著为负；列（2）的行政环境较好组中，环保补贴系数为-0.074，但不显著，两组结果比较的组间系数差异检验具有显著性。这一结果表明，行政环境较差时，环保补贴对企业短期经济绩效的抑制作用较明显，而行政环境较好时，环保补贴对企业短期经济绩效的抑制作用不明显，导致这一结果的原因可能是，较好的行政环境缓解了环保补贴对企业短期经济绩效的负面影响。列（3）的法制环境较差组中，环保补贴系数为-0.139，在5%水平下显著为负；列（4）的法制环境较好组中，环保补贴系数为-0.086，且结果不显著，两组结果比较的组间系数差异检验具有显著性。这一结果同样表明，法制环境较差时，环保补贴对企业短期经济绩效的抑制作用较明显，而法制环境较好时，环保补贴对企业短期经济绩效的抑制作用却不明显，出现这一结果的主要原因可能是，较好的法制环境弱化了环保补贴对企业短期经济绩效的负面影响。列（5）的金融环境较差组中，环保补贴系数为-0.154，在1%水平下显著为负；列（6）的金融环境较好组中，环保补贴系数为-0.078，但不具有显著性，组间系数比较显示二者存在显著差异性。这一结果亦同样表明，金融环境较差时，环保补贴对企业短期经济绩效的抑制作用明显，而金融环境较好时，环保补贴对企业短期经济绩效的抑制作用不明显，导致该结果的可能原因是，较好的金融环境弱化了环保补贴对企业短期经济绩效的负面影响。综合上述结果表明，制度环境的改善，包括行政环境、法制环境和金融环境的改善缓解了环保补贴对企业短期

经济绩效的负面影响，进一步支持了假设 H6-2。

表 6-7 利用第 5 章模型（5.1）分组回归检验了行政环境、法制环境和金融环境较差和较好时，环保补贴对企业长期经济绩效的影响。其中，列（1）~列（2）分别报告了行政环境较差和较好时，环保补贴对企业长期经济绩效影响的回归结果；列（3）~列（4）分别报告了法制环境较差和较好时，环保补贴对企业长期经济绩效影响的回归结果；列（5）~列（6）分别报告了金融环境较差和较好时，环保补贴对企业长期经济绩效影响的回归结果。

表 6-7　制度环境对环保补贴与企业长期经济绩效关系的影响：分组检验

变量 Tobin's Q	行政环境		法制环境		金融环境	
	（1）较差组	（2）较好组	（3）较差组	（4）较好组	（5）较差组	（6）较好组
Subsid	0.144**	0.238***	0.113*	0.235***	0.165**	0.249***
	(2.38)	(6.52)	(1.89)	(6.64)	(2.44)	(7.18)
Size	−0.439***	−0.434***	−0.262***	−0.412***	−0.426***	−0.373***
	(−3.73)	(−3.94)	(−3.28)	(−4.14)	(−4.32)	(−3.75)
Grow	0.023***	0.018***	0.037***	0.029***	0.028***	0.021***
	(3.25)	(2.92)	(3.59)	(3.27)	(3.24)	(3.14)
Lev	−0.413**	−0.324*	−0.433**	−0.396**	−0.409**	−0.423**
	(−2.38)	(−1.84)	(−2.51)	(−2.46)	(−2.35)	(−2.43)
Cf	0.832***	0.961***	0.942***	1.015***	0.745***	0.943***
	(3.74)	(3.88)	(3.43)	(3.95)	(3.16)	(3.57)
Age	0.015***	0.019***	0.019***	0.033***	0.017***	0.023***
	(3.37)	(3.96)	(3.98)	(4.27)	(4.04)	(4.13)
Capital	−0.928***	−0.914***	−1.004***	−0.883***	−0.862***	−0.909***
	(−5.43)	(−5.16)	(−5.45)	(−4.86)	(−4.67)	(−5.20)
Oper	0.106	0.118	0.169*	0.124	0.214**	0.127
	(1.27)	(1.35)	(1.78)	(1.46)	(2.09)	(1.03)
Share	0.005**	0.006**	0.006**	0.006**	0.005**	0.004**
	(2.20)	(2.36)	(2.43)	(2.49)	(2.39)	(2.15)

变量	行政环境		法制环境		金融环境	
Tobin's Q	(1) 较差组	(2) 较好组	(3) 较差组	(4) 较好组	(5) 较差组	(6) 较好组
Outdir	0.355 (1.04)	0.504 (1.13)	0.519 (1.22)	0.483 (0.96)	0.284 (1.11)	0.502 (1.48)
常数项	8.348*** (11.34)	8.157*** (10.62)	8.536*** (12.05)	8.489*** (11.64)	8.525*** (11.83)	8.514*** (11.48)
行业/年度	控制	控制	控制	控制	控制	控制
组间系数比较	4.58**		4.94**		6.53***	
样本量	2002	1581	1937	1646	1859	1724
调整后的 R²	0.336	0.336	0.341	0.333	0.335	0.332

注：***、**和*分别表示1%、5%和10%的显著性水平。

表6-7的结果显示，列（1）的行政环境较差组中，环保补贴系数为0.144，在5%水平下显著为正；列（2）的行政环境较好组中，环保补贴系数为0.238，在1%水平下显著为正；列（2）的环保补贴系数（0.238）大于列（1）的环保补贴系数（0.144），且这两组的组间系数比较检验表明二者存在显著差异。这一结果表明，相对于行政环境较差组，环保补贴对企业长期经济绩效的促进作用在行政环境较好组更明显。列（3）的法制环境较差组中，环保补贴系数为0.113，在10%水平下显著为正；列（4）的法制环境较好组中，环保补贴系数0.235，在1%水平下显著为正；列（4）的环保补贴系数（0.235）大于列（3）的环保补贴系数（0.113），且这两组的组间系数差异检验表明二者存在显著差异。这一结果表明，相对于法制环境较差组，环保补贴对企业长期经济绩效的促进作用在法制环境较好组更明显。列（5）的金融环境较差组中，环保补贴系数为0.165，在5%水平下显著为正；列（6）的金融环境较好组中，环保补贴系数为0.249，在1%水平下显著为正；列（6）的环保补贴系数大于列（5）的环保补贴系数，且这两组的组间系数差异检验表明二者存在显著差异。这一结果表明，相对于金融环境较差

组，环保补贴对企业长期经济绩效的促进作用在金融环境较好组更明显。综合上述制度环境分组检验结果可知，在较好的制度环境下，环保补贴对企业长期经济绩效的促进作用更明显，进一步支持了假设H6-3。

6.5.2 倾向得分匹配（PSM）样本检验

本章同第4章和第5章PSM样本的稳健性检验一致，企业在现实中是否获得政府环保补贴可能是非随机的，如果采用普通最小二乘法（OLS）进行识别，有可能会产生选择性偏差和混合性偏差问题。因此，本章稳健性检验同第4章和第5章一致，仍然参考Heckman et al.（1997）的倾向得分匹配方法（PSM）。在检验制度环境对环保补贴与企业环境绩效之间关系的调节效应时，利用第4章稳健性检验中倾向得分匹配后的样本进行检验，在检验制度环境对环保补贴与企业经济绩效之间关系的调节效应时，是用第5章稳健性检验中倾向得分匹配后的样本进行检验。其具体匹配方法、原理及平衡性检验已在第4章和第5章中详细说明，这里不再赘述，本章只列出样本匹配后，制度环境作为调节变量分别对环保补贴与企业环境绩效之间关系以及制度环境对环保补贴与企业经济绩效之间关系的回归结果。具体结果见表6-8~表6-10。

表6-8为PSM样本检验制度环境对环保补贴与企业环境绩效之间关系的回归结果，即用第4章稳健性检验中PSM得到的样本对模型（6.1）重新进行回归，模型中调节变量为制度环境（包括行政环境、法制环境和金融环境），被解释变量为企业环境绩效。本检验和前文主检验一致，同时报告了解释变量当期数据和滞后一期数据的回归结果。其中列（1）和列（4）报告了行政环境作为调节变量对环保补贴与企业环境绩效之间关系影响的结果，列（2）和列（5）检验了法制环境对环保补贴与企业环境绩效之间关系影响的回归结果，列（3）和列（6）报告了金融环境对环保补贴与企业环境绩效

之间关系影响的回归结果。

从表 6-8 的当期数据回归结果来看，列（1）中，环保补贴与行政环境交互项（Subsid * Admin）系数为 0.036，在 1% 水平下显著为正；列（2）中，环保补贴与法制环境交互项（Subsid * Legal）系数为 0.044，在 1% 水平下显著为正；列（3）中，环保补贴与金融环境交互项（Subsid * Finan）系数为 0.029，在 1% 水平下显著为正。以上当期数据的回归结果表明，行政环境、法制环境和金融环境所表征的制度环境的改善强化了环保补贴对企业环境绩效的正面影响；表 6-8 滞后一期数据结果显示，列（4）、列（5）及列（6）环保补贴与制度环境（分别为行政环境、法制环境和金融环境）的交互项（Subsid * Insti）系数也均在 1% 水平下显著为正。以上滞后期数据的回归结果表明，行政环境、法制环境和金融环境所表征的制度环境的改善亦强化了环保补贴对企业环境绩效的正面影响。综合上述结果可知，无论是当期数据还是滞后一期数据，均验证了制度环境的改善强化了环保补贴对企业环境绩效的正面影响，进一步支持了假设 H6-1。

表 6-8　制度环境对环保补贴与企业环境绩效关系的影响：PSM 样本检验

变量	当期			滞后一期		
Envir	（1）	（2）	（3）	（4）	（5）	（6）
Subsid	0.066 ***	0.072 ***	0.059 ***	0.051 ***	0.064 ***	0.053 ***
	（2.84）	（2.87）	（2.79）	（2.68）	（2.71）	（2.62）
Subsid * Admin	0.036 ***			0.027 ***		
	（2.73）			（2.68）		
Admin	0.005 *			0.004 *		
	（1.86）			（1.82）		
Subsid * Legal		0.044 ***			0.039 ***	
		（2.93）			（2.89）	
Legal		0.008 *			0.006 *	
		（1.91）			（1.87）	

续表

变量 Envir	当期			滞后一期		
	（1）	（2）	（3）	（4）	（5）	（6）
Subsid * Finan			0.029 ***			0.022 ***
			（3.13）			（3.05）
Finan			0.002			0.001
			（1.52）			（1.37）
Size	−0.092 ***	−0.087 ***	−0.096 ***	−0.036 **	−0.032 **	−0.029 **
	（−3.01）	（−2.95）	（−3.08）	（−2.45）	（−2.37）	（−2.28）
Grow	0.003 *	0.002 *	0.003 *	0.001	0.001	0.000
	（1.79）	（1.74）	（1.78）	（1.49）	（1.53）	（1.33）
Lev	−0.096 *	−0.093 *	−0.095 *	−0.076 *	−0.072 *	−0.078 *
	（−1.91）	（−1.83）	（−1.89）	（−1.75）	（−1.72）	（−1.79）
Cf	−0.283 **	−0.275 **	−0.271 **	−0.258 **	−0.263 **	−0.266 **
	（−2.38）	（−2.24）	（−2.18）	（−2.12）	（−2.23）	（−2.34）
ROA	−0.008	−0.009	−0.008	−0.007	−0.007	−0.006
	（−0.69）	（−0.92）	（−0.74）	（−0.48）	（−0.53）	（−0.38）
Age	0.012 ***	0.010 ***	0.013 ***	0.014 ***	0.015 ***	0.013 ***
	（2.73）	（2.65）	（2.78）	（2.96）	（2.99）	（2.92）
Capital	−0.286 ***	−0.293 ***	−0.290 ***	−0.337 ***	−0.353 ***	−0.348 ***
	（−2.74）	（−2.82）	（−2.78）	（−3.08）	（−3.29）	（−3.21）
Share	−0.001	−0.002	−0.001	−0.001	−0.001	−0.000
	（−1.23）	（−1.38）	（−1.29）	（−1.51）	（−1.56）	（−1.42）
ISO	0.463 ***	0.459 ***	0.448 ***	0.426 ***	0.418 ***	0.435 ***
	（4.94）	（4.85）	（4.79）	（4.38）	（4.22）	（3.54）
常数项	1.735 ***	1.689 ***	1.814 ***	1.862 ***	1.827 ***	1.904 ***
	（4.23）	（3.93）	（4.56）	（4.88）	（4.45）	（5.04）
行业/年度	控制	控制	控制	控制	控制	控制
样本量	992	992	992	704	704	704
调整后的 R^2	0.148	0.151	0.158	0.136	0.127	0.142

注：***、**和*分别表示1%、5%和10%的显著性水平。

表6-9为PSM样本运用模型（6.2）进行回归的结果，反映制度环境与环保补贴交互项对企业短期经济绩效的影响。调节变量为制度环境（包括行政环境、法制环境和金融环境），解释变量为环保补贴，被解释变量为企业短期经济绩效。列（1）～列（3）是PSM样本当期数据的回归结果，列（4）～列（6）是PSM样本滞后一期数据的回归结果。列（1）和列（4）是行政环境对环保补贴与企业短期经济绩效关系影响的结果；列（2）和列（5）是法制环境对环保补贴与企业短期经济绩效关系影响的回归结果；列（3）和列（6）是金融环境对环保补贴与企业短期经济绩效关系影响的回归结果。

表6-9显示，列（1）和列（4）中，环保补贴和行政环境的交互项（Subsid * Admin）系数分别为0.058和0.043，均在5%水平下显著为正，表明行政环境的改善弱化了环保补贴对企业短期经济绩效的负面影响；列（2）和列（5）中，环保补贴和法制环境的交互项（Subsid * Legal）系数分别为0.046和0.037，均在5%水平下显著为正，说明法制环境的改善弱化了环保补贴对企业短期经济绩效的负面影响；列（3）和列（6）中，环保补贴和金融环境交互项（Subsid * Finan）系数分别为0.067和0.061，且均在1%水平下显著为正，说明金融环境的改善弱化了环保补贴对企业短期经济绩效的负面影响。上述PSM样本回归结果表明，制度环境的改善弱化了环保补贴对企业短期经济绩效的负面影响，进一步支持了假设H6-2。

表6-9　制度环境对环保补贴与企业短期经济绩效关系的影响：PSM样本检验

变量 Perf	当期			滞后一期		
	（1）	（2）	（3）	（4）	（5）	（6）
Subsid	-0.122** (-2.18)	-0.119** (-2.13)	-0.126** (-2.21)	-0.115** (-1.98)	-0.113** (-2.10)	-0.117** (-2.02)
Subsid * Admin	0.058** (2.21)			0.043** (2.23)		

续表

变量	当期			滞后一期		
Perf	（1）	（2）	（3）	（4）	（5）	（6）
Admin	0.027***			0.019***		
	（3.06）			（3.01）		
Subsid * Legal		0.046**			0.037**	
		（2.17）			（2.08）	
Legal		0.016***			0.012***	
		（2.97）			（2.88）	
Subsid * Finan			0.067***			0.061***
			（2.82）			（2.74）
Finan			0.035***			0.033***
			（3.44）			（3.48）
Size	0.016**	0.019**	0.015**	0.012**	0.013**	0.013**
	（2.34）	（2.46）	（2.28）	（2.15）	（2.18）	（2.21）
Grow	0.023**	0.026***	0.020**	0.033***	0.031***	0.030***
	（2.52）	（2.63）	（2.45）	（2.86）	（2.83）	（2.78）
Lev	−0.078***	−0.073***	−0.081***	−0.055***	−0.069***	−0.052***
	（−6.53）	（−6.47）	（−6.62）	（−5.32）	（−5.14）	（−5.20）
Cf	−0.011	−0.010	−0.009	−0.016*	−0.014*	−0.013
	（−1.21）	（−1.07）	（−0.85）	（−1.68）	（−1.66）	（−1.61）
Age	0.058***	0.052***	0.049***	0.039***	0.036***	0.032***
	（2.76）	（2.75）	（2.72）	（2.69）	（2.64）	（2.66）
Capital	−0.026***	−0.029***	−0.033***	−0.018***	−0.016***	−0.019***
	（−3.33）	（−3.30）	（−3.41）	（−3.22）	（−3.19）	（−3.21）
Oper	0.012***	0.011***	0.012***	0.014***	0.013***	0.013***
	（3.72）	（3.69）	（3.73）	（3.91）	（3.85）	（3.83）
Share	−0.001**	−0.000**	−0.001**	−0.003**	−0.002**	−0.002**
	（−2.24）	（−2.06）	（−2.21）	（−2.40）	（−2.35）	（−2.32）
Outdir	−0.012	−0.014	−0.011	0.018	0.014	0.017
	（−0.21）	（−0.28）	（−0.16）	（0.95）	（0.78）	（0.83）
常数项	−0.076***	−0.068***	−0.073***	−0.084***	−0.082***	−0.081***
	（−2.97）	（−2.72）	（−2.91）	（−3.09）	（−3.06）	（−3.02）

续表

变量 Perf	当期			滞后一期		
	（1）	（2）	（3）	（4）	（5）	（6）
行业/年度	控制	控制	控制	控制	控制	控制
样本量	2619	2619	2619	2107	2107	2107
调整后的 R^2	0.247	0.258	0.253	0.241	0.236	0.226

注：＊＊＊、＊＊和＊分别表示1%、5%和10%的显著性水平。

表6-10为PSM样本运用模型（6.2）进行回归的结果，检验制度环境对环保补贴与企业长期经济绩效关系的影响。其中，列（1）和列（4）检验行政环境对环保补贴与企业长期经济绩效之间关系影响的结果；列（2）和列（5）检验法制环境对环保补贴与企业长期经济绩效之间关系影响的结果；列（3）和列（6）检验金融环境对环保补贴与企业长期经济绩效之间关系影响的结果。从表6-10的结果来看，列（1）的当期数据和列（4）的滞后一期数据中，环保补贴和行政环境交互项（Subsid＊Admin）系数分别为0.112和0.118，且均在1%水平下显著为正；列（2）和列（5）中，环保补贴和法制环境的交互项（Subsid＊Legal）系数分别为0.096和0.103，且均在1%水平下显著为正；列（3）和列（6）中，环保补贴和金融环境交互项（Subsid＊Finan）系数分别为0.128和0.136，亦均在1%水平下显著为正。以上结果说明行政环境、法制环境和金融环境所表征的制度环境较好时，环保补贴对企业长期经济绩效的促进作用更明显，即制度环境的改善强化了环保补贴对企业长期经济绩效的正面影响，假设H6-3得到进一步印证。

表 6-10　制度环境对环保补贴与企业长期经济绩效关系的影响：PSM 样本检验

变量 Tobin's Q	当期			滞后一期		
	（1）	（2）	（3）	（4）	（5）	（6）
Subsid	0.148 *** （3.88）	0.142 *** （3.73）	0.154 *** （3.91）	0.172 *** （3.98）	0.163 *** （3.94）	0.179 *** （4.04）
Subsid * Admin	0.112 *** （3.01）			0.118 *** （3.12）		
Admin	0.013 * （1.84）			0.015 * （1.92）		
Subsid * Legal		0.096 *** （2.92）			0.103 *** （2.98）	
Legal		0.010 * （1.67）			0.009 （1.60）	
Subsid * Finan			0.128 *** （3.23）			0.136 *** （3.37）
Finan			0.015 ** （2.08）			0.016 ** （2.13）
Size	-0.386 *** （-3.83）	-0.402 *** （-4.02）	-0.395 *** （-4.91）	-0.403 *** （-3.05）	-0.398 *** （-2.94）	-0.411 *** （-3.16）
Grow	0.023 *** （3.11）	0.021 *** （3.07）	0.025 *** （3.16）	0.018 *** （2.93）	0.016 *** （2.87）	0.019 *** （2.96）
Lev	-0.411 ** （-2.36）	-0.425 ** （-2.48）	-0.397 ** （-2.28）	-0.403 ** （-2.32）	-0.383 ** （-2.18）	-0.391 ** （-2.24）
Cf	0.969 *** （3.68）	0.972 *** （3.74）	0.983 *** （3.85）	0.998 *** （4.05）	1.006 *** （4.13）	0.993 *** （3.97）
Age	0.018 *** （4.07）	0.019 *** （4.12）	0.019 *** （3.14）	0.032 *** （4.26）	0.029 *** （4.22）	0.031 *** （4.24）
Capital	-0.891 *** （-4.98）	-0.887 *** （-4.85）	-0.895 *** （-5.05）	-0.905 *** （-5.14）	-0.912 *** （-5.21）	-0.908 *** （-5.18）
Oper	0.126 （1.38）	0.122 （1.35）	0.126 （1.41）	0.139 （1.23）	0.133 （1.19）	0.132 （1.15）
Share	0.004 ** （2.35）	0.005 ** （2.42）	0.004 ** （2.33）	0.006 ** （2.38）	0.008 ** （2.43）	0.005 ** （2.29）

变量	当期			滞后一期		
Tobin's Q	（1）	（2）	（3）	（4）	（5）	（6）
Outdir	0.487	0.493	0.489	0.505	0.509	0.503
	（1.03）	（1.13）	（1.07）	（1.35）	（1.42）	（1.33）
常数项	8.425***	8.433***	8.416***	8.564***	8.558***	8.554***
	（10.84）	（10.92）	（10.45）	（11.42）	（11.33）	（11.21）
行业/年度	控制	控制	控制	控制	控制	控制
样本量	2619	2619	2619	2107	2107	2107
调整后的 R^2	0.326	0.329	0.337	0.324	0.318	0.327

注：***、**和*分别表示1%、5%和10%的显著性水平。

6.5.3 变量替换检验

第一，制度环境变量替换检验。稳健性检验采用王小鲁等（2018）编制的《中国分省份市场化总指数评分指标报告》衡量制度环境（Market），用市场化总指数评分指标表征的制度环境作为调节变量代入模型（6.1），被解释变量为企业环境绩效，反映制度环境对环保补贴与企业环境绩效之间关系的影响，其回归结果见表6-11。市场化总指数作为调节变量代入模型（6.2）以检验制度环境对环保补贴与企业经济绩效的影响，其结果见表6-12。

表6-11用市场化总指数衡量的制度环境与环保补贴的交互效应对企业环境绩效影响的检验，结果显示，列（1）当期数据环保补贴与市场化指数的交乘项（Subsid * Market）在5%水平下显著为正，列（2）滞后一期数据环保补贴与市场化指数交乘项（Subsid * Market）也在5%水平下显著为正，表明环保补贴对环境绩效的改善效应在市场化程度高的地区更明显，即制度环境的改善强化了环保补贴对企业环境绩效的正面影响，假设H6-1得到进一步印证。

表6-11　制度环境对环保补贴与环境绩效关系的影响：替换制度环境

变量 Envir	（1）当期		（2）滞后一期	
	回归系数	t 值	回归系数	t 值
Subsid	0.051 **	(2.47)	0.053 **	(2.48)
Subsid * Market	0.019 **	(2.49)	0.014 **	(2.34)
Market	0.002 *	(1.69)	0.003 *	(1.74)
Size	−0.071 **	(−2.06)	−0.076 **	(−2.09)
Grow	0.000	(0.37)	0.001	(0.53)
Lev	−0.053	(−1.24)	−0.068	(−1.31)
Cf	−0.242 **	(−1.98)	−0.253 **	(−2.19)
ROA	0.016	(−0.96)	−0.012	(−0.84)
Age	0.009 **	(2.48)	0.010 ***	(2.65)
Capital	−0.338 ***	(−2.91)	−0.355 ***	(−3.56)
Share	−0.001	(−1.18)	−0.002	(−1.54)
ISO	0.416 ***	(4.04)	0.383 ***	(3.89)
常数项	1.532 ***	(9.26)	1.514 ***	(8.18)
行业/年度	控制		控制	
样本量	1674		1382	
调整后的 R^2	0.177		0.164	

注：***、**和*分别表示1%、5%和10%的显著性水平。

表6-12是用市场化指数衡量的制度环境对环保补贴与企业经济绩效之间关系影响的检验。列（1）和列（2）是制度环境对环保补贴与企业短期经济绩效影响的检验。结果显示，当期数据列（1）和滞后一期数据列（2）中，环保补贴与市场化指数交乘项（Subsid * Market）均在5%水平下显著为正，表明市场化进程的提高缓解了环保补贴对企业短期经济绩效的负面影响，即制度环境的改善弱化了环保补贴对企业短期经济绩效的负面影响，进一步印证假设H6-2。

表6-12的列（3）~列（4）反映的是制度环境对环保补贴与企业长期经济绩效影响的回归结果。当期数据列（3）和滞后一期数据列（4）中，环

保补贴与市场化指数的交乘项（Subsid * Market）均在1%水平下显著为正，表明制度环境的改善强化了环保补贴对企业长期经济绩效的正面影响，假设H6-3得到进一步印证。

表6-12　制度环境对环保补贴与经济绩效关系影响：替换制度环境

变量	短期经济绩效（Perf）		长期经济绩效（Tobin's Q）	
	（1）当期	（2）滞后一期	（3）当期	（4）滞后一期
Subsid	-0.097*	-0.101*	0.121***	0.115***
	(-1.72)	(-1.80)	(2.82)	(2.76)
Subsid * Market	0.042**	0.053**	0.087***	0.076***
	(2.14)	(2.23)	(3.30)	(3.15)
Market	0.016**	0.013**	0.009***	0.010***
	(2.44)	(2.35)	(2.76)	(2.81)
Size	0.013**	0.012**	-0.438***	-0.396***
	(2.32)	(2.24)	(-4.59)	(-2.78)
Grow	0.035***	0.031***	0.019***	0.017***
	(2.72)	(2.77)	(3.06)	(3.01)
Lev	-0.062***	-0.048***	-0.394**	-0.399**
	(-6.51)	(-5.18)	(-2.36)	(-2.42)
Cf	-0.023*	-0.017	0.990***	1.046***
	(-1.83)	(-1.62)	(3.88)	(4.04)
Age	0.036***	0.045***	0.018***	0.021***
	(2.74)	(2.91)	(4.05)	(4.13)
Capital	-0.023***	-0.018***	-0.901***	-0.896***
	(-3.28)	(-3.21)	(-5.12)	(-5.08)
Share	-0.000*	-0.001**	0.005**	0.004**
	(-1.77)	(-2.12)	(2.32)	(2.28)
Oper	0.009***	0.011***	0.086	0.099
	(3.63)	(3.86)	(0.92)	(1.08)
Outdir	0.013	0.016	0.522	0.503
	(0.84)	(0.89)	(1.24)	(1.16)

续表

变量	短期经济绩效（Perf）		长期经济绩效（Tobin's Q）	
	（1）当期	（2）滞后一期	（3）当期	（4）滞后一期
常数项	−0.077*** (−3.10)	−0.081*** (−3.26)	8.530*** (11.95)	8.429*** (11.82)
行业/年度	控制	控制	控制	控制
样本量	3583	2887	3583	2887
调整后的 R^2	0.252	0.238	0.334	0.326

注：***、**和*分别表示1%、5%和10%的显著性水平。

第二，企业环境绩效指标变量替换检验。同第4章稳健性检验被解释变量替换指标一致，本章变量替换亦用环境责任评分法衡量环境绩效，用模型（6.1）进行回归，被解释变量为环境责任评分衡量的环境绩效，以检验制度环境对环保补贴与企业环境绩效之间关系的影响。具体回归结果见表6-13。列（1）～列（3）为解释变量当期数据的回归结果，列（4）～列（6）为相应的滞后一期数据回归结果，列（1）和列（4）的调节变量为行政环境、列（2）和列（5）的调节变量为法制环境，列（3）和列（6）的调节变量为金融环境。

表6-13显示，以行政环境作为调节变量的列（1）和列（4）中，环保补贴与行政环境交互项（Subsid * Admin）系数均在5%水平下显著为正，表明行政环境正向调节了环保补贴与企业环境绩效之间的关系；以法制环境作为调节变量的列（2）和列（5）中，环保补贴与法制环境交互项（Subsid * Legal）系数均在5%水平下显著为正，表明法制环境正向调节了环保补贴与企业环境绩效之间的关系；以金融环境作为调节变量的列（3）和列（6）中，环保补贴与金融环境交互项（Subsid * Finan）系数均在10%水平下显著为正，表明金融环境的改善强化了环保补贴对企业环境绩效的正面影响。综合上述结果表明，制度环境的改善强化了环保补贴对企业环境绩效的正面影响，假设H6-1得到进一步印证。

表 6-13　制度环境对环保补贴与企业环境绩效关系的影响：环境绩效替换

变量 Envir_ sc	当期			滞后一期		
	（1）	（2）	（3）	（4）	（5）	（6）
Subsid	0.196 ** (2.24)	0.193 ** (2.17)	0.201 ** (2.29)	0.212 ** (2.49)	0.202 ** (2.32)	0.207 ** (2.38)
Subsid * Admin	0.163 ** (2.12)			0.176 ** (2.29)		
Admin	-0.000 (-0.28)			-0.001 (-0.37)		
Subsid * Legal		0.145 ** (2.17)			0.152 ** (2.21)	
Legal		-0.002 (-0.48)			-0.002 (-0.54)	
Subsid * Finan			0.152 * (1.77)			0.164 * (1.86)
Finan			-0.006 (-0.78)			-0.005 (-0.66)
Size	-0.532 *** (-2.98)	-0.548 *** (-3.12)	-0.541 *** (-3.04)	-0.563 *** (-3.45)	-0.575 *** (-3.56)	-0.559 *** (-3.38)
Grow	-0.003 (-0.54)	-0.002 (-0.38)	-0.003 (-0.46)	-0.001 (-0.29)	-0.000 (-0.13)	-0.002 (-0.41)
Lev	-0.519 (-1.58)	-0.508 (-1.46)	-0.517 (-1.58)	-0.654 * (-1.71)	-0.628 * (-1.68)	-0.633 (-1.61)
Cf	-0.112 * (-1.83)	-0.109 * (-1.79)	-0.104 * (-1.72)	-0.131 ** (-2.02)	-0.129 ** (-1.99)	-0.119 * (-1.91)
ROA	-0.232 ** (-2.15)	-0.219 ** (-2.07)	-0.226 ** (-2.13)	-0.254 ** (-2.26)	-0.248 ** (-2.21)	-0.259 ** (-2.32)
Age	0.020 ** (2.19)	0.019 ** (2.15)	0.019 ** (2.16)	0.023 ** (2.18)	0.021 ** (2.14)	0.022 ** (2.16)
Capital	-0.211 ** (-2.39)	-0.218 ** (-2.46)	-0.224 ** (-2.52)	-0.198 ** (-2.04)	-0.187 * (-1.89)	-0.191 * (-1.92)
Share	0.001 (1.33)	0.000 (1.19)	0.001 (1.30)	0.002 (1.46)	0.002 (1.43)	0.002 (1.44)

续表

变量 Envir_sc	当期			滞后一期		
	（1）	（2）	（3）	（4）	（5）	（6）
ISO	0.042 **	0.037 **	0.039 **	0.056 **	0.054 **	0.054 **
	（2.23）	（2.16）	（2.19）	（2.34）	（2.28）	（2.31）
常数项	1.259 ***	1.267 ***	1.264 ***	1.284 ***	1.273 ***	1.278 ***
	（3.68）	（3.78）	（3.75）	（4.12）	（3.94）	（4.05）
行业/年度	控制	控制	控制	控制	控制	控制
样本量	1674	1674	1674	1382	1382	1382
调整后的 R^2	0.215	0.217	0.212	0.204	0.199	0.208

注：***、**和 * 分别表示1%、5%和10%的显著性水平。

第三，企业短期经济绩效指标变量替换检验。第5章稳健性检验中，将短期经济绩效指标替换为总资产报酬率，本章亦用总资产报酬率（ROA）替换营业利润，以验证被解释变量用营业利润与总资产之比（Perf）表征的短期经济绩效指标的回归结果是否稳健，即本章在稳健性检验用总资产报酬率（ROA）度量短期经济绩效，用模型（6.2）进行回归分析。并且同样分别用解释变量当期数据及滞后一期数据进行检验。其检验结果见表6-14。列（1）和列（4）的调节变量为行政环境，列（2）和列（5）的调节变量为法制环境，列（3）和列（6）的调节变量为金融环境。表6-14显示，调节变量以行政环境表征制度环境时，列（1）和列（4）中，环保补贴与行政环境交互项（Subsid * Admin）系数均在5%水平下显著为正，因前文已验证环保补贴与企业短期经济绩效负相关，说明较好的行政环境能抑制环保补贴对企业短期经济绩效的负面影响；列（2）和列（5）中，法制环境作为调节变量衡量制度环境时，环保补贴和法制环境交互项（Subsid * Legal）系数分别在1%和5%水平下显著为正，反映了法制环境的改善，缓解了环保补贴对企业短期经济绩效的负面影响；列（3）和列（6）的调节变量为金融环境，环保补贴和金融环境的交互项（Subsid * Finan）系数也分别在1%和5%水平下显著为正，说明金融环境的改善弱化了环保补贴对企业短期经济绩效的负面影响。以上结果均表明，制度环境的改善弱化了环保补贴对企业短期经济绩效的负面影响，进一步印证了假设 H6-2。

表 6-14　制度环境对环保补贴与企业短期经济绩效关系的影响：短期绩效替换

变量 Perf	当期			滞后一期		
	（1）	（2）	（3）	（4）	（5）	（6）
Subsid	−0.061* (−1.79)	−0.058* (−1.73)	−0.064* (−1.81)	−0.059* (−1.75)	−0.056* (−1.74)	−0.060* (−1.83)
Subsid * Admin	0.026** (2.39)			0.018** (2.33)		
Admin	0.011** (2.09)			0.010** (2.07)		
Subsid * Legal		0.019*** (2.68)			0.012** (2.51)	
Legal		0.008** (2.36)			0.006** (2.28)	
Subsid * Finan			0.031*** (2.75)			0.024** (2.49)
Finan			0.015** (2.46)			0.014** (2.42)
Size	0.005* (1.78)	0.004* (1.72)	0.005* (1.79)	0.003* (1.68)	0.002 (1.52)	0.003* (1.67)
Grow	0.056*** (3.22)	0.052*** (3.17)	0.058*** (3.28)	0.044*** (3.14)	0.048*** (3.21)	0.040*** (3.09)
Lev	−0.039** (−2.49)	−0.041** (−2.52)	−0.036** (−2.43)	−0.032** (−2.45)	−0.029** (−2.39)	−0.031** (−2.40)
Cf	−0.027 (−0.86)	−0.024 (−0.82)	−0.025 (−0.87)	−0.036 (−0.93)	−0.032 (−0.87)	−0.035 (−0.94)
Age	0.074*** (2.93)	0.077*** (3.04)	0.074*** (2.96)	0.059*** (2.95)	0.059*** (2.94)	0.055*** (2.92)

续表

变量 Perf	当期			滞后一期		
	（1）	（2）	（3）	（4）	（5）	（6）
Capital	−0.053***	−0.048***	−0.056***	−0.063***	−0.059***	−0.061***
	（−3.03）	（−2.96）	（−3.10）	（−3.22）	（−3.17）	（−3.21）
Oper	0.009*	0.008*	0.009*	0.011*	0.010*	0.011*
	（1.77）	（1.73）	（1.75）	（1.89）	（1.82）	（1.91）
Share	0.000	0.001	0.000	0.001	0.001	0.002
	（0.49）	（0.63）	（0.53）	（0.78）	（0.76）	（0.94）
Outdir	−0.066**	−0.063**	−0.065**	−0.053**	−0.057**	−0.055**
	（−2.12）	（−2.06）	（−2.04）	（−2.02）	（−2.10）	（−2.09）
常数项	−0.143***	−0.154***	−0.146***	−0.138***	−0.141***	−0.135***
	（−3.14）	（−3.28）	（−3.20）	（−3.11）	（−3.15）	（−3.06）
行业/年度	控制	控制	控制	控制	控制	控制
样本量	3583	3583	3583	2887	2887	2887
调整后的 R^2	0.193	0.198	0.196	0.206	0.211	0.209

注：***、**和*分别表示1%、5%和10%的显著性水平。

第四，企业长期经济绩效指标变量替换检验。本章稳健性检验替换长期经济绩效指标时，借鉴许秀梅（2017）的做法，用国泰安托宾Q值D表征长期经济绩效，即市值B/（资产总值−无形资产净值−商誉净值）衡量企业价值（Tobin's Q_ D），以检验前文所得结论是否稳健。用Tobin's Q_ D作为被解释变量代入模型（6.2）进行回归分析。回归结果见表6−15，列（1）和列（4）中，行政环境作为调节变量衡量制度环境时，环保补贴与行政环境交互项（Subsid * Admin）系数均在1%水平下显著为正，表明行政环境的改善强化了环保补贴对企业长期经济绩效的正面影响；列（2）和列（5）反映了环保补贴与企业长期经济绩效在法制环境调节效应下的结果，环保补贴与法制环境交互项（Subsid * Legal）系数均在1%水平下显著为正，表明法制环境正向调节了环保补贴与企业长期经济绩效的关系；列（4）和列（6）呈现了金融环境对环保补贴与企业长期经济绩效关系影响的结果，环保补贴与金融环境交互项（Subsid * Finan）系数也均在1%水平下显著为正。以上结果表明，无论是当期数据还是滞后一期数据的回归结果，制度环境的改善强化了环保补贴对企业长期经济绩效的正面影响，再次印证了假设 H6-3。

表 6-15　制度环境对环保补贴与企业长期经济绩效关系的影响：长期绩效替换

变量	当期			滞后一期		
Tobin's Q	(1)	(2)	(3)	(4)	(5)	(6)
Subsid	0.123 *** (3.64)	0.127 *** (3.56)	0.136 *** (3.75)	0.139 *** (3.49)	0.144 *** (3.53)	0.149 *** (3.80)
Subsid * Admin	0.116 *** (3.12)			0.122 *** (3.36)		
Admin	0.005 * (1.89)			0.005 * (1.87)		
Subsid * Legal		0.121 *** (2.98)			0.138 *** (3.08)	
Legal		0.004 ** (2.11)			0.003 * (1.92)	
Subsid * Finan			0.105 *** (3.28)			0.113 *** (3.32)
Finan			0006 ** (2.04)			0.006 ** (2.07)
Size	-0.284 *** (-3.23)	-0.275 *** (-3.18)	-0.287 *** (-3.29)	-0.253 *** (-3.09)	-0.261 *** (-3.14)	-0.262 *** (-3.14)
Grow	0.043 *** (2.83)	0.047 *** (2.92)	0.044 *** (2.87)	0.028 *** (2.71)	0.031 *** (2.75)	0.028 *** (2.69)
Lev	-0.314 ** (-2.25)	-0.323 ** (-2.37)	-0.318 ** (-2.29)	-0.293 ** (-2.19)	-0.299 ** (-2.29)	-0.304 ** (-2.27)
Cf	0.552 *** (4.26)	0.548 *** (4.18)	0.551 *** (4.24)	0.533 *** (4.15)	0.539 *** (4.06)	0.546 *** (4.11)

变量 Tobin's Q	当期			滞后一期		
	(1)	(2)	(3)	(4)	(5)	(6)
Age	0.011**	0.013**	0.012**	0.010**	0.009**	0.010**
	(2.24)	(2.35)	(2.31)	(2.16)	(2.10)	(2.14)
Capital	−0.684***	−0.694***	−0.692***	−0.716***	−0.722***	−0.713***
	(−3.27)	(−3.36)	(−3.32)	(−3.45)	(−3.56)	(−3.38)
Oper	0.095*	0.089*	0.092*	0.072	0.074*	0.069
	(1.79)	(1.72)	(1.73)	(1.59)	(1.68)	(1.55)
Share	0.008**	0.007**	0.008**	0.006**	0.007**	0.006**
	(2.46)	(2.37)	(2.49)	(2.32)	(2.38)	(2.34)
Outdir	−0.002	−0.003	−0.003	−0.001	−0.000	−0.001
	(−0.84)	(−0.95)	(−0.97)	(−0.66)	(−0.59)	(−0.67)
常数项	6.294***	6.305***	6.298***	6.417***	6.421***	6.415***
	(8.86)	(8.92)	(9.04)	(9.23)	(9.36)	(9.15)
行业/年度	控制	控制	控制	控制	控制	控制
样本量	3583	3583	3583	2887	2887	2887
调整后的 R^2	0.306	0.311	0.309	0.325	0.322	0.319

注：***、**和*分别表示1%、5%和10%的显著性水平。

6.6 本章小结与政策启示

本章在第4章的基础上，分别以行政环境、法制环境和金融环境所衡量的制度环境作为调节变量，分析其对环保补贴与企业环境绩效之间关系的影响，在第5章的基础上，同样以制度环境作为调节变量，探讨了其对环保补贴与企业经济绩效关系的影响，得到如下主要研究结论：

第一，良好的制度环境下，行政服务质量、金融和法制水平都较高，重污染企业利用环保补贴进行绿色技术创新投入的意愿会更强，较好的制度环境有助于减少寻租，降低信息不对称程度，使环保补贴匹配到治理环境、提高绿色技术创新上。本章的实证结果也表明，以行政环境、法制环境和金融环境所衡量的制度环境正向调节了环保补贴与企业环境绩效之间的关系，即制度环境的改善强化了环保补贴对企业环境绩效的正面影响。

第二，制度环境较好的地区，金融化水平通常也较高，而金融环境的优化，能够有效减少信息的非对称性、增加融资渠道，使得优质企业更容易被"识别"并易获得融资支持，从而可以缓解环保补贴对企业生产性投资的"挤出效应"给其短期经营绩效所带来的负面影响。本章的实证结果也支持了以行政环境、法制环境和金融环境所衡量的制度环境正向调节了环保补贴与企业短期经济绩效之间的关系，即良好的制度环境弱化了环保补贴对企业短期经济绩效的负面影响。

第三，由于较好的制度环境有助于增强环保技术可专有性，使环保创新投入的预期收益得以保障，重污染企业利用环保补贴进行绿色技术创新投入的意愿会更强，而企业的绿色技术创新有利于增强企业可持续的绿色竞争优势，从而提升企业的长期经济绩效。本章的实证结果亦发现，以行政环境、法制环境和金融环境衡量的制度环境正向调节了环保补贴与企业长期经济绩效之间的关系，即制度环境的改善强化了环保补贴对企业长期经济绩效的正面影响。

基于以上研究，得到如下政策启示：

第一，因良好的行政环境有助于促进环保补贴对重污染企业环境绩效的正面影响，弱化环保补贴对重污染企业短期经济绩效的负面影响，强化环保补贴对重污染企业长期经济绩效的正面影响，因此，地方政府要切实提高行政服务质量，提高信息透明度，为重污染企业的环境治理和经济增长创造良好的外部行政条件。

第二，法制环境的改善也强化了环保补贴对企业环境绩效的正面影响，弱化了环保补贴对企业短期经济绩效的负面影响，促进了环保补贴对企业长期经济绩效的正面影响，因此，要提升重污染企业的环境绩效和经济绩效，法制环境的改善不容忽视。

第三，金融环境对环保补贴与企业双重绩效也具有重要的影响，不仅强化了环保补贴对企业环境绩效的正面影响，也缓解了环保补贴对企业短期经济绩效的负面影响，还促进了环保补贴对企业长期经济绩效的正面影响。因此，要提高环保补贴资金的使用效率，使环保补贴在重污染企业起到降污和增效的双重作用，就需要为重污染企业创造良好的金融环境，提升其所在地区的金融化水平。

7 结论、启示与展望

7.1 研究结论

  环境污染及其治理问题不仅关乎民生福祉，而且还关系国家持续发展的动力，具有重要的战略意义。而工业企业，尤其重污染企业因是环境污染的重要源头，若能有效管控重污染企业的环境污染问题，改善其环境质量并提升环境绩效，必将对我国国民经济的持续健康发展做出重要贡献。近年来，中央政府环境治理从严的决心不断加大，并修订颁布了各类污染防治行动计划（2013）、《中华人民共和国环境保护法》（自 2015 年 1 月 1 日起施行）、《中华人民共和国环境保护税法》（自 2018 年 1 月 1 日起施行）等一系列环保政策法规，并启动中央环保督察机制。除了一系列法律法规，作为政府宏观调控的重要手段之一，环保补贴能够很好地体现一个国家或地区在一定时期的产业政策，是政府激励企业进行环境治理的重要手段。然而，环保补贴政策能否取得实效，关键在于政府宏观政策的设计意图能否在微观企业层面有效实施。随着中国经济发展步入"新常态"，生态环境问题愈加凸显，并逐渐成为制约中国经济发展的瓶颈，在"新常态"的经济发展框架中，中国的经济发展受环境保护政策的规制越来越明显，为了缓解"降污"与"增效"的双重压力，政府投入大量环保补贴来促进重污染行业进行环境治理，补贴效果备受关注。

因此，研究环保补贴对企业环境绩效和经济绩效的影响效果及其作用机制是本书的一个重要内容，这不仅为澄清环保补贴有效性的争论提供了新的证据，而且为政府环保补贴政策能否实现"减排""增效"的双赢目标提供了理论支撑。进一步地，尝试探索了政府环保补贴对企业环境绩效与经济绩效的作用机制，以洞悉环保补贴影响企业"双重"绩效的客观表现及其深层次原因，从而构成了本书的另一个重要内容。此外，良好的制度环境是促进企业绿色技术创新、提升运营效率的重要条件（Menguc et al.，2010；Lazzarini，2015；周晖和邓舒，2017）。制度环境的相对缺失是造成企业与市场不良表现的重要诱导因素（魏婧恬等，2017）。因此，制度环境是影响政府环保补贴与企业环境绩效及运营效率的关键因素。显而易见的是，探究制度环境的优劣对环保补贴与企业"双重"绩效之间关系的异质性影响，构成了本书研究的又一个重要内容。

本书是基于以上三方面的内容展开研究的，以 2010~2017 年我国沪深两市重污染上市公司为研究对象，以公共产品理论、技术创新理论、信号传递理论、制度理论以及寻租理论等与环境治理相关的理论为基础，将理论分析与实证研究相结合，运用了普通最小二乘法（OLS）、系统广义矩（GMM）、固定效应（FE）、倾向得分匹配（PSM）及工具变量（2SLS）等多种研究方法，依次考察了环保补贴对企业环境绩效的影响效应与作用机制，以及基于产权性质、融资约束与风险承担水平的调节作用；环保补贴对企业经济绩效的影响效应与传导路径，以及基于产权性质、融资约束与风险承担水平的调节作用；进一步探讨了环保补贴与企业"双重"绩效之间的关系是否会因行政环境、法制环境和金融环境等制度环境条件的不同而有所改变等。通过对实证结果的分析，得到如下主要研究结论：

（1）政府环保补贴对企业环境绩效具有正向激励作用，且上述正向激励作用在非国有企业、融资约束程度高以及风险承担水平高的企业更为显著。中介机制分析表明，环保补贴的环境激励效应更多是通过政府环境监管、企业绿色技术创新以及高管环保意识来发挥作用。以上研究结果说明，政府环保补贴会激发企业绿色技术创新、强化政府环境监管及诱导高管环保意识，从而有利于提升重污染企业环境绩效，为政府实施环保补贴政策的微观效应提供正面支持；进一步分析表明，不同特征企业的环保补贴对其环境绩效的激励作用存在差异，因此要提高宏观经济政策的效果，必须针对不同特征企业的特殊性实施定向调控，精准施策，为政府完善环保补贴政策的动态调整机制提供了直接证据。

（2）政府环保补贴对企业短期经济绩效存在一定的抑制作用，但对长期经济绩效具有显著的促进作用，即环保补贴虽然降低了企业的短期经济绩效，但是能够显著提升其长期经济绩效。中介机制分析表明，环保补贴会促使企业增加环保投资，而企业环保投资的增加会对企业短期经济绩效产生"挤出效应"；同时环保补贴会激励企业进行绿色技术创新投资，而企业的绿色技术创新有助于增强企业可持续的绿色竞争优势，从而提升企业的长期经济绩效。进一步分析表明，不同特征企业的环保补贴对企业经济绩效的影响存在显著差异。相对于国有企业，非国有企业的环保补贴对其短期经济绩效的抑制作用更明显，同时环保补贴对非国有企业长期经济绩效的促进作用也更明显；相对于低融资约束企业，环保补贴对企业短期绩效的抑制作用及对长期绩效的促进作用在高融资约束企业更明显；环保补贴对企业短期绩效的抑制作用及对长期绩效的促进作用在风险承担水平高的企业更明显。

（3）分别从行政环境、法制环境和金融环境三个方面考察制度环境差异对环保补贴与企业双重绩效之间关系的异质性影响。具体为，以行政环境、法制环境和金融环境所表征的制度环境正向调节了环保补贴与企业环境绩效之间的关系，即制度环境的改善强化了环保补贴对企业环境绩效的正面影响；良好的制度环境弱化了环保补贴对企业短期经济绩效的负面影响，强化了环保补贴对企业长期经济绩效的正面影响。

7.2 主要创新之处

本书在现有研究的基础上，对制度环境、环保补贴与企业双重绩效之间的关系进行了理论分析和实证研究，本书创新之处和贡献主要体现在：

（1）本书基于微观企业的环境效益和经济效益视角，为政府环保补贴的实施效果提供了微观层面的直接证据，拓展了环保补贴有效性的相关研究。这不仅为澄清环保补贴有效性的争论提供了新的证据，而且为政府环保补贴政策能否实现"减排""增效"的双赢目标提供了理论支撑。现有文献更多关注政府环保补贴能否激励企业积极承担环境责任，而对企业如何实现环境绩效与经济绩效"共赢"的探讨则明显不足。

（2）尝试探索了政府环保补贴对企业环境绩效与经济绩效的作用机制。在研究环保补贴与企业环境绩效时，少有研究关注宏观补贴政策对微观企业环境行为产生影响的作用机制。而本书基于政府环境监管、企业绿色技术创新行为、高管环保意识这一整体框架，全方位考察了环保补贴影响企业绿色生产行为与环境绩效的作用渠道。在研究环保补贴与企业经济绩效时，以往研究侧重于考察政府环保补贴的资源补偿效应有助于降低企业的环境治理成本从而给其绩效带来正面影响，抑或政府补贴的寻租效应加重了企业环境治理成本从而给其绩效带来负面影响；有别于以往研究，本书着重考察环保补贴通过不同作用渠道影响企业的短期和长期经济绩效，即主要从环保补贴通过环保投资渠道降低企业短期经济绩效，以及通过绿色技术创新投资渠道提升企业长期经济绩效。这有助于我们洞悉环保补贴影响企业"双重"绩效的客观表现及其深层次原因，从而为经济新常态下政府通过合理的环保补贴激励政策来优化资源配置，驱动重污染企业转型升级，提升经济效率提供重要依据。

（3）进一步剖析了制度环境差异对环保补贴与企业双重绩效之间关系的异质性影响，从而为政府定向调控、精准施策提供参考价值。现有文献极少把政府环保补贴、制度环境以及企业绩效置于同一研究框架下进行研究，而本书基于制度环境视角，将政府环保补贴和企业双重绩效纳入同一分析框架，分别考察了法制环境、行政环境及金融环境对环保补贴与企业双重绩效之间关系的调节效应，以进一步探究制度环境的优劣对环保补贴与企业"双重"绩效之间关系的重要影响，从而丰富和拓展了政府环保补贴有效性条件的研究框架。

（4）针对不同特征企业实施定向调控，精准施策，为政府完善环保补贴政策的动态调整机制提供理论支撑。不同特征企业的环保补贴对其环境绩效与经济绩效的激励作用存在差异，如果采取"一刀切"式的环保补贴激励政策，补贴政策的实施效果就会不理想。因此要提高宏观经济政策的效果，必须针对异质性特征企业实施定向调控，精准施策，为政府完善环保补贴政策的动态调整机制提供直接证据。

7.3　政策启示

李克强总理曾在 2015 年指出"更加精准有效地实施定向调控和相机调控"，以提高政策的精准性，从而确保政策的实施效果。随着中国经济发展步入"新常态"，生态环境问题愈加凸显，并逐渐成为制约中国经济发展的瓶颈，为了缓解"降污"与"增效"的双重压力，政府投入大量环保补贴来促进重污染行业的发展，补贴效果备受关注。在综合前文理论分析与实证研究的基础上，得到如下政策启示。

7.3.1 适度加大对企业绿色技术创新活动的政策支持力度

政府需要引入动态的补贴调整机制，动态地将补贴强度调整到适度区间，以切实发挥环保补贴对重污染企业绿色技术创新的激励作用。为了实现"减排"和"增效"的双重效益，政府应加大对企业绿色技术创新活动的政策支持力度，切实推进重污染企业的绿色创新转型，而非局限于用直接环保投资方式予以扶持。在适度环保补贴的激励约束下，污染较重的企业为了谋求自身收益最大化，会有较强的意愿在日常生产运营中采用绿色环保技术和新能源技术，以淘汰污染落后产能，从而能够提升企业配置资源的效率，最终实现企业经济效率与环境保护的"共赢"。在过度环保补贴的诱惑下，企业会热衷于与政府官员谋求政治联系或寻租关系，而受寻租腐败的影响，政府在甄别骗取补贴资金的虚假业绩信息时会受到干扰，甄别难度加大、成本增加，从而导致政府环保补贴与企业真实的环境治理需求不匹配，进而引致企业绿色技术创新效率的损失。同时，在激励企业绿色技术创新的过程中，要构建科学、合理的补贴政策考评机制，以确保决策科学、过程透明、程序规范，严防部分企业高管与地方政府官员合谋，通过寻租活动骗取环保补贴资源。由此可见，适度的环保补贴会激发企业绿色技术创新投资而改善环境绩效，而过度的环保补贴会诱发"寻补贴"投资而抑制企业绿色技术创新。因此，政府需要引入动态的补贴调整机制，动态地将补贴强度调整到适度区间，以切实发挥环保补贴对企业绿色技术创新的激励作用。

7.3.2 构建信息管理平台以完善环境信息披露机制

在当前中国企业高管的环保意识普遍不强的情况下，强化政府的激励引导功能，构建环保补贴信息管理平台，进一步健全环境信息披露机制，完善监督和奖惩制度，将企业的环境行为置于公众"阳光监督"之下，接受媒体和群众的监督。为此，政府应搭建一个科学、透明的环保补贴信息管理平台，该平台包括两个子信息系统：一是将环境保护、环境绩效等信息纳入基本信息系统；二是将绿色技术创新投入信息、寻租行贿"黑名单"、企业生产责任履行情况等信息纳入信用信息系统，以此作为重污染企业获取环保补贴的参考依据。

7.3.3 针对不同特征的企业出台不同的环保政策

政府在出台环保补贴政策时应充分考虑不同特征企业的异质性，针对不同特征的企业，实施不同的补贴政策。对于国有企业，由于其融资渠道广，资源相对充足，政府应加大环境监管力度，克服国有企业在绿色技术创新过程中动力不足的惰性，以有效发挥国有企业绿色技术创新的"溢出效应"。而对于非国有企业，由于存在信贷歧视，政府应拓宽其融资渠道，以缓解其绿色技术创新中面临的融资约束，强化绿色信贷扶持，减少所有权性质歧视，鼓励非国有企业开展绿色技术创新活动；同时加强环保专项资金监管，确保环保补贴资金的投向明确、使用合规，有效防范机会主义行为。针对国有企业存在预算软约束，在获得各种补贴上比非国有企业占优势，再给予国有企业事前的环保补贴，其激励效果可能并不是很明显。但针对非国有企业融资较困难的情况，可以给予事前的环保补贴以缓解环境治理资金不足的问题，提高其环境治理的积极性。但无论事前还是事后环保补贴，都应当对享受环保补贴的企业加强监管，以提高环保补贴对环境治理的利用效率。政府在制定和落实环保补贴政策时，除了加强对环保补贴资金的使用监管外，还应使环保补贴资金的拨付和使用透明化，防止企业高管与地方官员结盟"寻租"等现象，禁止企业通过非正常途径获得超额环保补贴资金。政府在落实环保补贴政策时，还应考虑企业风险承担水平对环保补贴资金使用效率的异质性影响，由于政府环保补贴的激励效应在风险承担水平高的企业更为显著。因此，在相同的条件下，要给予风险承担水平高的企业更多的环保补贴，以发挥政府环保补贴对风险承担水平高的企业的积极作用，提高环保补贴对企业环境绩效与经济绩效的激励效应。在进行环保补贴时不应该存在产权性质等歧视，鉴于非国有企业、融资约束较高的企业及风险承担水平较高的企业，政府环保补贴对企业长期经济绩效的促进作用更明显。因此，政府在实施环保补贴时应重视这类企业，以帮助企业提高其长期竞争优势和可持续发展能力。如果政府宏观的环保补贴采取"一刀切"式的激励模式，则补贴政策的实施效果不理想，甚至会出现与政策的设计意图相违背的抑制作用，这不但可能会导致巨大的政策浪费，而且更有可能贻误政府相机调控的时机。要提高宏观环保补贴政策效果，必须实施宏观调控，在激励异质性特征企业时，应针对不同特征企业的特殊性实施差异化的政策，从而提高政策的精准性。

7.3.4 优化制度环境以提升政府环保补贴使用效率

本书研究表明，政府环保补贴的环境治理效应能否得到有效发挥与企业所处的制度环境紧密相关，法制环境与金融环境的相对缺失是造成企业环保投资动力不足的重要因素，进而影响环保补贴资金的使用效率。环保补贴政策的有效性受法制环境、行政环境以及金融环境等制度环境的影响，因此，环保补贴政策与这些制度环境因素的协调配合是实现最优政策效果的前提。在经济新常态下，必须不断优化制度环境，为重污染企业的环境治理和经济增长创造良好的外部制度条件。这意味着，优化制度环境有利于消除寻租的负面效应，减少制度交易成本，提升政府环保补贴的环境治理效率，为中国实现高质量发展提供重要的参考价值。

7.4　研究不足与展望

本书通过对环保补贴、制度环境与企业环境绩效之间的关系进行深入研究，形成了上述研究成果，不仅涉及中介机制和调节机制，还涉及宏观经济政策与微观企业行为的互动研究，然而在研究数据、变量选择、研究内容以及技术水平等方面尚存在如下不足：

（1）研究数据问题。样本时间选择问题，由于数据连续受限制，本书只选择了 2010~2017 年重污染企业样本，没有以最新的数据检验本书提出的各种研究假设。样本起始年份之所以从 2010 年开始，是因为和讯网从 2010 年才开始披露环境责任评分数据，虽然偶有披露 2008 年、2009 年的数据，但数据量极少。另外，之所以截止时间没有到最新的 2019 年，是由于 2018 年环保税代替了排污费征收，为了避免两种不同征收制度在征收口径上存在差异而影响数据来源的不一致性，本书选取样本的截止时间为 2017 年。在未来的研究中，可以考虑 2018 年后的环保税收政策对企业环境绩效的影响，补充扩展其他环保产业政策工具，以较全面考察环保产业政策工具对环境绩效的影响效果。

（2）变量选择问题。鉴于数据的可获得性，本书环境绩效的衡量指标精准性可能会受到一定的质疑。目前，由于企业层面排污量数据难以获得，学术界关于企业层面环境绩效指标衡量方法还没有统一。本书关于环境绩效的度量方法是借鉴已有研究，主检验用生态效益法衡量，稳健性检验用环境责任评分法衡量。用生态效益法衡量环境绩效是用排污费与营业收入比值反映，生态效益法是综合考虑排污和产品价值的环境绩效指标，虽然具有合理性，但没有用企业层面的排污量指标精确。另外，环境责任评分虽然反映了企业承担环境责任方面的状况，一定程度上也可以反映企业的环境绩效，但相比企业排污量指标，其精准性要差一些。在未来的研究中，关于环境绩效变量，可以从多个角度选择衡量指标，不要仅局限于生态效益法和环境责任评分，还可以收集企业环境奖励等其他方面的环境绩效数据，把样本的年份也更新到最近年份。另外，以后在时间和精力充裕的情况下，可以通过实地调查数据的方式，获得部分企业排污量指标进行研究。

（3）研究内容问题。本书关于不同特征企业的归纳可能不是很全面。因企业特征是包含多层含义的概念，而本书在研究不同特征企业对环保补贴与双重绩效关系的影响时，只选取了所有权性质、融资约束以及风险承担水平三个方面，而没有从其他更多方面的特征去考察其对环保补贴与企业绩效关系的影响。因此，本书基于企业特征这三个视角的研究可能不全面。未来可以从企业特征的多个视角来考察其对环保补贴与企业绩效关系的调节效应，如可以从企业文化特征、企业核心高管的个人教育背景、工作经历、CEO 权力大小以及政治关联因素等多个方面展开研究。

（4）技术水平问题。从理论上来说，政府环保补贴与企业环境绩效之间可能存在内生性关系，虽然我们采用国内外大多数学者都运用的系统 GMM 估计法、滞后处理以及倾向得分匹配（PSM）等来控制有关内生性问题，但是这些方法不可能完全消除内生性问题。未来的研究中，可以考虑寻找更为合适的工具变量，以有效解决内生性问题。

参考文献

［1］白俊红，聂亮. 能源效率、环境污染与中国经济发展方式转变［J］. 金融研究，2018（10）：1-18.

［2］包群，邵敏，杨大利. 环境管制抑制了污染排放吗？［J］. 经济研究，2013（12）：42-54.

［3］薄文广，徐玮，王军锋. 地方政府竞争与环境规制异质性：逐底竞争还是逐顶竞争？［J］. 中国软科学，2018（11）：75-93.

［4］步丹璐，张晨宇，王晓艳. 补助初衷与配置效率［J］. 会计研究，2019（7）：68-74.

［5］蔡嘉瑶，张建华. 财政分权与环境治理——基于"省直管县"财政改革的准自然实验研究［J］. 经济学动态，2018（1）：53-68.

［6］蔡嘉瑶. 中国式财政分权与环境治理［D］. 华中科技大学，2018.

［7］陈超凡，韩晶，毛渊龙. 环境规制、行业异质性与中国工业绿色增长——基于全要素生产率视角的非线性检验［J］. 山西财经大学学报，2018，40（03）：65-80.

［8］陈钊，熊瑞祥. 比较优势与产业政策效果——来自出口加工区准实验的证据［J］. 管理世界，2015（8）：67-80.

［9］崔广慧，姜英兵. 环境规制对企业环境治理行为的影响——基于新《环保法》的准自然实验［J］. 经济管理，2019（10）：54-72.

［10］范庆泉，张同斌. 中国经济增长路径上的环境规制政策与污染治理

机制研究 [J]. 世界经济, 2018, 41 (8): 171-192.

[11] 高艳慧, 万迪昉, 蔡地. 政府研发补贴具有信号传递作用吗? ——基于我国高技术产业面板数据的分析 [J]. 科学学与科学技术管理, 2012, 33 (1): 5-11.

[12] 郭剑花, 杜兴强. 政治联系、预算软约束与政府补助的配置效率 [J]. 金融研究, 2011 (2): 114-128.

[13] 韩乾, 洪永淼. 国家产业政策、资产价格与投资者行为 [J]. 经济研究, 2014, 49 (12): 143-158.

[14] 韩永辉, 黄亮雄, 王贤彬. 产业政策推动地方产业结构升级了吗? ——基于发展型地方政府的理论解释和实证检验 [J]. 经济研究, 2017 (8): 33-48.

[15] 洪必纲. 公共物品供给中的寻租治理 [J]. 求索, 2010 (11): 77-79.

[16] 胡珺, 黄楠, 沈洪涛. 市场激励型环境规制可以推动企业技术创新吗? ——基于中国碳排放权交易机制的自然实验 [J]. 金融研究, 2020 (1): 171-189.

[17] 胡曲应. 上市公司环境绩效与财务绩效的相关性研究 [J]. 中国人口·资源与环境, 2012, 13 (2): 1-46.

[18] 胡小梅. 发展绿色金融的财税政策设计和建议 [J]. 中国财政, 2018 (16): 31-32.

[19] 黄珺, 周春娜. 股权结构、管理层行为对环境信息披露影响的实证研究——来自沪市中污染行业的经验证据 [J]. 中国软科学, 2012 (1): 133-143.

[20] 黄清煌, 高明. 中国环境规制工具的节能减排效果研究 [J]. 科研管理, 2016, 37 (6): 19-27.

[21] 黄寿峰. 财政分权对中国雾霾影响的研究 [J]. 世界经济, 2017

（2）：127-152.

[22] 姜英兵，崔广慧. 环保产业政策对环境污染影响效应研究——基于重污染企业环保投资的视角 [J]. 南方经济，2019（9）：51-68.

[23] 姜英兵，崔广慧. 环保产业政策对企业环保投资的影响：基于重污染上市公司的经验证据 [J]. 改革，2019（2）：87-101.

[24] 焦翠红，陈钰芬. R&D 补贴、寻租与全要素生产率提升 [J]. 统计研究，2018，35（12）：80-91.

[25] 颉茂华，王瑾，刘冬梅. 环境规制、技术创新与企业经营绩效 [J]. 南开管理评论，2014，17（6）：106-113.

[26] 解维敏，唐清泉. 政府 R&D 资助，企业 R&D 支出与创新——来自中国上市公司的经验证据 [J]. 金融研究，2009，32（3）：133-158.

[27] 解学梅，朱琪玮. 企业绿色创新实践如何破解"和谐共生"难题？[J]. 管理世界，2021（1）：128-149.

[28] 康志勇，汤学良，刘馨. 环境规制、企业创新与中国企业出口研究——基于"波特假说"的再检验 [J]. 国际贸易问题，2020（2）：125-141.

[29] 孔东民，李天赏. 政府补贴是否提升了公司绩效与社会责任？[J]. 证券市场导报，2014（6）：26-31+62.

[30] 黎文靖，李耀淘. 产业政策激励了公司投资吗 [J]. 中国工业经济，2014（5）：122-134.

[31] 黎文靖，路晓燕. 机构投资者关注企业的环境绩效吗？——来自我国重污染行业上市公司的经验证据 [J]. 金融研究，2015（12）：97-112.

[32] 黎文靖，郑曼妮. 实质性创新还是策略性创新？——宏观产业政策对微观企业创新的影响 [J]. 经济研究，2016（4）：60-73.

[33] 李虹，熊振兴. 生态占用、绿色发展与环境税改革 [J]. 经济研究，2017（7）：124-138.

[34] 李平，黄嘉慧，王玉乾. 公司治理影响环境绩效的实证研究 [J].

管理现代化，2015（2）：81-83.

[35] 李平，王玉乾. 我国上市公司高管薪酬与环境绩效的关系研究 [J]. 软科学，2015，29（9）：85-90.

[36] 李青原，肖泽华. 异质性环境规制工具与企业绿色创新激励——来自上市企业绿色专利的证据 [J]. 经济研究，2020（9）：192-208.

[37] 李万福，杜静，张怀. 创新补助究竟有没有激励企业创新自主投资——来自中国上市公司的新证据 [J]. 金融研究，2017（10）：130-145.

[38] 李维安，徐建，姜广省. 绿色治理准则：实现人与自然的包容性发展 [J]. 南开管理评论，2017，20（5）：23-28.

[39] 李维安，张耀伟，郑敏娜，李晓琳，崔光耀，李惠. 中国上市公司绿色治理及其评价研究 [J]. 管理世界，2019，35（5）：126-133+160.

[40] 李维安，张耀伟. 新时代公司的绿色责任理念与践行路径 [J]. 董事会，2018（12）：19-21.

[41] 李维安等. 绿色治理准则与国际规制体系比较 [M]. 北京：科学出版社，2018.

[42] 李彦龙. 税收优惠政策与高技术产业创新效率 [J]. 数量经济技术经济研究，2018（1）：60-76.

[43] 李永友，沈坤荣. 我国污染控制政策的减排效果——基于省际工业污染数据的实证分析 [J]. 管理世界，2008（7）：7-17.

[44] 梁平汉，高楠. 人事变更、法制环境和地方环境污染 [J]. 管理世界，2014（6）：65-78.

[45] 廖飞梅，朱清贞，叶松勤. 政策性负担、信息透明度与企业费用粘性 [J]. 当代财经，2019（12）：119-130.

[46] 林立国，楼国强. 外资企业环境绩效的探讨——以上海市为例 [J]. 经济学（季刊），2014，13（2）：515-536.

[47] 林润辉，谢宗晓，李娅，王川川. 政治关联、政府补助与环境信息

披露——资源依赖理论视角［J］. 公共管理学报，2015（2）：30-41+154-155.

［48］林毅夫. 新结构经济学：反思经济发展和政策的理论框架［M］. 苏剑译. 北京：北京大学出版社，2012.

［49］刘常建，许为宾，蔡兰，张孝静. 环保压力与重污染企业的银行贷款契约——基于"PM2.5爆表"事件的经验证据［J］. 中国人口·资源与环境，2019，29（12）：121-130.

［50］刘春，孙亮. 薪酬差距与企业绩效：来自国企上市公司的经验证据［J］. 南开管理评论，2010（2）：30-39.

［51］刘贯春，张军，刘媛媛. 金融资产配置、宏观经济环境与企业杠杆率［J］. 世界经济，2018，41（1）：148-173.

［52］柳光强. 税收优惠、财政补贴政策的激励效应分析——基于信息不对称理论视角的实证研究［J］. 管理世界，2016（10）：62-71.

［53］刘海英，丁莹. 环境补贴能实现经济发展与治污减排的双赢吗？——基于隐性经济的视角［J］. 西安交通大学学报（社会科学版），2019，39（5）：83-91.

［54］刘慧龙，吴联生. 制度环境、所有权性质与企业实际税率［J］. 管理世界，2014（4）：42-52.

［55］刘津汝，曾先峰，曾倩. 环境规制与政府创新补贴对企业绿色产品创新的影响［J］. 经济与管理研究，2019，40（6）：106-118.

［56］刘志远，高佳旭. 终极控制人、金字塔结构与企业风险承担［J］. 管理科学，2019，32（6）：149-163.

［57］龙文滨，李四海，丁绒. 环境政策与中小企业环境表现：行政强制抑或经济激励［J］. 南开经济研究，2018（3）：20-39.

［58］卢洪友，邓谭琴，余锦亮. 财政补贴能促进企业的"绿化"吗？——基于中国重污染上市公司的研究［J］. 经济管理，2019，41（4）：5-22.

[59] 卢洪友, 唐飞, 许文立. 税收政策能增强企业的环境责任吗——来自我国上市公司的证据 [J]. 财贸研究, 2017 (1): 86-91.

[60] 陆国庆, 王舟, 张春宇. 中国战略性新兴产业政府创新补贴的绩效研究 [J]. 经济研究, 2014, 49 (7): 44-55.

[61] 逯东, 林高, 杨丹. 政府补助、研发支出与市场价值——来自创业板高新技术企业的经验证据 [J]. 投资研究, 2012, 31 (9): 67-81.

[62] 罗党论, 赖再洪. 重污染企业投资与地方官员晋升——基于地级市1999-2010 年数据的经验证据 [J]. 会计研究, 2016 (4): 42-48.

[63] 马连福, 王丽丽, 张琦. 混合所有制的优序选择: 市场的逻辑 [J]. 中国工业经济, 2015 (7): 5-20.

[64] 毛其淋, 许家云. 政府补贴、异质性与企业风险承担 [J]. 经济学 (季刊), 2016, 15 (4): 1533-1562.

[65] 毛其淋, 许家云. 政府补贴对企业新产品创新的影响——基于补贴强度 "适度区间" 的视角 [J]. 中国工业经济, 2015 (6): 94-107.

[66] 欧阳峣, 易先忠, 生延超. 技术差距、资源分配与后发大国经济增长方式转换 [J]. 中国工业经济, 2012 (6): 18-30.

[67] 潘红波, 饶晓琼.《环境保护法》、制度环境与企业环境绩效 [J]. 山西财经大学学报, 2019, 41 (3): 71-86.

[68] 潘安娥, 郭秋实. 政府监管与企业环境信息披露——基于高管环保意识的调节作用 [J]. 软科学, 2018 (10): 84-87.

[69] 祁毓, 陈建伟, 李万新, 宋平凡. 生态环境治理、经济发展与公共服务供给——来自国家重点生态功能区及其转移支付的准实验证据 [J]. 管理世界, 2019 (1): 115-134+227-228.

[70] 祁毓, 卢洪友, 徐彦坤. 中国环境分权体制改革研究: 制度变迁、数量测算与效应评估 [J]. 中国工业经济, 2014 (1): 31-43.

[71] 祁毓, 卢洪友, 张宁川. 环境规制能实现 "降污" 和 "增效" 的

双赢吗——来自环保重点城市"达标"与"非达标"准实验的证据［J］. 财贸经济，2016（9）：126-143.

［72］祁毓，卢洪友，张宁川. 环境质量、健康人力资本与经济增长［J］. 财贸经济，2015（6）：124-135.

［73］钱雪松，康瑾，唐英伦，曹夏平. 产业政策、资本配置效率与企业全要素生产率——基于中国 2009 年十大产业振兴规划自然实验的经验研究［J］. 中国工业经济，2018（8）：42-61.

［74］乔坤元. 我国官员晋升锦标赛机制：理论与证据经济科学［J］. 经济科学，2013（1）：88-98.

［75］尚洪涛，祝丽然. 提升新能源企业环境研发补贴绩效的内外规制研究［J］. 科学学研究，2019，37（10）：1825-1835.

［76］邵敏，包群. 政府补贴与企业生产率——基于我国工业企业的经验分析［J］. 中国工业经济，2012（7）：70-82.

［77］沈洪涛，周艳坤. 环境执法监督与企业环境绩效：来自环保约谈的准自然实验证据［J］. 南开管理评论，2017，20（6）：73-82.

［78］沈能，刘凤朝. 高强度的环境规制真能促进技术创新吗？——基于"波特假说"的再检验［J］. 中国软科学，2012（4）：49-59.

［79］石光，周黎安，郑世林，张友国. 环境补贴与污染治理——基于电力行业的实证研究［J］. 经济学（季刊），2016，15（4）：1439-1462.

［80］宋凌云，王贤彬. 重点产业政策、资源重置与产业生产率［J］. 管理世界，2013（12）：63-77.

［81］苏冬蔚，连莉莉. 绿色信贷是否影响重污染企业的投融资行为？［J］. 金融研究，2018（12）：123-137.

［82］苏昕，周升师. 双重环境规制、政府补贴对企业创新产出的影响及调节［J］. 中国人口·资源与环境，2019，29（3）：31-39.

［83］孙海法，姚振华，严茂胜. 高管团队人口统计特征对纺织和信息技

术公司经营绩效的影响 [J]. 南开管理评论, 2006, 9 (6): 61-67.

[84] 孙静, 马海涛, 王红梅. 财政分权、政策协同与大气污染治理效率——基于京津冀及周边地区城市群面板数据分析 [J]. 中国软科学, 2019 (8): 154-165.

[85] 汤二子, 王瑞东, 刘海洋. 研发对企业盈利决定机制的研究——基于异质性生产率角度的分析 [J]. 科学学研究, 2012, 30 (1): 124-133.

[86] 唐国平, 万仁新. "工匠精神" 提升了企业环境绩效吗 [J]. 山西财经大学学报, 2019, 41 (5): 81-93.

[87] 唐建荣, 李晴. 治理结构、R&D 投入与绩效的逻辑分析——兼议政府补助的作用路径 [J]. 审计与经济研究, 2019, 34 (2): 67-78.

[88] 唐清泉, 罗党论. 政府补贴动机及其效果的实证研究——来自中国上市公司的经验证据 [J]. 金融研究, 2007 (6): 149-163.

[89] 唐清泉, 巫岑. 银行业结构与企业创新活动的融资约束 [J]. 金融研究, 2015 (7): 116-134.

[90] 田红娜, 刘思琦. 政府补贴对绿色技术创新能力的影响 [J]. 系统工程, 2020 (12): 1-13.

[91] 涂正革. 中国的碳减排路径与战略选择——基于八大行业部门碳排放量的指数分解分析 [J]. 中国社会科学, 2012 (3): 78-94+206-207.

[92] 汪利锬, 谭云清. 财政补贴、研发投入与企业价值 [J]. 会计与经济研究, 2016, 30 (4): 68-80.

[93] 王晨. 公司治理结构与环境绩效的关系研究 [D]. 东北财经大学, 2010.

[94] 王锋, 吴丽华, 杨超. 中国经济发展中碳排放增长的驱动因素研究 [J]. 经济研究, 2010 (2): 123-136.

[95] 王锋正, 陈方圆. 董事会治理、环境规制与绿色技术创新——基于我国重污染行业上市公司的实证检验 [J]. 科学学研究, 2018 (2): 361-369.

［96］王鸿儒，陈思丞，孟天广．高管公职经历、中央环保督察与企业环境绩效——基于南方 A 省 2011-2018 年企业层级数据的实证分析［J］．公共管理学报，2020（9）：1-18．

［97］王克敏，杨国超，刘静，李晓溪．IPO 资源争夺、政府补助与公司业绩研究［J］．管理世界，2015（9）：147-157．

［98］王林，孟颖华．论我国环境刑事责任实现方式的完善——以畲族环境习惯为鉴［J］．内蒙古农业大学学报（社会科学版），2011，13（2）：31-33．

［99］王闽，侯晓红．反腐败降低了政府扶持创新政策效果了吗？［J］．科学决策，2017（11）：78-94．

［100］王鹏，谢丽文．污染治理投资、企业技术创新与污染治理效率［J］．中国人口·资源与环境，2014，24（9）：51-58．

［101］王书斌，徐盈之．环境规制与雾霾脱钩效应——基于企业投资偏好的视角［J］．中国工业经济，2015（4）：18-30．

［102］王小鲁，攀纲，胡李鹏．中国分省份市场化指数报告（2018）［M］．北京：社会科学文献出版社，2019．

［103］王雪莉，马琳，王艳丽．高管团队职能背景对企业绩效的影响：以中国信息技术行业上市公司为例［J］．南开管理评论，2013，16（4）：80-93．

［104］魏婧恬，葛鹏，王健．制度环境、制度依赖性与企业全要素生产率［J］．统计研究，2017，34（5）：38-48．

［105］魏志华，吴育辉，曾爱民．寻租、财政补贴与公司成长性——来自新能源概念类上市公司的实证证据［J］．经济管理，2015，37（1）：1-11．

［106］吴秋生，黄贤环．财务公司的职能配置与集团成员上市公司融资约束缓解［J］．中国工业经济，2017（9）：156-173．

［107］席鹏辉．财政激励、环境偏好与垂直式环境管理——纳税大户议

价能力的视角 [J]. 中国工业经济，2017（11）：100-117.

[108] 夏后学，谭清美，白俊红. 营商环境、企业寻租与市场创新——来自中国企业营商环境调查的经验证据 [J]. 经济研究，2019，54（4）：84-100.

[109] 夏立军，方轶强. 政府控制、治理环境与公司价值——来自中国证券市场的经验证据 [J]. 经济研究，2005（5）：40-51.

[110] 肖文. 政府支持、研发管理与技术创新效率——基于中国工业行业的实证分析 [J]. 管理世界，2016，247（4）：71-80.

[111] 谢德仁，陈运森. 金融生态环境、产权性质与负债的治理效应 [J]. 经济研究，2009，44（5）：118-129.

[112] 邢毅. 经济增长、能源消费和信贷投放的动态关系研究——基于碳排放强度分组的省级面板实证分析 [J]. 金融研究，2015（12）：17-31.

[113] 徐保昌，谢建国. 政府质量、政府补贴与企业全要素生产率 [J]. 经济评论，2015（4）：45-56+69.

[114] 徐建中，贯君，林艳. 基于 Meta 分析的企业环境绩效与财务绩效关系研究 [J]. 管理学报，2018，15（2）：246-254.

[115] 徐建中，贯君，林艳. 制度压力、高管环保意识与企业绿色创新实践——基于新制度主义理论和高阶理论视角 [J]. 管理评论，2017，29（9）：72-83.

[116] 徐莉萍，陈力，张淑霞，刘宁. 企业高层环境基调、媒体关注与环境绩效 [J]. 华东经济管理，2018，32（12）：114-123.

[117] 许罡，朱卫东，孙慧倩. 政府补助的政策效应研究——基于上市公司投资视角的检验 [J]. 经济学动态，2014（6）：87-95.

[118] 许和连，王海成. 简政放权改革会改善企业出口绩效吗？——基于出口退（免）税审批权下放的准自然试验 [J]. 经济研究，2018，53（3）：157-170.

［119］许秀梅. 技术资本、人力资本如何提升公司绩效？——来自大样本的多视角分析［J］. 科研管理，2017（5）：64-76.

［120］严成樑，李涛，兰伟. 金融发展、创新与二氧化碳排放［J］. 金融研究，2016（1）：14-30.

［121］杨建华，楼润平，姚卿. 利益相关者、管理认知对企业环境保护战略选择的影响——基于我国上市公司的实证研究［J］. 管理评论，2012，24（3）：142-151.

［122］杨瑞龙，侯方宇. 产业政策的有效性边界——基于不完全契约的视角［J］. 管理世界，2019（10）：82-94.

［123］叶陈刚，王孜，武剑锋，李惠. 外部治理、环境信息披露与股权融资成本［J］. 南开管理评论，2015，18（5）：85-96.

［124］叶光亮，何亚丽. 环境污染治理中的最优专利授权：固定费用还是特许权收费？［J］. 经济学（季刊），2018，17（2）：633-650.

［125］叶金珍，安虎森. 开征环保税能有效治理空气污染吗［J］. 中国工业经济，2017（5）：54-74.

［126］殷宝庆，肖文，刘洋. 绿色研发投入与"中国制造"在全球价值链的攀升［J］. 科学学研究，2018（8）：1395-1403.

［127］于斌斌，金刚，程中华. 环境规制的经济效应："减排"还是"增效"［J］. 统计研究，2019（2）：88-100.

［128］于连超，张卫国，毕茜，董晋亭. 政府环境审计会提高企业环境绩效吗？［J］. 审计与经济研究，2020，35（1）：41-50.

［129］余明桂，李文贵，潘红波. 民营化、产权保护与企业风险承担［J］. 经济研究，2013（9）：112-124.

［130］余明桂，范蕊，钟慧洁. 中国产业政策与企业技术创新［J］. 中国工业经济，2016（12）：5-22.

［131］余明桂，回雅甫，潘红波. 政治联系、寻租与地方政府财政补贴

有效性[J]. 经济研究, 2010 (3): 65-77.

[132] 余长林, 高宏建. 环境管制对中国环境污染的影响——基于隐性经济的视角[J]. 中国工业经济, 2015 (7): 21-35.

[133] 张弛, 张兆国, 包萝莉. 企业环境责任与财务绩效的交互跨期影响及其作用机理研究[J]. 管理评论, 2020, 34 (12): 1-33.

[134] 张华, 丰超, 时如义. 绿色发展: 政府与公众力量[J]. 山西财经大学学报, 2017, 39 (11): 15-28.

[135] 张济建, 于连超, 毕茜, 潘俊. 媒体监督、环境规制与企业绿色投资[J]. 上海财经大学学报, 2016, 18 (5): 91-103.

[136] 张杰. 政府创新补贴对中国企业创新的激励效应[J]. 经济学动态, 2020 (6): 91-108.

[137] 张军, 高远, 傅勇, 张弘. 中国为什么拥有了良好的基础设施?[J]. 经济研究, 2007 (3): 4-19.

[138] 张莉, 朱光顺, 李世刚, 李夏洋. 市场环境、重点产业政策与企业生产率差异[J]. 管理世界, 2019 (3): 114-126.

[139] 张琦, 郑瑶, 孔东民. 地区环境治理压力、高管经历与企业环保投资——一项基于《环境空气质量标准 (2012)》的准自然实验[J]. 经济研究, 2019 (6): 183-198.

[140] 张同斌, 高铁梅. 财税政策激励、高新技术产业发展与产业结构调整[J]. 经济研究, 2012 (5): 58-70.

[141] 张新民, 张婷婷, 陈德球. 产业政策、融资约束与企业投资效率[J]. 会计研究, 2017 (4): 12-18+95.

[142] 张艳磊, 秦芳, 吴昱. "可持续发展" 还是 "以污染换增长" ——基于中国工业企业销售增长模式的分析[J]. 中国工业经济, 2015 (2): 89-101.

[143] 张宇, 蒋殿春. FDI、环境监管与能源消耗: 基于能耗强度分解的

经验检验［J］.世界经济，2013（3）：103-123.

［144］张长江，施宇宁，张龙平.绿色文化、环境绩效与企业环境绩效信息披露［J］.财经论丛，2019（6）：83-93.

［145］张兆国，张弛，曹丹婷.企业环境管理体系认证有效吗［J］.南开管理评论，2019，22（4）：123-134.

［146］赵军，吴玫玫，钱光人，林逢春.基于利益相关者的企业环境绩效驱动机制及实证［J］.中国环境科学，2011，31（11）：1931-1936.

［147］赵宇恒，孙悦.政府补助：补助了企业还是高管［J］.现代财经（天津财经大学学报），2014，34（10）：15-25.

［148］赵玉民，朱方明，贺立龙.环境规制的界定、分类与演进研究［J］.中国人口·资源与环境，2009（6）：85-90.

［149］甄红线，张先治，迟国泰.制度环境、终极控制权对公司绩效的影响——基于代理成本的中介效应检验［J］.金融研究，2015（12）：162-177.

［150］郑思齐，万广华，孙伟增，罗党论.公众诉求与城市环境治理［J］.管理世界，2013（6）：72-84.

［151］周晖，邓舒.高管薪酬与环境绩效——基于上市公司外部治理环境的视角［J］.上海财经大学学报，2017，19（5）：27-39.

［152］周雪光.西方社会学关于中国组织与制度变迁研究状况述评［J］.社会学研究，1999（4）：28-45.

［153］朱云欢，张明喜.我国财政补贴对企业研发影响的经验分析［J］.经济经纬，2010，12（1）：52-75.

［154］庄子银.创新、企业家活动配置与长期经济增长［J］.经济研究，2007（8）：82-94.

［155］邹海亮，曾赛星，林翰，翟育明.董事会特征、资源松弛性与环境绩效：制造业上市公司的实证分析［J］.系统管理学报，2016，25（2）：193-202.

[156] Aafek G. M., Raaijmakers A. M., Charlene Zietsma. I Need Time! Exploring Pathways to Compliance under Institutional Complexity [J]. Academy of Management Journal, 2015, 58 (1): 85-110.

[157] Ades Alberto, Tella Rafael Di. National Champions and Corruption: Some Unpleasant Interventionist Arithmetic [J]. Economic Journal, 1997, 107 (443): 1023-1042.

[158] Ambec S., Cohen M. A., Elgie S., et al. The Porter Hypothesis: Can Environmental Regulation Enhance Innovation and Competitiveness? [J]. Review of Environmental Economics & Policy, 2013, 7 (1): 2-22.

[159] Anderson, Dennis. Technical Progress and Pollution Abatement: An Economic View of Selected Technologies and Practices [J]. Environment & Development Economics, 2001, 6 (3): 283-311.

[160] Arouri M. E. H., Youssef A. B., M' Henni H., et al. Energy Consumption, Economic Growth and CO_2 Emissions in Middle East and North African Countries [J]. Energy Policy, 2012 (45): 342-349.

[161] Augusto Cerqua, Guido Pellegrini. Do Subsidies to Private Capital Boost Firms' Growth? A Multiple Regression Discontinuity Design Approach [J]. Journal of Public Economics, 2014 (109): 114-126.

[162] Bae H. Voluntary Disclosure of Environmental Performance: Do Publicly and Privately Owned Organizations Face Different Incentives/Disincentives? [J]. American Review of Public Administration, 2014, 44 (4): 459-476.

[163] Baker, George P., Michael C. Jensen, Kevin J. Murphy. Compensation and Incentives: Practice versus Theory [J]. Journal of Finance, 1988, 43 (3): 593-616.

[164] Baksi S., Bose P. Environmental Regulation in the Presence of an Informal Sector [J]. Departmental Working Papers, 2010, 105 (9): 152-157.

[165] Barney J. Firm Resources and Sustained Competitive Advantage [J]. Journal of Management, 1991, 17 (1): 99-120.

[166] Baron R. M. D. A. Kenny. The Moderator-mediator Variable Distinction in Social Psychological Research: Conceptual, Strategic and Statistical Considera-tions [J]. Journal of Personality and Social Psychology, 1986 (51): 1173-1182.

[167] Bartzokas. Annual Variation of Pressure over the Medit Erranean Area [J]. Theoretical and Applied Climatology, 1989, 63 (5): 670-692.

[168] Beer P. D., Friend F. Environmental Accounting: A Management Tool for Enhancing Corporate Environmental and Economic Performance [J]. Ecological Economics, 2006, 58 (3): 548-560.

[169] Bergstrom F. Capital Subsidies and the Performance of Finance [J]. Small Business Economics, 2000, 14 (3): 183-193.

[170] Berrone P., Gomez-Mejia L. Environmental Performance and Executive Compensation: An Integrated Agency-Institutional Perspective [J]. Academy of Management Journal, 2009, 52 (1): 103-136.

[171] Bi G. B., Song W., Zhou P., Liang L. Does Environmental Regulation Affect Energy Efficiency in China's Thermal Power Generation? Empirical Evidence from a Slacks-based DEA Model [J]. Energy Policy, 2014, 66 (3): 537-546.

[172] Biswas A. K., Farzanegan M. R., Thuma M. Pollution, Shadow Economy and Corruption: Theory and Evidence [J]. Ecological Economics, 2012, 75 (3): 114-125.

[173] Blanchard O., Shleifer A. Federalism with and without Political Centralization China versus Russia [J]. IMF Staff Papers, 2011, 48 (4): 171-179.

[174] Bonifant B. C., Arnold M. B., Long F. J. Gaining Competitive Advan-

tage through Environmental Investments [J]. Business Horizons, 1995, 38 (4): 37-47.

[175] Boyd G. A. , Mccell J. D. The Impact of Environmental Constraint on Productivity Improvement in Integrate Paper Plants [J]. Journal of Environmental Economics and Management, 1999, 38 (2): 121-142.

[176] Buchanan J. M. , Robert D. T. , Gordon T. Toward a Theory of the Rent-seeking Society [M]. College Station: Texas A&M University Press, 1980.

[177] Bushee B. , Core J. The Role of Business Press as an Information Intermediary [J]. Journal of Accounting Research, 2010 (4): 1-19.

[178] Buysse K. , A. Verbeke. Proactive Environmental Strategies: A Stakeholder Management Perspective [J]. Strategic Management Journal, 2003, 24 (5): 453-470.

[179] Cedric E. D. , John W. F. Beyond Acclamations and Excuses: Environmental Performance, Voluntary Environmenta Disclosure, and the Role of Visibility [J]. Journal of Business Ethics, 2010, 92 (4): 655-656.

[180] Chen Y. S. , Lai S. B. , Wen C. T. The Influence of Green Innovation Performance on Corporate Advantage in Taiwan [J]. Journal of Business Ethics, 2006, 67 (4): 331-339.

[181] Christine Oliver. Sustainable Competitive Advantage: Combining Institutional and Resource-based Views [J]. Strategic Management Journal, 1997, 18 (9): 697-713.

[182] Clarkson P. M. The Relation Between Environment-performance and Environmental Disclousure: An Empirical Analysis [J]. Accounting, Organizations and Society, 2008, 33 (7): 134-165.

[183] Clarkson P. M. , And G. D. Richardson. The Market Valuation of Environmental Capital Expenditures by Pulp and Paper Companies [J]. Accounting

Review, 2004, 79 (2): 329-353.

[184] Claudia G. , Federico P. Investigating Policy and R&D Effects on Environmental Innovation: A Meta - analysis [J]. Ecological Economics, 2015 (118): 57-66.

[185] Cox P. , Brammer S. , Millington A. An Empirical Examination of Institutional Investor Preferences for Corporate Social Performance [J]. Journal of Business Ethics, 2004 (52): 27-43.

[186] Croitoru L. , Sarraf M. Benefits and Costs of the Informal Sector: The Case of Brick Kilns in Bangladesh [J]. Journal of Environmental Protection, 2012, 3 (6): 476-484.

[187] Cuzon G. , Cahu C. , J. F. Aldrin, J. L. Messager, G. Stéphan, M. Mével. Starvation Effect on Metabolism of Penaeus Japonicus [J]. Journal of the World Aquaculture Society, 2010, 11 (1-4): 410-423.

[188] Dalton, Melville. Men Who Manage [M]. New York: Wiley, 1959.

[189] David M. Environmental Regulation and the Eco - industry [J]. Journal of Regulatory Economics, 2005, 28 (2): 141-155.

[190] Davis L. , North D. Institutional Change and American Economic Growth: A First Step Towards a Theory of Institutional Innovation [J]. The Journal of Economic History, 1970, 30 (1): 131-149.

[191] De Villiers C., Naiker V., Van Staden C. J. The Effect of Board Characteristics on Firm Environmental Performance [J]. Journal of Management, 2011, 37 (6): 1636-1663.

[192] Dechezleprêtre Antoine, Sato Misato. The Impacts of Environmental Regulations on Competitiveness [J]. Review of Enviromental Economics and Policy, 2017, 11 (2): 183-206.

[193] Dimaggio P. J. , W. W. Powell. The Iron Cage Revisited: Institutional

Isomorphism and Collective Rationality in Organizational Fields [J]. American Sociological Review, 1983, 48 (2): 147-160.

[194] Dimitris Skuras, et al. The Effects of ISO 9001 on Firms' Productive Efficiency [J]. International Journal of Operations & Production Management, 2006, 26 (10): 1146-1165.

[195] Dimitris Skuras, et al. The Effects of Regional Capital Subsidies on Productivity Growth: A Case Study of the Greek Food and Beverage Manufacturing Industry [J]. Journal of Regional Science, 2006, 46 (2): 355-381.

[196] Downs Anthony. Inside Bureaucracy [M]. Boston: Waveland Pr Inc., 1967.

[197] Dummett K. Drivers for Corporate Environmental Responsibility [J]. Environment Development and Sustainability, 2006, 8 (3): 375-389.

[198] Eamhart D., Lizal L. Effects of Ownership and Financial Performance on Corporate Environmental Performance [J]. Journal of Comparative Economics, 2006, 34 (1): 111-129.

[199] Elsayed K., Paton D. The Impact of Financial Performance on Environmental Policy: Does Firm Life Cycle Matter? [J]. Business Strategy & the Environment, 2009, 18 (6): 397-413.

[200] Enzo Rullani, Claudio Cozza, Antonello Zanfei. Lost in Transition: Systemic Innovations and the New Role of the State in Industrial Policy [J]. Economia Politica Industriale, 2016, 43 (3): 345-353.

[201] Faccio M., Lang L. H. P., Young L. Dividends and Expropriation [J]. American Economic Review, 2001, 91 (1): 54-78.

[202] Faccio M., Lang L. The Ultimate Ownership of Western European Corporations [J]. Journal of Financial Economics, 2002, 65 (3): 365-395.

[203] Feldman M. P., Kelley M. R. The Ex Ante Assessment of Knowledge

Spillovers: Government R&D Policy, Economic Incentives and Private Firm Behavior [J]. Research Policy, 2006, 35 (10): 1509-1521.

[204] Fisman R., Svensson J. Are Corruption and Taxation Really Harmful to Growth? Firm Level Evidence [J]. Journal of Development Economics, 2007, 83 (1): 63-75.

[205] Ford J. A., Steen J., Verreynne M. L. How Environmental Regulations Affect Innovation in the Australian Oil and Gas Industry: Going Beyond the Porter Hypothesis [J]. Journal of Cleaner Production, 2014, 84 (1): 204-213.

[206] George A. Akerlof. The Market for "Lemons": Quality Uncertainty and the Market Mechanism [J]. The Quarterly Journal of Economics, 1970, 84 (3).

[207] George Blazenko, Wing Him Yeung. Does R&D Create or Resolve Uncertainty? [J]. The Journal of Risk Finance, 2015, 16 (5): 536-553.

[208] Gerlagh R., W. Lise. Carbon Taxes: A Drop in the Ocean, or a Drop that Erodes the Stone? The Effect of Carbon Taxes on Technological Change [J]. Ecological Economics, 2005, 54 (2): 241-260.

[209] Gholami R., Sulaiman A. B., Ramayah T., et al. Senior Managers' Perception on Green Information Systems (IS) Adoption and Environmental Performance: Results from a Field Survey [J]. Information & Management, 2013, 50 (7): 431-438.

[210] Govindarajulu N., Daily B. F. Motivating Employees for Environmental Improvement [J]. Industrial Management & Data Systems, 2004, 104 (3/4): 364-372.

[211] Grossman G. M., E. Helpman. Growth, Trade, and Inequality [J]. Econometrica, 2018, 86 (1): 37-83.

[212] Hadlock C. J., Pierce J. R. New Evidence on Measuring Financial

Constraints: Moving Beyond the KZ Index [J]. The Review of Financial Studies, 2010 (23): 1909-1940.

[213] Hamamoto M. Environmental Regulation and the Productivity of Japanese Manufacturing, Industries [J]. Resource and Energy Economics, 2006, 28 (4): 299-312.

[214] Hambrick D. C. , Mason P. A. Upper Echelons: Organization as a Reflection of Its Managers [J]. Academy Management Review, 1984, 9 (2): 193-206.

[215] Hambrick D. C. Top Management Group: A Conceptual Integration and Consideration of the "Team" Label. B. M. Staw & L. L. Cummins Eds. [J]. Research in Organizational Behavior, 1994 (16): 171-213.

[216] Hart. Impossible Marx [J]. Arena Joural, 1995, 22 (3): 864-887.

[217] Henriques I. , P. Sadorsky. The Determinants of an Environmentally Responsive Firm: An Empirical Approach [J]. Journal of Environmental Economics & Management, 1996, 30 (3): 381-395.

[218] Hillman A. J. , Dalziel T. Boards of Directors and Firm Performance: Integrating Agency and Resource Dependence Perspectives [J]. Academy of Management Review, 2003, 28 (3): 383-396.

[219] Hojnik J. , Ruzzier M. The Driving Forces of Process Eco-Innovation and its Impact on Performance: Insights from Slovenia [J]. Journal of Cleaner Production, 2016 (133): 812-825.

[220] Homans, George C. The Human Group [M]. New York: Harcourt, Brace, 1950.

[221] Hsu P. H. , X. Tian, Y. Xu. Financial Development and Innovation: Cross-Country Evidence [J]. Journal of Financial Economics, 2014, 112 (1): 116-135.

[222] Hu D., Wang Y., Huang J., et al. How Do Different Innovation Forms Mediate the Relationship Between Environmental Regulation and Performance? [J]. Journal of Cleaner Production, 2017 (161): 466-476.

[223] Ilinitch A. Y., Soderstrom N. S., Thomas T. E. Measuring Corporate Environmental Performance [J]. Journal of Accounting and Public Policy, 1998 (17): 383- 408.

[224] Jaffe A. B., Palmer K. Environmental Regulation and Innovation: A Panel Data Study [J]. Review of Economics and Statistics, 1997, 79 (4): 610-619.

[225] Jaisinghani D. Impact of R&D on Profitability in the Pharma Sector: An Empirical Study from India [J]. Journal of Asia Business Studies, 2016, 10 (2): 194-210.

[226] James J. Heckman, Hidehiko Ichimura, Petra E. Todd. Matching as an Econometric Evaluation Estimator: Evidence from Evaluating a Job Training Programme [J]. The Review of Economic Studies, 1997, 64 (4): 605-654.

[227] James P. The Sustainability Circle: A New Tool for Product Development and Design [J]. Journal of Sustainable Product Design, 1997 (2): 52-57.

[228] Jaryn Bradford, Evan D. G. Fraser. Local Authorities, Climate Change and Small and Medium Enterprises: Identifying Effective Policy Instruments to Reduce Energy Use and Carbon Emissions [J]. Corporate Social Responsibility and Environmental Management, 2008, 15 (3): 156-172.

[229] John K., Yeung B. Corporate Governance and Risk-Taking [J]. Journal of Finance, 2008, 63 (4): 1679-1728.

[230] John W. Meyer, Brian Rowan. Institutionalized Organizations: Formal Structure as Myth and Ceremony [J]. American Jourunal of Sociology, 1977, 83 (2).

[231] Kander A., Lindmark M. Foreign Trade and Declining Pollution in

Sweden: A Decomposition Analysis of Long-term Structural and Technological Effects [J]. Energy Policy, 2006, 34 (13): 1590-1599.

[232] Kankesu Jayanthakumaran, Ying Liu. Bi-lateral CO_2 Emissions Embodied in Australia-China Trade [J]. Energy Policy, Elsevier , 2016, 92 (C): 205-213.

[233] Kanwar S., Evenson R. Does Intellectual Property Protection Spur Technological Chang [J]. Oxford Economic Papers, 2003, 55 (2): 235-264.

[234] Katrin Hussinger. R&D and Subsidies at the Firm Level: An Application of Parametric and Semiparametric Two-step Selection Models [J]. Journal of Applied Econometrics, 2008, 23 (6): 729-747.

[235] Klemmer P., Lehr U., Lobbe K. Environmental Innovation. Vol. 3 of Publications from a Joint Project on Innovation Impacts of Environmental Policy Instruments [R]. Synthesis Report of a Project Commissioned by the German Ministry of Research and Technology (BMBF), Analytica-Verlag, Berlin, 1999.

[236] L. Herrera, M. Nieto. The National Innovation Policy Effect According to Firm Location [J]. Technovation, 2008, 28 (8): 540-550.

[237] Larran Jorge M., Herrera Madueno J., Martinez-Martinez D., et al. Competitiveness and Environmental Performance in Spanish Small and Medium Enterprises: Is There a Direct Link? [J]. Journal of Cleaner Production, 2015, 101 (8): 26-37.

[238] Lazzarini, Sergio G. Strategizing by the Government: Can Industrial Policy Create Firm-level Competitive Advantage? [J]. Strategic Management Journal, 2015, 36 (1): 97-112.

[239] Li P., Chen Y. The Influence of Enterprises' Bargaining Power on the Green Total Factor Productivity Effect of Environmental Regulation—Evidence from China [J]. Sustainability, 2019, 11 (18): 1-20.

［240］Li W. , Wang W. , Wang Y. & Qin Y. Industrial Structure, Techno-
logical Progress and CO_2 Emissions in China: Analysis Based on the STIRPAT
Framework ［J］. Natural Hazards Volume, 2017, 88（3）: 1545-1564.

［241］Liang Y. , Wang Q. Anti-Corruption, Government Subsidies and Cor-
porate Innovation Investment—Based on the Perspective of Rent-Seeking Theory
［J］. Chinese Studies, 2017, 6（1）: 44-54.

［242］Liao Z. Environmental Policy Instruments, Environmental Innovation
and the Reputation of Enterprises ［J］. Journal of Cleaner Production, 2018
（171）: 1111-1117.

［243］Lin B. Q. , X. Li. The Effect of Carbon Tax on Per Capita CO_2 Emis-
sions ［J］. Energy Policy, 2011, 39（9）: 5137-5146.

［244］Ling Z., Liao G., Wang Z., et al. Green Loan and Subsidy for Promo-
ting Clean Production Innovation ［J］. Journal of Cleaner Production, 2018
（187）: 41-49.

［245］Lipscomb M. , Mobarak A. M. Decentralization and Pollution Spillo-
vers: Evidence from The Re-drawing of County Borders in Brazil ［J］. Review of
Economic Studies, 2017, 84（1）: 464-502.

［246］Liu W. , Tong J. , Yue X. How Does Environmental Regulation Affect
Industrial Transformation? A Study Based on the Methodology of Policy Simulation
［J］. Mathematical Problems in Engineering, 2016（4）: 1-10.

［247］Love J. H. , Roper S. , Hewitt-Dundas N. Service Innovation, Em-
beddedness and Business Performance: Evidence from Northern Ireland, 2010, 44
（8）: 983-1004.

［248］Ma X. , Ortolano L. Environmental Regulation in China: Institutions, En-
forcement, and Compliance ［M］. New York: Rowan and Littlefield Publishers, 2000.

［249］Manolopoulos. Sources of Funding for Decentralized R&D a Ctivity:

Effects of MNE Subsidiaries, Entry Choice and Laboratory Roles [J]. Dimitris Manolopoulos, 2014, 38 (2): 1274-1296.

[250] March J. G., Johan P. Olsen. Ambiguity and Choice in Organizations [M]. Bergen: Universitetsforlaget, 1976.

[251] Martin P. R., D. V. Moser. Managers' Green Investment Disclosures and Investors' Reaction [J]. Journal of Accounting and Economics, 2016, 61 (1): 239-254.

[252] Mauro F. Guillén. Structural Inertia, Imitation, and Foreign Expansion: South Korean Firms and Business Groups in China, 1987-1995 [J]. The Academy of Management Journal, 2002, 45 (3): 509-525.

[253] Mazzucato U., Pannacci D., Sindler-Kulyk M., et al. Spectral Properties and Photoreactivity of Sydnonyl-stilbenes [J]. Journal of Photochemistry and Photobiolog A, Chemistry, 2018 (351): 124-130.

[254] Melo T., Garrido-Morgado A. Corporate Reputation: A Combination of Social Responsibility and Industry [J]. Corporate Social Responsibility and Environmental Management, 2012, 19 (1): 11-31.

[255] Menguc B., Auh S., Ozanne L. The Interactive Effect of Internal and External Factors on a Proactive Environmental Strategy and ITs Influence on a Firm's Performance [J]. Journal of Business Ethics, 2010, 94 (2): 279-298.

[256] Mikkelson W., Partch M. M. The Decline of Takeovers and Disciplinary Managerial Turnover [J]. Journal of Financial Economics, 1997 (44): 205-228.

[257] Miller S., M. A. Vela. Are Environmentally Related Taxes Effective [R]. IDB Working Paper, 2013.

[258] Mohamed El Hedi Arouri, Guglielmo Maria Caporale, Christophe Rault, Robert Sova, Anamaria Sova. Environmental Regulation and Competitiveness: Evi-

dence from Romania [J]. Ecological Economics, 2012 (81): 130-139.

[259] Montabon F. , Sroufe R. , Narasimhan R. An Examination of Corporate Reporting, Environmental Management Practices and Firm Performance [J]. Journal of Operations Management, 2007, 25 (5): 998-1014.

[260] Narayanan V. K. , Pinches G. E. , Lander K. D. M. The Influence of Voluntarily Disclosed Qualitative Information [J]. Strategic Management Journal, 2000, 21 (7): 707-722.

[261] Néstor D. , M. Daniel, M. Mauro. Evaluating the Impact of Public Subsidies on a Firm's Performance: A Two-stage Quasi-experimental Approach [J]. Investigaciones Regionales, 2009 (11): 143-165.

[262] Orsato R. J. Competitive Environmental Strategies: When Does It Pay to Be Green? [J]. California Management Review, 2006, 48 (2): 127-143.

[263] Ortgiese M. , Roberts M. I. Scaling Limit and Ageing for Branching Random Walk in Pareto Environment [J]. Annales de l Institut Henri Poincaré Probabilités et Statistiques, 2016, 54 (3): 1291-1313.

[264] Pamela R. Haunschild. Interorganizational Imitation: The Impact of Interlocks on Corporate Acquisition Activity [J]. Administrative Science Quarterly, 1993, 38 (4): 564-592.

[265] Peer C. Fiss, Edward J. Zajac. The Diffusion of Ideas over Contested Terrain: The (Non) Adoption of a Shareholder Value Orientation among German Firms [J]. Administrative Science Quarterly, 2004 (49): 501-534.

[266] Per G. Fredriksson. Environmental Policy Choice: Pollution Abatement Subsidies [J]. Resource and Energy Economics, 1998, 20 (1): 51-63.

[267] Porter M. E. , Linde C. V. D. Toward a New Conception of the Environment Competitiveness Relationship [J]. Journal of Economic Perspective, 1995, 9 (4): 97-118.

［268］Qian Y., Roland G. Federalism and the Soft Budget Constraint ［J］. American Economic Review, 1998, 88 （5）: 1143-1162.

［269］Rabêlo O. , Melo A. Drivers of Multidimensional Eco-innovation: Empirical Evidence from the Brazilian Industry ［J］. Environmental Technology, 2019, 40 （19）: 2556-2566.

［270］Ronald I. , McKinnon, Huw Pill. Credible Economic Liberalizations and Overborrowing ［J］. The American Economic Review, 1997, 87 （2）: 189-193.

［271］Roscoe S. , Subramanian N. , Jabbour C. J. C., et al. Green Human Resource Management and the Enablers of Green Organisational Culture: Enhancing a Firm's Environmental Performance for Sustainable Development ［J］. Business Strategy and the Environment, 2019, 28 （5）: 737-749.

［272］Rupley K. , H. Brown, D. Marshall, R. Scott. Governance, Media and the Quality of Environmental Disclosure ［J］. Journal of Accounting and Public Policy, 2012, 31 （6）: 610-640.

［273］Russo M. V. , Harrison N. S. Organizational Design and Environmental Performance: Clues from the Electronics Industry ［J］. Academy of Management Journal, 2005, 48 （4）: 582-593.

［274］Santos Rui, Ring Irene, Antunes Paula. Fiscal Transfers for Biodiversity Conservation: The Portuguese Local Finances Law ［J］. Land Use Policy, 2012, 29 （2）: 261-273.

［275］Scott J. Wallsten. The Effects of Government-Industry R&D Programs on Private R&D: The Case of the Small Business Innovation Research Program ［J］. The Rand Journal of Economics, 2000, 31 （1） : 82-100.

［276］Sergio G. Lazzarini. Strategizing by the Government: Can Industrial Policy Create Firm-level Competitive Advantage? ［J］. Strategic Management Journal, 2015 （36）: 97-112.

[277] Shahbaz M. , A. K. Tiwari, M. Nasir. The Effects of Financial Development, Economic Growth, Coal Consumption and Trade Openness on CO_2 Emissions in South Africa [J]. Energy Policy, 2013, 61 (10): 1452-1459.

[278] Shapiro J. S. , R. Walker. Why Is Pollution from US Manufacturing Declining? The Roles of Environmental Regulation, Productivity, and Trade [J]. American Economic Review, 2018, 108 (12): 3814-3854.

[279] Shen N. , Liao H. , Deng R. , et al. Different Types of Environmental Regulations and the Heterogeneous Influence on the Environmental Total Factor Productivity: Empirical Analysis of China's Industry [J]. Journal of Cleaner Production, 2019 (211): 171-184.

[280] Shi H. , Zhang L. China's Environmental Governance of Rapid Industrialisation [J]. Environmental Politics, 2006, 15 (2): 271-292.

[281] Shi X. , Xu Z. Environmental Regulation and Firm Export: Evidence from the Eleventh Five-Year Plan in China [J]. Journal of Environmental Economics and Management, 2018, 89 (5): 187-200.

[282] Shleifer A. , Vishny R. W. Large Shareholders and Corporate Control [J]. Journal of Political Economy, 1986, 94 (3): 461-488.

[283] Sigman H. Decentralization and Environmental Quality: An International Analysis of Water Pollution Levels and Variation [J]. Land Economics, 2014, 90 (1): 114-130.

[284] Stiglitz J. E. Leaders and Followers: Perspectives on the Nordic Model and the Economics of Innovation [J]. Journal of Public Economics, 2015, 127 (7): 3-16.

[285] Stoever J. , J. P. Weche. Environmental Regulation and Sustainable Competitiveness: Evaluating the Role of Firm-Level Green Investments in the Context of the Porter Hypothesis [J]. Environmental and Resource Economics, 2018,

70 (2): 429-455.

[286] Sueyoshi T., Goto M., Omi Y. Corporate Governance and Firm Performance: Evidence from Japanese Manufacturing Industries after the Lost Decade [J]. European Journal of Operational Research, 2010, 203 (3): 724-736.

[287] Suk S., Liu X., Sudo K. A Survey Study of Energy Saving Activities of Industrial Companies in the Republic of Korea [J]. Journal of Cleaner Production, 2013, 41 (2): 301-311.

[288] Swindal, Megan G. Towards Sustainable Rural Regions in Europe: Exploring Inter-Relationships Between Rural Policies, Farming, Environment, Demographics, Regional Economies and Quality of Life Using System Dynamics [J]. Journal of Environmental Policy & Planning, 2013, 15 (1): 133-135.

[289] Tae Hyung Kim, M. Jae Moon. Using Social Enterprises for Social Policy in South Korea: Do Funding and Management Affect Social and Economic Performance? [J]. Public Administration and Development, 2017, 37 (1): 15-27.

[290] Thomas J. Dean, Robert L. Brown. Pollution Regulation as a Barrier to New Firm Entry: Initial Evidence and Implications for Future Research [J]. The Academy of Management Journal, 1995 (38): 288-303.

[291] Tollison R. D. Rent Seeking: A Survey [J]. Kyklos, 1982, 35 (4): 575-602.

[292] Victor Zitan Chen, Jing Li, Daniel M., Shapiro, Xiaoxiang Zhang. Ownership Structure and Innovation: An Emerging Market Perspective [J]. Asia Pacific Journal of Management, 2014, 31 (1): 1-24.

[293] Walley N., Whitehead B. It's Not Easy Being Green [J]. Harvard Business Review, 1994, 72 (3): 46-52.

[294] Walls J. L., Berrone P., Phan P. H. Corporate Governance and Environmental Performance: Is There Really a Link? [J]. Strategy Management Jour-

nal, 2012, 33 (8): 885-913.

[295] Wang Y. , Chen Y. , Benitezamado J. How Information Technology Influences Environmental Performance: Empirical Evidence from China [J]. International Journal of Information Management, 2015, 35 (2): 160-170.

[296] Wang C. , J. Wu, B. Zhang. Environmental Regulation, Emissions and Productivity: Evidence from Chinese Cod – Emitting Manufacturers [J]. Journal of Environmental Economics and Management, 2018 (92): 54-73.

[297] Wang H. , Wheeler D. Equilibrium Pollution and Economic Development in China [J]. Environment and Development Economics, 2003 (8): 451-466.

[298] Weick, Karl E. Educational Organizations as Loosely Coupled Systems [J]. Administrative Science Quarterly, 1976, 21 (3): 1-19.

[299] Wesley A. Magat. The Effects of Environmental Regulation on Innovation [J]. Law and Contemporary Problems, 1979, 43 (1) : 4-25.

[300] Xie X. , Huo J. , Qi G. , et al. Green Process Innovation and Financial Performance in Emerging Economies: Moderating Effects of Absorptive Capacity and Green Subsidies [J]. IEEE Transactions on Engineering Management, 2016, 63 (1): 101-112.

[301] Xie R. H. , Yuan Y. J. , Huang J. J. Different Types of Environmental Regulations and Heterogeneous Influence on "Green" Productivity: Evidence from China [J]. Ecological Economics, 2017, 132 (2): 104-112.

[302] Yang Z. , Jaramillo F. , Chonko L. Productivity and Coauthorship in JPSSM : A Social Network Analysis [J]. Journal of Personal Selling & Sales Management, 2010, 30 (1): 47-71.

[303] Yu Y. , Du Y. Impact of Technological Innovation on CO_2 Emissions and Emissions Trend Prediction on "New Normal" Economy in China [J]. Atmos-

pheric Pollution Research, 2019, 10 (2): 152-161.

［304］Zhang B. , Wang Z. H. , Lai K. H. Mediating Effect of Managers'Environmental Concern: Bridge Between External Pressures and Firms'Practices of Energy Conservation in China ［J］. Journal of Environmental Psychology, 2015, 43 (1): 203-215.

［305］Zhu Q. , Sarkis J. , Lai K. H. Institutional-Based Antecedents and Performance Outcomes of Internal and External Green Supply Chain Management Practices ［J］. Journal of Purchasing & Supply Management, 2013, 19 (2): 106-117.

［306］Zúñiga-Vicente J. á. , Alonso-Borrego C. , Forcadell F. J. , et al. Assessing the Effect of Public Subsidies on Firm R&D Investment: A Survey ［J］. Journal of Economic Surveys, 2014, 28 (3): 36-67.

后　记

本书终于定稿了，三年的博士生活即将结束，我不得不惜别这美丽的校园，告别曾经美好的时光，但她将永远成为我心中最美好的回忆。感慨之余，在我心里还有很多需要感谢的人，而其中很多人可能是我今生今世都不能也不应该忘记的。

首先我要由衷感谢我的恩师万寿义教授。师恩难忘，永存于心！没有万老师授之以渔，我不可能顺利完成论文，也不可能完成本书的运作部分，本书的研究视角、框架的构思等更是直接源于万老师的启迪，老师高屋建瓴，给予点拨，令我茅塞顿开。万老师谨而不严的学术互动，宽而不松的结果控制，为我撰写本书和文献阅读指明了方向。尤其是恩师高尚正直的品格、严谨求实的学风、广博深邃的学识、为人处世的高尚境界、治学敬业的不尽追求，其大师风范是我做人做事的榜样和终身受益的财富。

诚挚感谢刘行教授、张先治教授对我论文的指导和帮助，感谢解维敏教授、常丽教授、甄红线教授、姜英兵教授、刘凌冰教授以及刘媛媛教授等对我论文提出的宝贵建议。同时还要感谢同窗好友刘霞、王晨嫣，师姐李新丽，学姐崔广慧等，他们丰富的学识、独特的见解时常给予我启迪。我们在学习上共同探讨、相互勉励，同窗三载，受益良多。此外，还有众多老师、同学、亲朋给了我许多有形或无形的帮助，在此一一表示诚挚的谢意！

此外，还要感谢我的父母、家人对我一如既往的支持。正是他们的体谅、支持和帮助，使我能够潜心地投入学习、科研，得以顺利完成博士学业。尤其是我的爱人叶松勤，他除了上班，还承担了家中的一切事务，照顾年迈的父母和年幼的儿女。正是爱人的一路相扶、相持和鼓励，使我领略到婚姻的幸福，家庭的温馨，爱人的善良、豁达、睿智和包容为我撑起一片任意驰骋的天空，也是我保持斗志的动力所在。

在本书写作过程中，我深感学术研究之艰辛。虽已撰写完成，但我深知学海无涯，不断学习仍将是我人生的主旋律。站在新的起点上，带着师友亲朋的祝福，踏上新的征程。路漫漫其修远兮，吾将上下而求索……

廖飞梅
2021 年 4 月